新・
現代情報リテラシー

中　光政 ［編著］

一瀬　益夫

堀　　泰裕

佐藤　　修

小島喜一郎

若尾　良男

同友館

はじめに

　大学生が情報通信技術の基礎を学ぶために前編著者の一瀬益夫教授が，1996年に『情報リテラシー入門』を上梓し，続けて1999年に『新版情報リテラシー入門』，2002年に『現代情報リテラシー』，2006年に『新版現代情報リテラシー』，2012年に『新訂3版現代情報リテラシー』と4回の内容の見直し改訂を重ねてきた。この度，一瀬益夫教授がご定年で退職することになったため，中光政が編著者としてその後の情報技術の発展の動向を踏まえて『新・現代情報リテラシー』を上梓させていただくことになった。

　ところで，1990年代は，インターネットが商用に開放され，多くの企業がネットビジネスに参入した時期であった。2000年代に入って，ネットバブルが崩壊し，多くの企業がネットビジネスから一時撤退したが，そのような状況でもインターネットの重要性は一層増し現在に至っている。

　情報通信技術の重要性を示す顕著な事例の一つとして，ネット上に公開されている世界の時価総額の大きい企業上位5社（2017年5月現在）を示すと次の通りで，著名なIT企業が名を連ねている。これらの企業の特徴は，インターネットをはじめとした情報通信技術を利用してユニークなサービスや製品を提供し，企業活動から集まるビッグデータを分析活用している企業で，多くの投資家がそのような企業の将来性を高く評価していることがわかる。参考に10年前の上位5社を示してみるとマイクロソフト社を除くと石油メジャーなどが名を連ねている。

【世界時価総額ランキング（2017年5月）】

　　1位 アップル（米）　　　　　　　　　　88兆8,622億円

　　2位 アルファベット（米）（グーグル）　75兆3,220億円

　　3位 マイクロソフト（米）　　　　　　　60兆1,585億円

　　4位 アマゾン・ドット・コム（米）　　　53兆0,404億円

　　5位 フェイスブック（米）　　　　　　　48兆9,748億円

【世界時価総額ランキング（2007年５月）】

　　1位 エクソン・モービル(米)　　　52兆2,705億円

　　2位 GE(米)　　　　　　　　　　　43兆1,330億円

　　3位 マイクロソフト(米)　　　　　32兆7,570億円

　　4位 シティグループ(米)　　　　　30兆0,681億円

　　5位 ペトロチャイナ(中国)　　　　29兆2,090億円

　上記の企業ランキングの変遷は，この10年間で米国の産業構造が大きく変わってきたことを示している。また，日本においてもアパレルネット通販大手の株式会社スタートトゥデイ（「ZOZOTOWN」の運営会社）の時価総額は設立19年で，１兆円を超えている。一方，老舗デパートの株式会社三越伊勢丹ホールディングスの時価総額はその約半分にすぎない。時価総額は，株主の将来を見た期待値で，必ずしも現在の業績などと厳密に連動するものではないが，世の中の趨勢をみることはできる。

　次に，インターネット技術を除くと，ここ数年で一段と評価の高まった情報通信技術に人工知能（AI）とIoTがある。AIを搭載したコンピュータが登場し将棋や囲碁のプロ棋士を破ることになり話題になっているが，AIについては我々の生活の中でもその実用化が急速に進んできている。例えば，最近では自動車の運転にAIが組み込まれ自動車の自動運転も可能になってきた。日本では，規制もあり一般道路で直ちに自動運転が行われるわけではないが，今後，一定の条件を満たせば自動運転も可能になりつつある。また，このAIの発展によって我々が担ってきた仕事のうち，一定のアルゴリズムに依存するような仕事の多くがコンピュータや機械に置き換わるともいわれている。

　IoTすなわちInternet of Things（モノのインターネット）とは，従来は主にパソコンやサーバー等のＩＴ関連機器が接続されていたインターネットにそれ以外の様々なモノを接続し利用することをいう。視聴用のテレビやビデオなどにインターネットに接続することは前からも行われてき

たが，近年，企業では自社が販売納品した製品・機器にインターネットを接続し，自社の納品した製品・機器の故障やメンテナンスを事前に予知し，納品先の企業の高い評価を得るようになっている。また，トラック輸送会社などでは，自社のトラックにインターネットを接続して走行時の詳細なデータを入手し，より効率的な運行を可能としている。

　ところで，この本は，東京経済大学の経営学部の1年生の基礎科目の「情報リテラシー入門」と「情報リテラシー応用」の受講者を対象として書かれているが，経営学部で2年生以降に設置されている科目を勉強する上でも必ず役立つものと考えている。

　まず，本書は「第1部　情報リテラシー入門」と「第2部　情報リテラシー応用」の2部構成になっている。

　「第1部　情報リテラシー入門」の「第1章　情報リテラシーの基礎」では類似概念のコンピュータリテラシーや情報リテラシーの概念を丁寧に解説している。次に，「第2章　企業経営と情報リテラシー」では，企業の意思決定のあり方や情報システムについて詳細に説明されている。さらに「第3章　流通情報システム」では，我々の身近な生活で必要となる物販流通において情報技術がどのように使用されているかについて説明している。「第4章　生産情報システム」では，消費とともに重要な経済活動である生産において情報技術がどのように活用されているかについて説明している。「第5章　社会の情報システム」，ではインターネットが社会に及ぼす影響とそれに関わる情報技術の問題について説明している。「第6章　情報倫理」では，情報の利用に伴う倫理やコンプライアンスの問題について詳細に説明されている。

　「第2部　情報リテラシー応用」の「第7章　コンピュータの仕組み—ハードウェア—」では，コンピュータを構成する入力，出力，処理の装置やデータを記憶する各種装置などについて解説されている。「第8章　ソフトウェアの基礎知識」では，コンピュータを動かすためにハードウェアとともに重要なプログラムの集まりであるソフトウェアについて，その種

iii

類や各機能について詳細に説明がなされている。「第9章　通信ネットワーク」では，インターネットをはじめとする通信ネットワーク技術について説明がされている。「第10章　より高度の情報リテラシー」では，コンピュータを利用した問題解決に必要な様々な手法について詳細に説明されている。「第11章　計測と制御の基礎」では，コンピュータに接続されている様々な装置をコンピュータがどのように制御しているのかについて詳細に説明がされている。

　情報通信技術の分野はめまぐるしく変化発展しているが，可能な限り最新の動向についても触れることとした。本書は，以上のような構成と内容になっているが，授業の履修者だけでなく，新しい情報通信技術の基礎を体系的に学びたい方の一助になるのではないかと考えている。

　なお，大学1年の学部生で，この分野の入門者を対象としたため平易な文章で記述することに努め，学術論文などと比較すると引用や注も最小限にとどめている点もご諒承いただきたい。

　また，学部の同僚教員で，ご多忙なところご専門の分野から多くの章をご担当いただいた共同執筆者の5人の先生方にも感謝申し上げたい。

　最後に，厳しい出版事情の中でも，本書の刊行に尽力いただいた同友館編集部の皆様に感謝申し上げる次第です。

　2018年3月5日

東京経済大学経営学部教授　中　光政

第1部　情報リテラシー入門

第1章　情報リテラシーの基礎　3
1　リテラシーの意味 ... 3
2　コンピュータリテラシー ... 4
- 2·1　コンピュータリテラシーの役割 ... 4
- 2·2　初期のコンピュータリテラシー ... 7
- 2·3　今日のコンピュータリテラシー ... 9
- 2·4　コンピュータリテラシーは今や常識に ... 11
3　情報リテラシー ... 12
- 3·1　情報リテラシーの役割 ... 12
- 3·2　意思決定と情報 ... 13
- 3·3　情報リテラシーの厳密な定義 ... 20

第2章　企業経営と情報リテラシー　23
1　企業経営とコンピュータベースの情報システム ... 23
- 1·1　企業の役割と意思決定 ... 23
- 1·2　組織構造と意思決定の垂直的分業 ... 24
- 1·3　業務の水平的分業 ... 27
- 1·4　分業における情報システムの重要性 ... 27
- 1·5　経営情報システムとは ... 28
2　企業におけるコンピュータ利用の2つの基本タイプ ... 29
- 2·1　伝統的なコンピュータ利用 ... 29
- 2·2　伝統的なIT活用方式（OC）の長所と短所 ... 31
- 2·3　新しいタイプのコンピュータ利用 ... 34
- 2·4　EUCの長所と短所 ... 36
3　更なる展開 ... 39

第3章　流通情報システム　43

1　情報技術の活用による流通効率化 ································· 43
2　POS システムとバーコード ································· 45
2·1　JAN コードと JAN シンボル ································· 46
2·2　POS システムの構成 ································· 47
2·3　POS システムの利点 ································· 49
3　エレクトロニック・コマース ································· 50
3·1　特定企業間のクローズドな EC ································· 53
3·2　不特定企業間のオープンなエレクトロニック・コマース ······· 62
3·3　企業と消費者間のエレクトロニック・コマース ················ 67
3·4　消費者と消費者間のエレクトロニック・コマース ················ 75
4　電子決済と電子マネー ································· 77
4·1　カード決済 ································· 78
4·2　電子マネー ································· 78
5　インターネット広告 ································· 80
6　IC タグ（無線タグ）································· 83

第4章　生産情報システム　87

1　生産システム ································· 88
1·1　生産システムの状況 ································· 88
1·2　生産システム概観 ································· 89
2　製造システム ································· 90
2·1　製造システムと物 ································· 90
2·2　製造システムと設備 ································· 92
2·3　製造システムと作業者 ································· 94
2·4　製造システムと製造方法 ································· 95
3　生産情報システム ································· 96
3·1　技術情報管理システム ································· 97
3·2　生産管理システム ································· 97

4　代表的な生産情報システム······················98
　　5　コンピュータ統合生産システム···············102
　　　5·1　CIM·······································102
　　　5·2　CAD·······································105
　　　5·3　CAM·······································107
　　　5·4　CAP·······································110
　　　5·5　CIMを支える周辺技術···················118

第5章　社会の情報システム　121

　　1　高度情報社会································121
　　　1·1　インターネット社会···················121
　　　1·2　インターネットとサーバ···············122
　　2　社会の情報化································122
　　　2·1　ユビキタス・コンピューティング·······122
　　　2·2　ロボットと人工知能···················123
　　3　経済や行政での応用························124
　　　3·1　経済での応用·························124
　　　3·2　行政での応用·························125
　　4　生活の情報化································126
　　　4·1　コミュニケーションシステム···········126
　　　4·2　移動の代替としての情報交換···········128
　　5　情報セキュリティ··························129
　　　5·1　情報セキュリティへの脅威·············129
　　　5·2　暗号化·······························129
　　　5·3　社会的対応·························131

第6章　情報倫理　133

　　1　情報の利用に関する規範の必要性·············133
　　2　情報の利用に関する規範の基本的枠組—表現の自由—·····135

3 人格的利益を保護するための法的枠組 …………………… 137
3・1 名誉 …………………………………………………… 137
3・2 プライバシー ……………………………………… 139
3・3 個人情報 …………………………………………… 140
3・4 人格的利益と「表現の自由」との調整 ………… 141
4 取引の安全確保のための法的枠組 ……………………… 143
4・1 意思表示 …………………………………………… 143
4・2 商品等に関する表示 ……………………………… 144
5 知的財産政策にもとづく法的枠組 ……………………… 146
5・1 技術情報 …………………………………………… 146
5・2 著作物 ……………………………………………… 148
5・3 標章 ………………………………………………… 150
6 社会秩序維持のための法的枠組—法制度の限界— ……… 150
7 情報倫理・情報セキュリティ ………………………… 153

第2部　情報リテラシー応用

第7章　コンピュータの仕組み—ハードウェア—　157
1 コンピュータとは ………………………………………… 157
1・1 情報システムにおけるコンピュータの役割 …………… 157
1・2 コンピュータ（データ処理システム）の基本構造 ………… 158
2 演算装置・制御装置 ……………………………………… 160
2・1 2進数・10進数・16進数 ………………………… 160
2・2 論理演算と計算・制御・データ処理 …………… 161
2・3 半導体集積回路 …………………………………… 163
3 入力装置—データ入力のための周辺機器— ……………… 166
3・1 キーボード ………………………………………… 166
3・2 ポインティングデバイス ………………………… 167
3・3 スキャナ、デジタルカメラ ……………………… 167

目 次

4 出力装置―データ出力のための周辺機器― ················· 168

4·1 ディスプレイ・プロジェクタ ························· 168

4·2 プリンタ ··· 169

5 記憶装置 ··· 170

5·1 記憶階層 ··· 170

5·2 半導体メモリ ··· 171

5·3 ハードディスク（磁気ディスク）····················· 172

5·4 CD·DVD ··· 174

6 インターフェイス ··· 175

6·1 インターフェイスとは ································· 175

6·2 Ethernet ··· 175

6·3 USB ··· 175

6·4 IEEE1394 ··· 176

6·5 DVI（Digital Visual Interface）························· 176

6·6 Bluetooth ··· 176

6·7 PCI·PCI Express ······································· 177

第8章 ソフトウェアの基礎知識　179

1 ソフトウェアのあらまし ··································· 179

1·1 ソフトウェアとは ····································· 179

1·2 ソフトウェアの働き ··································· 180

1·3 ソフトウェアの種類 ··································· 180

2 OS のあらまし ··· 183

2·1 OS の目的と働き ····································· 183

2·2 OS とコンピュータの機種 ····························· 189

3 プログラム言語のあらまし ································· 191

3·1 プログラム言語の役割 ································· 191

3·2 プログラム言語と言語プロセッサ ····················· 192

3·3 プログラム言語の分類 ································· 193

3·4 プログラム言語の種類 ································· 195

ix

4 パソコンでのソフトウェアの活用 ················ 198
4・1 文章作成のためのソフト ················ 198
4・2 表計算とグラフ作成のためのソフト ················ 199
4・3 データ整理と情報獲得のためのソフト ················ 200
4・4 発表のためのソフト ················ 200
4・5 インターネット利用のためのソフト ················ 201
4・6 アプリケーションとデータ利用 ················ 203
5 人工知能の進展 ················ 204
5・1 ビッグデータ ················ 205
5・2 機械学習 ················ 206
5・3 ディープラーニング ················ 206

第9章 通信ネットワーク 209
1 通信ネットワークの役割 ················ 209
1・1 社会における通信ネットワーク ················ 209
1・2 組織内の通信ネットワーク ················ 210
2 主要な通信技術 ················ 211
2・1 公衆電話回線網 ················ 211
2・2 光ケーブルとケーブルテレビの回線網 ················ 211
2・3 LAN ················ 212
2・4 電力線通信 ················ 213
2・5 無線通信 ················ 213
2・6 衛星通信 ················ 215
3 通信サービスの利用 ················ 216
3・1 インターネットの仕組み ················ 216
3・2 インターネットの利用 ················ 217
3・3 クラウドコンピューティング ················ 218
3・4 無線の利用 ················ 219

第10章　より高度の情報リテラシー　221

1　問題解決能力の必要性 ················· 221
1·1　企業における統計的手法の応用 ················· 222
1·2　企業におけるシステムズアプローチ ················· 223
2　統計的アプローチによる情報獲得 ················· 223
2·1　データとは ················· 223
2·2　統計的アプローチとデータ ················· 225
2·3　データのまとめ方 ················· 227
2·4　情報の獲得 ················· 229
3　システム思考による問題解決 ················· 232
3·1　システムとシステム思考 ················· 232
3·2　問題解決のステップ ················· 233
3·3　モデルとモデル化 ················· 236
3·4　シミュレーションと最適化 ················· 237
3·5　解決案（代替案）の評価と実施 ················· 239
3·6　問題解決のための基本的な思考法 ················· 240
4　情報処理技術に関する資格 ················· 242
4·1　情報処理技術者試験と内容 ················· 242
4·2　ベンダー認定試験と内容 ················· 243

第11章　計測と制御の基礎　245

1　コンピュータの役割 ················· 245
1·1　ユビキタス社会 ················· 245
1·2　コンピュータと周辺装置の関係 ················· 246
2　計測と制御 ················· 247
2·1　身近な計測と制御 ················· 247
2·2　制御 ················· 248
2·3　計測 ················· 252
2·4　代表的なセンサー ················· 254
2·5　AD 変換と DA 変換 ················· 255

3 計測と制御の応用 ··· 260
　3·1　マイコンロボットを用いた計測と制御 ························· 261
　3·2　ロボットを支える周辺技術 ································· 277
4 最後に ··· 279

第1部
● ● ●
情報リテラシー
入門

第1章　情報リテラシーの基礎

第2章　企業経営と情報リテラシー

第3章　流通情報システム

第4章　生産情報システム

第5章　社会の情報システム

第6章　情報倫理

第1章

情報リテラシーの基礎

📖 この章で学ぶこと

リテラシー，コンピュータリテラシー，情報技術（IT・ICT），情報リテラシー，デジタル・デバイド，意思決定，情報，データ

　新・現代情報リテラシーという本書の題名からも明らかなように，この本は，21世紀前半の**情報リテラシー**について，様々な角度からわかりやすく解説することを目的としている。そして第1章は，本書の入門の章であるから，情報リテラシーという言葉の意味やその内容，重要性などについて，簡潔に説明する。

　新聞や雑誌には，**コンピュータリテラシー**という，よく似た言葉がしばしば登場する。コンピュータリテラシーと情報リテラシーは同じ言葉なのか，それとも違うのか。本章では，この問題を考えることから始めて，情報リテラシーとは何かを検討していく。

1　リテラシーの意味

　リテラシー（literacy）という言葉を英語辞書で調べると，「読み書き能力」という意味と，「教養（教育）があること」という2つの意味があることがわかる。第1の意味は技術的な色合いが強く，知識やアイデアを獲得したり伝えたりする手段に関する能力を指すようである。日本でも以前から，社会生活を送る上で重要な能力として，**読み・書き・算盤**（そろばん：すなわち簡単な計算）能力が重視されてきたが，まさにこれらはリテ

3

ラシーの第1の意味に対応すると言えるであろう。一方，リテラシーの第2の意味は，義務教育，さらには高校や大学などでの学習を通して，常識やマナー，幅広い知識や理論，様々な分析能力，思考能力，表現能力などを身につけた，その意味で**教養**ある人間という状態を示すものである。

リテラシーという言葉をこのように理解するならば，コンピュータリテラシーは，次のように解釈することができるであろう。

> **コンピュータリテラシー**：パソコンやスマホなどの情報機器，その上で動く各種アプリケーションソフトやインターネットなど，いわゆる情報技術（IT）を自由に使いこなす能力を指し，特に上述のリテラシーの第1の意味に関係している。

一方の情報リテラシーは，リテラシーの第2の意味に関係しているように思われる。しかし，その厳密な定義は，コンピュータリテラシーについてもう少し詳しく検討した後で，検討することとする。

2　コンピュータリテラシー

2・1　コンピュータリテラシーの役割

最初に，**情報技術**という用語について，若干解説しておこう。情報技術とは，**IT**（Information Technology）の訳語であるが，ITには一般に，次の4つの関連する技術が包含されている。

- **ハードウェア**：コンピュータ本体，入出力装置，記憶装置，等
- **ソフトウェア**：オペレーティングシステム，アプリケーションソフト，等
- **データベース**：データベース，データベース管理システム，等
- **通信ネットワーク**：公衆電話回線，無線，インターネット，等

現代社会は，これら4つの技術の柱によって作られた基盤（インフラス

トラクチャー）上に構築されていると言えるであろう。本来ならば，コンピュータリテラシーというよりはＩＴリテラシーとする方が適当かもしれない。しかし，ＩＴの中核はなんと言ってもコンピュータである。それ故に本書では，これまでも広く使われてきた，コンピュータリテラシーという表現を用いることにする。

なお，新聞や雑誌，書籍等では，**ICT**（Information & Communication Technology）という頭字語も使われているが，その内容はＩＴと同じである。米国では学術的にはＩＴが中心であり，ICTは一般的な文章の中で多く用いられているようである。いずれにしろ，ＩＴもICTも同じ意味で使われており，どちらも日本語では情報技術である。

コンピュータリテラシーという用語は，コンピュータなどの情報技術（ＩＴ）を使いこなす能力を意味する言葉であることは上述した通りである。大学に入学してきた読者の多くは，子供の頃からかなり複雑なテクニックを駆使してコンピュータゲームを楽しんできたことであろう。パソコンやスマホで友達とメールのやりとりをした経験もあることと思う。コンピュータゲーム機は言うまでもないが，スマホの中にも高性能の超小型コンピュータが内蔵されていて，しかも無線でインターネットにつながっている。つまり，読者のほとんどは，生まれながらにしてＩＴを利用しているのである。その意味では既にかなりのコンピュータリテラシーを身につけていると言えなくもない。

しかし，スマホの陰の部分，すなわちプライバシーが侵害される危険や，コンピュータ犯罪に巻き込まれる危険はどの程度あるのか，インターネットで集めた情報は本当に真実なのか，等々について，真剣に考えたことのある人や，詳しく知っている人は，そんなに多くはないであろう。

ところで，スマホでのメールの交換やコンピュータゲーム機で楽しむといった例からも明らかであるが，ＩＴを利用することは，今日では必ずしも難しいことではなくなってきている。ではなぜ，今日でもコンピュータリテラシーという言葉が，新聞や雑誌にこうも頻繁に登場するのであろう

か。

　パソコンが日本で普及し始めてからまだ40年，インターネットが今のように自由に利用できるようになってから20年と少し，そして，全国の小・中・高等学校のすべてにパソコン教室が設置されるようになってからは，まだそれほど時間は経っていないのである。大学生の多くは，高校時代に**「教科情報」**という科目で，ワープロソフトやインターネット検索ソフトの使い方を学習してきたはずである。そして，修学旅行の前に，グループの仲間と，インターネット検索ソフトを使って，行き先の観光案内を調べたり，ワープロソフトで修学旅行の日程計画表を作成したり，画像ソフトを使って帰宅後にデジカメの写真をアルバム風に編集したりした経験のある学生は少なくないかもしれない。教科書の練習課題のために利用したり，先生の指示に従って，上述のような修学旅行の日程計画表を作成したりしたことはあるが，日常生活において自主的にパソコンを使ったことはないという学生が，実は意外と多いのではないだろうか。

　大学の授業でレポート課題が出ると，手書きで作成する学生が少なからずいるのが現状である（これでは，江戸時代に寺子屋で読み・書き・算盤を学んでいた子供たちと変わりはない）。残念ながら，高校でちょっとパソコンの授業を受けただけでは，誰でも自由に使いこなせるようになるほどには，パソコンや各種ソフトウェアが使いやすくなってはいないのである。だから今でも，大学は新入生にコンピュータリテラシーの教育をするのである。

　将来，パソコンに向かって音声で課題を指示すれば，パソコンが我々に代わって，インターネット検索ソフトを動かして関連資料を集め，レポートの原案を作成してくれ，我々がそれを読んで口頭で修正すると，最後には提出用のレポートをきれいに印刷してくれるようになるかもしれない。しかし，そうなるのはもう少し先のことであろう。それに，それでは勉強にならず，学生にとって必ずしも望ましいこととも言えないだろう。

2・2　初期のコンピュータリテラシー

　実用的な用途で利用されたことがはっきりしているコンピュータが登場したのは，1946年のことであった。それは米国で開発された **ENIAC** という名前のコンピュータであるが，ミサイルなどの弾道計算といった，膨大な量の数値計算に大いなる威力を発揮したそうである。そして，商用のコンピュータが登場したのは1951年で，やはり米国の **UNIVAC-I** という名前のそのコンピュータは，米国統計局に納入され，国勢調査の集計に利用された。そのコンピュータはまた，大統領選挙の開票の最中にテレビに登場して，最終的な勝者を予測してずばり的中させたりもしたそうである。

　登場初期のコンピュータは，これらの事例からも明らかなように，数値計算を行うための電子的な機械であった。このことから，**電子計算機**（コンピュータの語源は compute，すなわち「計算する」である）と呼ばれたのである。しかし今日では，我々は，ゲームを楽しんだり，文章を書いたり年賀はがきを作ったり，電子メールで友達と連絡を取り合ったり，作曲したり演奏したり，絵を描いたりといった具合に，どちらかというと計算以外の用途でコンピュータを用いることが多くなっている。それ故に，計算する機械，すなわちコンピュータという命名法が，果たして正しかったのかという議論もされたりするのである。

　開発されてからやっと70年と少しというコンピュータが，今日我々の周囲の至るところに存在し，様々なことに使われるようになった理由の1つは，ハードウェアがものすごい勢いで発達したからである。2つ目としては，ハードウェアを使いこなすためのソフトウェアが，これまた急速に進歩発達したことがある。そして3つ目には，インターネットを代表とする通信ネットワークの世界規模での整備が進んだことと，データ転送能力が大幅にアップしたことにより，コンピュータで処理可能な形式のデータを，世界中のいろいろなコンピュータやスマホで，簡単に送受信できるようになったことがある。こうしたITの急速な発達によって，人間とコンピュータとの関係は，これまでに，大きく変化してきたのである。

図表1-1　1950年代初期の人間とコンピュータの関係

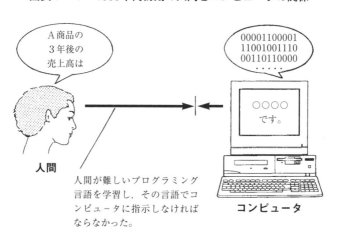

　図表1-1は，1950年代初期の人間とコンピュータとの関係を示している。コンピュータは，今も昔も，0と1の**2進数**（digit）を基本に動作している。登場した頃のコンピュータに何かの計算をさせるためには，まず，その計算の詳細なロジックを人間が考えて，次にその計算処理のロジックをコンピュータが理解できる言語で，すなわち0と1の数字列である**機械語**で表現し，直接コンピュータに伝える必要があった。具体的な**プログラム**のイメージは，次のようなものであった。

　………略………
　000011000000100
　000100101000001
　000101001000010
　………略………

　こんな0と1の羅列を何百行も書くなどということは，一般の人間にはなかなかできない。ちなみに，前述のENIACという第1号のコンピュータの**プログラミング**は，女性の数学者によって行われたそうである。第8章で説明されているが，もう少し人間が理解しやすい言葉で（ただし，コ

ンピュータの初期の研究の多くが米国でなされたこともあり，昔も今も，
人間が理解しやすい言葉という場合は，残念ながら日本語ではなく英語を
指す）プログラミングできるようにしようという努力がその後も継続的に
なされ，様々な**プログラム言語**が開発されてきた。代表的な言語として
は，第8章で説明されるが，FORTRAN や COBOL，BASIC，C などが
ある。ここでは0と1の数列ではなく，READ，PRINT，IF，GOTO な
どといった比較的簡単な英単語が使えるようになっている。こうしたこと
が可能なのは，READ や PRINT という単語を0と1の**機械語**に翻訳する
プログラムが前もって書かれ，そのプログラムが最初からコンピュータに
内蔵されているからである。この結果，ある程度真面目に勉強すれば，数
学や論理学，電子工学などを専攻した人間でなくても，プログラムを作成
することができるようになってきたのである。

2·3　今日のコンピュータリテラシー

　コンピュータが普及し，さらに1980年頃から，ビジネスにおいても利用
できる高性能のパソコンが比較的安価で入手できるようになり，利用者の
数が爆発的に増えた。そのことに刺激されて，会社での様々な仕事や家庭
での用事，あるいは娯楽のためといった，特定の用途のために開発された
ソフトウェア（アプリケーションソフト，スマホではアプリ）が比較的安
価で購入できるようになった。その結果，我々一般的なユーザーは最早，
プログラミングをする必要がなくなったのである。今日では，適当なアプ
リケーションソフトを購入し，そのソフトの利用法を学びさえすれば，
ITを使えるようになったのである。

　要するに，コンピュータが人間の側に歩み寄ってきたのである。今日に
おける人間とコンピュータの関係が，図表1－2に示されている。

　上述したように，安価で購入できるパソコンの処理能力が桁違いに増大
したことによって，数値計算や文章の作成，大量のデータの管理や処理，
グラフ作成，画像処理，音声処理など，特殊用途別の優れた使いやすいソ

図表1-2　今日の人間とコンピュータの関係

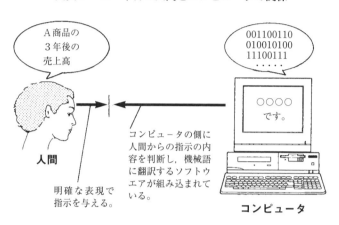

フトウェアが次々と開発されてきた。そして，インターネットも急速に普及してきた。その結果，我々は今日，適当なソフトウェアを購入することによって，かなり複雑な仕事も簡単にパソコンやスマホでできるようになったのである。

　ブラウザという，パソコンやスマホに組み込まれているアプリケーションソフトを利用すれば，我々は世界中のコンピュータから様々な情報や資料を瞬時に，大部分は無料で，入手できるようになった。このことは，企業や工場，商店などでの利用に限っての話というわけではない。個人が家庭からでも，あるいは外出中でも，スマホやタブレットコンピュータで容易にインターネットにつながるのである。

　なお，今日のITは，音声処理や画像処理など，様々なタイプのデータの処理が可能な**マルチメディア**対応となっている。それ故に，我々は次々と登場してくる多様な機器やソフトをも使いこなせるようにならなければならないのである。要するに，コンピュータリテラシーの内容は，常に更新されていくことになる。したがって，我々はそうした新しい時代に即したコンピュータリテラシーを身につけるべく，常に努力していかなければならない。

2·4　コンピュータリテラシーは今や常識に

　現代社会は，**高度情報社会**と言われている。経済や政治の領域だけでなく，学校や日常生活など社会のあらゆる領域で，ＩＴの助けがなければ十分にやっていけないようになってしまっているのである。

　本書の第１部では，企業や社会の様々な領域において今日，コンピュータなど各種情報技術（ＩＴ）が非常に重要な役割を演じており，その傾向は今後ますます高まるであろうということが解説されている。以下の第２，３，４，５章では，主として企業の代表的な仕事の領域での情報技術の活用のされ方やその役割が詳しく説明されている。第６章では，企業や家庭など，社会全体の活動の仕組みがどのように変わっていくかが述べられている。そして第10章と第11章では，将来情報分野での専門家として，あるいはまた有能なビジネスマンとして，ＩＴをより高度に活用しようと考えている読者が，大学でどんな勉強をしたらよいのかについてのヒントが示されている。

　本書を最後まで読むことによって，読者たちは，これからの時代を生きていくためには，パソコンやスマホ，そしてインターネットをきちんと使えるようになること，換言すると**コンピュータリテラシー**をしっかり身につけることが不可欠であることを理解するであろう。前述したように，今日既に，十分なコンピュータリテラシーを修得することは，我々にとって常識になっているのである。パソコンやインターネットを使えないのであれば，就職活動もできないという，そんな時代になっているのである。

　デジタル・デバイド（digital divide）という言葉がある。これは，ＩＴを活用できる人とできない人との間に，生涯所得において大きな差が生じる可能性があるという，新しいタイプの社会問題，あるいは国際問題を指して用いられている。

　一般的に言うと，高所得の家の子供の方が，小さいときからパソコンやコンピュータゲーム機を買ってもらえる可能性が高く，小さいときからＩＴに親しむ機会が大きい（親の所得格差）。国や文化によっては，女性

第1部　情報リテラシー入門

がコンピュータなどを使うことを抑制される（性差）。大都市やその周辺に生まれ育った子供の方が，小さいときからITに接する機会が大きい（地域差）。こうした，本人の責任ではない様々な理由により，パソコンやインターネットに早くから触れ，コンピュータリテラシー教育を受けられる人と，そうした機会がなく，コンピュータリテラシー教育を十分に受けられない人との間に，平均的に見て，生涯所得に差が見られるというのである。我が国では，小学校から高校まで，情報関連授業が必修化されてきているが，それはデジタル・デバイド解消のための方策の1つなのである。なお，コンピュータリテラシー教育を受ける機会があるのに，真面目にそれに取り組まないでいる学生の場合には，本人の責任ということになる。

　また，第5章で論じられるが，**在宅勤務（テレワーク）**や**SOHO**（Small Office Home Office；自宅の一室にパソコンなどインターネットに接続可能な最低限の情報機器を設置して会社を設立し，自営のビジネスを行うこと）が普及しつつある。これらも，高度なコンピュータリテラシーを身につけた人間にのみ開かれた新たな可能性と言うことができよう。

3　情報リテラシー

3・1　情報リテラシーの役割

　前節では，コンピュータリテラシーについて説明した。そして，パソコンやインターネットなどのITを使えることは，日本では今や常識になっていることを述べた。しかし，単にITを使えるというだけでは，高度情報社会において，我々は十分に活躍することができなくなりつつある。要するに，パソコンやインターネットを使えるかどうかなどということは問題にすらならなくなってきているのである（使えて当たり前なのである）。

　むしろこれからの社会では，ITを，正しい目的のために，的確な方法で活用し，その結果を適切に仕事に反映させることができるか否かによっ

て仕事の成果に差が生じ，その結果として，所得にも差が生じるのである。本章の第1節でも触れたが，こういう個人の能力を本書では，**情報リテラシー**と呼ぶのである。以下では，情報リテラシーについて，もう少し詳しく検討していくことにする。

3・2 意思決定と情報

情報リテラシーを定義するためには，**意思決定**という概念と，**情報**という概念をはっきりさせる必要がある。情報関係の教科書や専門書，雑誌，新聞などには，情報という言葉と**データ**という言葉がひっきりなしに登場する。読者の多くは，情報とデータとは，ほとんど同じ意味の言葉だと思っているかもしれない。多くの本や論文の著者もまた，情報とデータとをあまり区別せずに使っている人が少なくない。しかし，

　データベースとは言うが，情報ベースとは言わない。
　情報リテラシーとは言うが，データリテラシーとは言わない。
　高度情報社会とは言うが，高度データ社会とは言わない。
　最近，ビッグデータが話題になっているが，ビッグ情報とは言わない。

といった具合で，データと情報とは，基本的には区別されて用いられているのである。

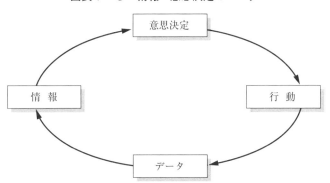

図表1－3　情報―意思決定のループ

出所：Davis, W.S., Information Processing Systems, 2nd. ed., Addison Wesley, 1981, p.29, 図表2．3。

第1部　情報リテラシー入門

　図表1－3は，情報とデータとを定義する際に，しばしば用いられる枠組みの1つを示している。この図を理解するための鍵となるものが，円の一番上にある意思決定という用語である。最初に，この意思決定という言葉を簡単に説明することにしよう。

3・2・1　意思決定

　意思決定という言葉は，経営学を勉強していく上で，ぜひとも理解しておかなければならない重要な言葉の1つである。英語の **decision making** という言葉の訳語であるが，簡単に言えば，考えに考えた末に決定するということである。特に，考えるというプロセスに焦点が当てられている。

　図表1－3からも明らかなように，意思決定はあらゆる行動に先立ってなされる知的なプロセスである。換言すると，我々は行動する前に必ずこの意思決定を行っているのである。このことは，個人生活においても，会社や役所のような組織の中で働いている場合でも同様である。経営者や管理者，従業員たちによる優れた意思決定の結果として，会社はお客さんに喜ばれるような商品を開発できるし，適切な価格付けができるようになり，その結果，利益を得たり，成長したり，長期間存続することができる。個人の場合も，適切な意思決定の結果として，快適な生活を送ることができる。だから，意思決定というプロセスは非常に大事なのである。会社の経営者や管理者にとって最も重要な仕事は，意思決定をすることであると言われるほどである。

　意思決定の具体的な例をいくつかあげて説明しよう。

＜シーン1＞

　あなたは今，ハンバーガーショップに入ったところであるとしよう。まず注文をしなければならない。メニューの中から適当なセットや単品を選ぶわけであるが，あれこれと目移りがして，どのセットメニューを注文したらよいかなかなか決まらない。

　そう，この瞬間に，あなたはまさに意思決定をしているのである。メ

第1章　情報リテラシーの基礎

ニューには何種類ものセットが載っている。自分の財布の中味さえ許せ
ば，あなたはその中のどれを選ぶことも可能である。こうした選ぶべき対
象を，選択肢とか**代替案**という。つまり，**意思決定**とは，複数存在する代
替案の中から，1つの（いくつかのセットや単品との組み合わせも，別の
1つの代替案として扱う）代替案を選び出すことなのである。適当なセッ
トが決まると，次には飲み物をどれにするかを決め，さらにその飲み物は
Ｌサイズにするか，それともＭかＳかを決めなければならない。その後，
店内で食べるかテイクアウトするかも決める。ここでやっと，あなたの注
文という行為は完了する。逆に言うと，これらすべての意思決定が終わる
までは，我々は注文するという行動が完結せず，したがって，ハンバー
ガーを食べるという行動もとれないのである。

＜シーン２＞

　あなたは今，ベッドで目を覚ましたばかりで，パジャマ姿でいるとしよ
う。今日は早くから学校に行く予定である。さて，今日はどんな服装（ア
ウター・ウェア）で行こうか。洋服タンスの中には，いくつかの衣類が掛
かっている。昨日は白のセーターだったし，一昨日はベージュのブラウス
だったし…。さて，今日はどれにしようか。

　ここでも，半分は夢心地の中で，あなたは意思決定の最中なのである。
クリーニングに出している衣服や，洗濯をして干してあるような衣服は，
今日は使えないから，それらは代替案には含まれない。その他の，今着る
ことのできる状態の衣類のすべてが，ここでの意思決定の代替案というこ
とになる。こんな意思決定を，読者の皆さんは，たぶん毎朝（忙しいとき
には無意識に近い形で）しているのである。とにかく，今日着ていく服が
決まらない限り，いつまで経っても外出着に着替えるという行動はできな
いのである。この例でも，行動の前に意思決定がなされていなければなら
ない。

＜シーン３＞

　あなたは衣料品店の店主で，今年の夏のためにニューデザインの水着を

15

第1部　情報リテラシー入門

何着仕入れたらよいかと悩んでいるとしよう。多く仕入れすぎると，売れ残りが出て損をするし，仕入れが少なすぎると，シーズン前に売り切れてしまい，もっと多く儲ける機会を失ってしまう。さて，注文書に何着と書き込んだらよいか。

　これは，会社や商店での典型的な意思決定の例である。20着？30着？40着？それとも50着？…この種の意思決定では，基本的には自然数の（常識的な範囲での）すべてが代替案となり得る。注文数が決まってからでないと，発注するという行動が起こせない。

　意思決定：ある問題（選択の必要性）に直面したときに，複数の代替案の中から，問題を最もよく解決すると思われる代替案を1つ選択すること

3·2·2　データと情報

　個人としても，サークルのようなグループのリーダーも，そして企業の管理者も，毎日様々な状況において意思決定を行っている。次に，その意思決定は，何を頼りに行われるのかについて考えてみよう。

　結論から先に述べると，図表1－3に示されているように，我々は**情報**というものを頼りにして意思決定を行っているのである。もしも情報が利用できなければ，我々は経験や勘，占い等に頼らなければならないかもしれない。以下，本章では，情報を次のように定義して用いる。

　情報（information）：ある特定の意思決定を行うのに役立つだろうと意思決定者（意思決定する人）が考え，それを実際に入手し，意思決定に反映させる，知識や事実，データ，あるいはデータを処理した結果

　このことを，上記の例のそれぞれについて説明しよう。

＜シーン１＞のハンバーガーショップの例で，何を注文するかを決める場合には，その店ではどんなセットが提供されているか，そしてそれらの価格はいくらかということを知らなければならない。これらについては，普通は店内のメニューを見ることにより，知ることができる。次に，この食事のために，自分としてはいくらまで支出できるかを知ることが必要になる。これは，自分の財布の中身やその後のスケジュールなどを調べることによりはっきりする。また，今朝何を食べたか，昨夜は何だったか，といった具合に，最近食べた料理を思い起こしたりもするであろう。友達に何を注文したか聞きたいと考える人もいるだろう。

こうした諸々の知識や事実を元にして，我々は注文を決めるのであるが，その意思決定に動員されるものが**情報**なのである。ところで，注文を決めるという，一見単純で，誰でも同じだと思われるような意思決定であっても，そのために必要と考えられる情報は，上述のように，人によって異なる。誰にとっても，またいつでも有効な情報というものは，残念ながら存在しないのであり，意思決定者が自分の判断で，その都度情報を準備しなければならない。

＜シーン２＞の外出着を決める例を検討しよう。大抵の人たちは，テレビやラジオをつけて天気予報をチェックしたり，学校が終わった後の予定を考えたり（デートかアルバイトか，それともまっすぐ家に帰るのか）するであろう。また，人によっては，昨日着たのと同じ服を続けて今日も着るのは嫌だからということで，昨日の服装を思い出したり，タンスを開けて今日着ることのできる衣服を実際に確認したりするであろう。あるいはまた，窓を開けて空模様を確かめたり，寒さや暑さを自分の体で実際にチェックしたりするかもしれない。

こうしたことのすべてが，**情報収集活動**であり，そうやって得られたものが情報なのである。

＜シーン３＞の例では，商店主は，過去何年間かの夏の平均気温と，その年の自分の店での水着の売上高との関係を調べようとするかもしれな

い。そのためには，気象庁に電話をして過去何年間かの夏の平均気温を教えてもらったり，図書館へ行って新聞の縮刷版からそれらを調べたり，また自分の店の営業記録を調べたりしなければならない。さらに，新聞やテレビなどを通じて発表される今年の夏の気温に関する長期予報にも注意していなければならない。このように，意思決定に必要な情報を収集するために，自発的かつ積極的に行動しなければならない場合が実際には多いのである。

以上の議論から，情報は，具体的な意思決定との関連でのみ定義されるものであることが理解できたことと思う。要するに，Aという情報はXという問題の解決のための意思決定には役に立つかもしれないが，YやZという問題の解決のための意思決定にはあまり役に立たない可能性が大きいということである。メニューをどんなに眺めていても，水着の発注量の意思決定には結びつかないのである。

次に，本章では，データを次のように定義する。

データ（data）：過去に発生した特定の事象，出来事，事柄などに関する記述の集まり

データとは，直近のことも含めて，過去に起こった出来事や事象等を誰かが観察したり，数え上げたり，測定したりして，その結果を記録し，記述し，保管してきたものである。つまり，データは，この世の中には無数に存在しているのである。図書館には各種の統計資料が収蔵されているが，そこに載っている数字はすべてデータである。植物や動物図鑑などに載っている図や説明もデータである。電話帳に載っている氏名や電話番号もデータである。

最近は，こうした大量のデータをコンピュータに体系的に蓄積し，必要に応じていつでも取り出せるような形式で管理することが多くなってきた。これが**データベース（database）**である。

第1章　情報リテラシーの基礎

　ところで，データはすべて，過去の何かについての既述であり，そのま
までは，これからの，すなわち未来の行動に関して行われる意思決定には
ほとんど役立たない。故に，個々のデータ自体は価値や意味を持たない。
真か偽かの違いがあるだけである。個々のデータの意味や価値は，ある
データを重要と判断し，そのデータの中身に注目してくれる意思決定者に
よって初めて与えられるのである。あるレストランのメニューは，印刷さ
れた瞬間からずっと存在している。メニューには，提供できる料理や飲み
物の名前とその価格が書かれているが，それらはデータである。お客さん
がそのメニューを手に取り，注文を決めるために見てくれたときに，初め
てそれらはそのお客さんにとっての情報へと変わるのである。もしもその
メニューがフランス語で書かれていて，そのお客さんはフランス語を理解
できないならば，そのメニューは，そのお客さんにとっての情報とはなら
ないし，価値もない。

　図表1-3に戻って，以上の議論を整理しよう。ハンバーガーショップ
で注文を決める，着ていく衣服を選ぶ，コーヒーに入れる角砂糖の数を決
めるなど，我々は生活していく上で，毎日朝から晩まで，様々な**意思決定**
をしている。そして，それぞれの意思決定において，何らかの情報を必要
としている。そうした**情報**は，世の中に無数に存在する様々な**データ**や記
述の中から関連のありそうなものを抽出したり，それらを加工したりして
創り出される。役に立ちそうなデータが見つからない場合には，何を着て
いくかを決める場合のように，窓を開けて外気の寒さや暑さを自分で確か
めるというように，自分で収集することが必要になる。急ぎの意思決定に
は間に合わないこともあろう。

　こうして獲得された情報に基づいて意思決定がなされ，その結果として
何らかの**行動**が起こされる。そして，その行動の結果もまた測定され，記
録されて，新たなデータとして追加保存されていくのである。このように
して，図表1-3のループがうまく回転し続けることによって，我々の生
活はうまく展開するのである。

第1部 情報リテラシー入門

3・3 情報リテラシーの厳密な定義

これまでの議論を元に，我々は情報リテラシーを以下のように定義することができるであろう。

情報リテラシー：実際に意思決定を行わなければならない状況に置かれたときに，必要な情報は何かを考え，何らかの手段でそうした情報を獲得し，最終的にそれらの情報を意思決定に反映させることのできる，意思決定者の能力

この定義から，情報リテラシーの能力は，さらに次の3つの下位能力に分解されることがわかる。

(1) 意思決定に必要な情報は何かを考える能力

(2) そうした情報を獲得したり創造したりする能力

(3) 獲得した情報を意思決定に反映させる能力

これらの**情報リテラシーの下位能力**のうち，1つ目と3つ目の能力を高めるためには，常識や教養などと言われるものや，経営学，経済学，社会学，心理学などの様々な領域での基礎知識，あるいはまた統計学や数学などでの計算方法や計算結果の読み取り方，そして仕事上の慣習や仕事の手順など，様々な知識を少しずつ高めていく必要がある。もしも意思決定が必要となったときには，こうした知識を総動員して，どんな情報を集めたらよいか，どうしたらそれを入手可能になるかを考えたり，集めた情報を解釈したりして，意思決定に反映させるのである。大学で様々な科目を勉強する目的の1つは，こうした情報リテラシーの下位能力を高めることにある。

一方，情報リテラシーの2つ目の能力は，**コンピュータリテラシー**によって大きく支援されることは明らかである。例えば，インターネットが普及するにつれて，我々は自宅や自分の仕事場にいながらにして，世界中から様々なデータを簡単に集めることができるようになる。また，そうし

20

て集めた大量のデータを，表計算ソフトのような適当なソフトウェアを使って，自由に加工処理できるようになる。要するに，高度のコンピュータリテラシーを有する人間は，それだけ優れた情報を入手することができ，それを意思決定に役立てられる可能性が高くなるのである。とはいえ，情報リテラシーが不足していれば，十分なコンピュータリテラシーを身につけていても，それを活用する機会を見つけることができないのである。

　我が国では今日，大企業だけでなく，中小企業でも，社員全員が1台以上のパソコンを使っているのが普通である。社員1人ひとりが情報リテラシーを活用することにより，会社の業績が改善されるであろうと期待しているからである。このことについては，第2章で詳しく説明する。

第2章

企業経営と情報リテラシー

📖 この章で学ぶこと

企業，経営者の役割，組織，組織構造，意思決定の垂直的分業，業務の水平的分業，経営情報システム，伝統的なコンピュータ利用（OC），エンドユーザコンピューティング（EUC），OCとEUCの長所と短所，事業継続計画

1 企業経営とコンピュータベースの情報システム

1・1 企業の役割と意思決定

企業は，図表2-1に示されているように，企業を取りまく**環境**（市場）から様々な要素（従業員，原材料，エネルギーなど）を**インプット**として取り入れ（市場から購入し），それらを処理して様々な製品やサービスに**変換**し，そうした製品やサービスを**アウトプット**として再び環境（顧

図表2-1 企業の役割

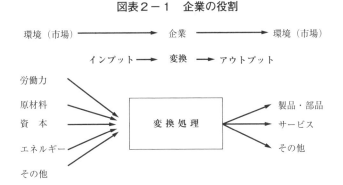

客のいる市場）に送り出す（販売する）。販売によって得た収入の一部が，次の購入のための原資となる。こうしたサイクルが拡大しつつ繰り返されることにより，企業は存続し，発展していくことができる。

企業は，こうした経営活動をスムーズに継続するために，

・どんな製品を生産し，どんなサービスを提供するか
・製品をどれだけ作るか，サービス窓口をどれだけ開設するか
・どこの工場で，どんな生産方式で生産するか，
・どこで，どんな形でサービスを提供するか
・どんな方法で製品を消費者に届けるか
・製品やサービスをどんな料金で提供するか
・従業員にそれぞれいくらの給料を払うか
・原料や材料，部品をそれぞれいくつ，どこからいくらで購入するか

等，様々なことを決めていかなければならない。こうした活動を，我々は第1章で，**意思決定**と定義した。**経営**とは，企業が存続し，利益をあげ，成長していくのに必要な意思決定を行うことであり，そうした意思決定において中心的な役割を演じているのが，経営者や管理者と呼ばれる人たちである。

1・2　組織構造と意思決定の垂直的分業

企業や役所，学校のように，ある目的を達成するために多くの人たちが集まって構成されるものを，我々は**組織**と呼ぶ。企業のような組織の構造は，図表2-2のように，一般にピラミッドの形で表現される。

大きな会社を例にすると，その組織の最上位にはただ1人の社長がいて，その下に何人かの取締役などの重役が配置される。それぞれの重役の下には，複数の部長がいる。各部長の下には数人の課長が配属され，各々の課長が複数の係長を管理している。その係長の下には，5，6人の実際の仕事（業務）を担当する部下がいる。このように，組織は一般に**階層構造**を形成しており，階層が下になるほど，そこに位置する人間の数が多く

図表2-2　組織の直線的分業と水平的分業

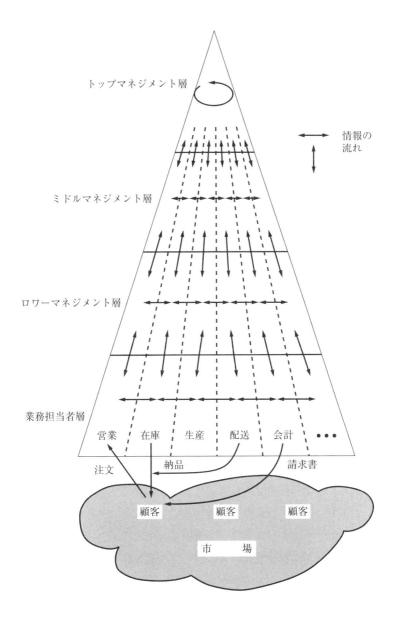

なる。この結果，組織はピラミッドの形になるのである。

このピラミッドのそれぞれの階層にいる経営者や管理者たちは，それぞれ異なった内容の意思決定をしている。これを，**意思決定の垂直的分業**と呼ぶ。この垂直的分業の各階層に配置された人たちに期待されている意思決定の特徴は，上から順に次のように要約することができる。

- トップマネジメント：**戦略的意思決定**を担当する経営者や上級管理者（社長や取締役といった重役）たち…会社の長期的方針や海外進出など，企業の存続に関わる長期的で重要な意思決定を担当する。

- ミドルマネジメント：**戦術的意思決定**を担当する中間管理者（部長や課長）たち…生産，販売部門などの年間活動計画や予算案の策定その他，部門にとって重要な，1年ないしは半年程度の期間の意思決定を担当する。

- ロワーマネジメント：**日常の業務上の意思決定**を担当する下級管理者（例えば係長）たち…月間ないしは週間の営業計画など，具体的で詳細な業務の遂行に関わる意思決定を担当する。

- 業務担当者：上司の指示に従い，営業，受注処理，配送などの具体的な日常**業務**を担当する人たち…毎日，指示された具体的な業務を遂行する。

トップマネジメントが担当する意思決定の内容は，一般に長期的かつ広範なもので，企業の存続や成長に大きな影響を及ぼすような，非常に重要なものである一方，具体性に欠けている場合が多い。より具体的で詳細な計画の策定は，ミドルマネジメントやロワーマネジメントたちに順に委ねられていき，最終的には業務担当者たちに指示され，遂行される。これが図表2-2に示されている，上から下への**指示情報**の流れである。

業務担当者たちが達成した実績や日常業務で発生する問題に関する情報

は，**報告・連絡・相談**（企業では「ホウレンソウ」と呼ばれる）という形で，下から上へと流される。策定された計画と実績との比較が上位の階層の管理者たちによってなされ，もしも差異が大きい場合には，計画と実績とを一致させるための意思決定が行われ，新たな指示が，再び業務担当者のところまで，指示の形で下ろされていく。

1・3　業務の水平的分業

　図表2－2では，最下層からトップマネジメントのところまで伸びる縦の点線で，ピラミッドは分割されている。これを**部門化**と呼ぶ。例えばメーカーには，生産部門，営業部門，会計部門，人事部門，情報システム部門，研究・開発部門などが置かれている。このように，企業がその目的を達成するのに必要な多くの業務を担当する専門部門を設ける方法を，**業務の水平的分業**と呼んでいる。

1・4　分業における情報システムの重要性

　企業では，社員の1人ひとりが，垂直的分業と水平的分業によって織りなされる網の目のどこかに配属され，各人がそれぞれに課される役割を遂行することが期待されている。彼ら社員が，課された役割を確実に遂行するためには，上司からの**指示**，部下からの**報告**，そして同僚や他部門の人たちとの**連絡**といった形で，様々な**情報**を得て，それらを的確に処理し，日々の**意思決定**に反映させる必要がある。

　例えば，お客さんからある商品の注文を受けた営業担当者は，その商品が倉庫にいくつ残っているか（これを**在庫**と呼ぶ），あるいはいつになれば工場で生産されて倉庫に入り，出荷可能になるかを調べなければならない。さらに，そのお客さんは以前の取引できちんと代金を支払ってくれたかどうかを会計部門に問い合わせるかもしれない。これら必要な情報を入手した後に，営業担当者はこの注文を受けるか否かの意思決定をし，最終的な回答をそのお客さんにすることになる。

27

第1部　情報リテラシー入門

　このように，担当者たちが業務を遂行する上で，横の連絡という形の様々な情報のやりとり（**ワークフロー**と呼ぶ）が不可欠である。また，上述の指示と報告といった，上司と部下との間の上下の情報のやりとりも不可欠である。そのために，企業は組織を縦横に走る情報の流れを作ってきた。このような，情報を流したり必要な処理を加えたりする仕組みは，**経営情報システム**と呼ばれる。

　コンピュータや通信ネットワークなどのITが登場する以前には，こうした経営情報システムは，手紙や伝票，メモといった文書（紙媒体）の受け渡しや，人間同士の面談，あるいは電話での連絡といった手段をベースに構築されていた。そのような時代には，最初にお客さんから話がきてから最終的に取引がまとまるまでに，早くても数日，場合によっては1週間以上の時間がかかることも珍しいことではなかった。

　最近のように世の中の動きが速まり，企業間競争が激しくなってくると，こんな悠長な仕事をしていては，企業は生き残れない。ところが最近，ITが大きく進歩し，その価格も急激に低下してきた。そこで，多くの企業が，自社の経営情報システムを，ITをベースに構築し，運用するようになった。今日では，こうした経営情報システムなしには，企業経営は考えられなくなっている。

1・5　経営情報システムとは

　ここで，経営情報システムについてもう少し詳しく説明しておこう。一般に**情報システム**とは，様々な源泉からの**データ**をインプットとして受け入れ，それらを処理し，意思決定者に役立つような**情報**というアウトプットに**変換**し，提供するシステムをいう。企業で働く人たち（**意思決定者**たち）は，自分の担当業務に関連する様々な情報を短時間に入手して，次から次へと意思決定を行わなければならない。彼らが必要とする情報を提供することこそが，**経営情報システム**の役割なのである。図表2−3は，情報システムの一般的な働きを示している。

図表2-3　情報システムの役割

　要するに，経営情報システムは，意思決定者とIT（ハードウェア，ソフトウェア，通信ネットワーク，そしてデータベース）とが体系的に組み合わされたものである。以下本章では，企業等の組織においてITが利用されるようになった経緯や利用形態等について，概観しようと思う。

2　企業におけるコンピュータ利用の2つの基本タイプ

　コンピュータが登場してから今日までに，ITは大きな進歩を遂げてきたが，それに伴って，企業のITをベースにした経営情報システムも，急速に発展してきた。その過程で，その役割や形態も多様化してきた。以下では，企業の代表的な経営情報システムの2つのタイプについて，やや詳細に説明する。

2·1　伝統的なコンピュータ利用

　コンピュータメーカーを別にすると，一般企業がビジネスでITを本格的に活用し始めたのは，1960年代前後からのことである。その頃から，米国の先進的な大企業が，社員の給与計算，販売伝票の処理や請求書の計算，銀行小切手の処理，鉄道や航空機などの座席指定のような，基幹業務の事務処理のためにコンピュータを本格的に利用し始めたと言われている。

　これら初期のコンピュータの**適用業務**に共通する特徴は，
- 比較的単純で**定型的**な処理
- **反復的**な処理機会の発生
- **大量**の処理対象件数

ということであった。

座席指定や社員の給与計算，小切手処理などは，いずれもこうした3つの要素を備えている。もしもこれらの事務処理を人間だけで行っていると，企業が成長するにつれて，こうした事務処理量は増大し，それに応じて，事務員を大幅に増やさざるを得なくなる。その結果，人件費も増大するが，このことは，必然的に利益を圧迫する。それ故に，このタイプの事務処理は，ＩＴの急速な発達に伴って，人の手からコンピュータベースの情報システムへと移されたのは，当然のことであった。経営情報システムはその後も進化し続け，高度化し，多様化しながら今日に至っている。

こうした**基幹業務処理**のための情報システムは，昔も今も，企業の情報処理の専門部門（本章では，**情報システム部門**と呼ぶ）によって，全社的な観点から構築され，運用されてきた。こうしたＩＴの活用形態を，**OC**（Organizational Computing；**組織中心のコンピュータ利用**）と呼ぶことがある。ここでcomputingとは，コンピュータ等のＩＴの活用を意味している。

図表2－4は，**OC**の基本的な形式を示している。経営者や管理者，業務担当者たち（情報システム部門以外の部署で働く人たちを，しばしば**エンドユーザ**と呼ぶ）が，第1章でも述べたように，自らハードウェアを操作したり，データ処理に必要なプログラムを作成したりすることは困難であった。それ故に彼らは，そうした活動のすべてを，会社の唯一の専門家集団である**情報システム部門**に依頼せざるを得なかったのである。

様々な部門のエンドユーザから依頼を受けた情報システム部門の専門家たちは，依頼を受けて，**経営情報システム**を開発し，運用し，エンドユーザが業務で利用できるようにした。あるいは，データ処理を行い，情報を作り，依頼元のエンドユーザに届けたりしたわけである。

今日においても，スピーディな業務処理のためには，企業の水平的な分業の壁を突き抜けた，全社横断的な経営情報システムが不可欠である。こうした情報システムは，常に動いていなければならないし，処理に誤りが

図表2－4　OCの基本形式

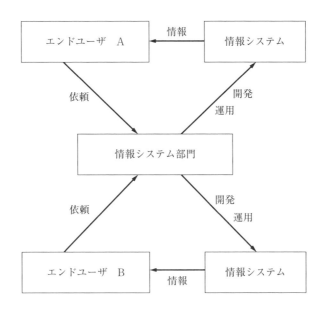

あってはならない。また，後述するように，情報システムの安全性（**セキュリティ**）への配慮も重要である。そのために，こうした企業の**基幹業務処理システム**は，今日でも，情報システム部門にいる専門家たちによって開発され，運用されるのが一般的である。

2・2　伝統的なIT活用方式（OC）の長所と短所
2・2・1　OCの長所
①専門家の知識や経験，スキルなどの有効活用

　OCでは，図表2－4でも示されているように，いろいろな部門や階層にいるエンドユーザからの多様な処理要求が，情報システム部門に集中する。社内のそれぞれの部門や階層で発生する情報システム開発ニーズは，一見異なっているようでも，細部を見ていくと，共通する部分が多く含まれている。それ故に，情報システム部門のスタッフたちが継続してシステ

ム開発に携わることによって，経験や学習を通して獲得したノウハウを，新しいシステムの開発に際して有効に活用することができる。

②ハードウェアやソフトウェアの効率的な利用

OC では，情報システム部門が社内で目下稼働している情報システムや，今後の開発計画などを総合的に判断して，必要なハードウェアやソフトウェアを計画的に購入したり更新したりして，それらを運用することができる。そのために，全社的な観点からの IT 利用の効率化が図られる。

③部門共通のシステムや全社的データベースの構築や維持，管理の促進

上述したように，OC においては情報システム部門が全社的な立場で活動できる。それ故に，**基幹業務処理システム**の開発や運用，インターネットや LAN などの**ネットワーク**の管理，全社的な**データベース**の構築と維持など，部門毎に開発し維持することが難しかったり重複したりする，情報システムの**インフラストラクチャ**の管理には適している。

④優れたセキュリティ対策

自社の基幹業務向けの情報システムやデータを外部からの侵入や破壊からしっかり守ること（これを**セキュリティ対策**と呼ぶ）は，企業にとって非常に重要な責任となっている。OC では，コンピュータ関連諸技術の専門家が中心になって情報システムの開発や運用を行うため，安全性や確実性などが確保されやすい。

我が国では，**個人情報保護法**が強化されつつあるが，この法律により，**個人情報**を扱ったり蓄積保管している国や自治体の役所，民間企業，医療機関，大学等の教育機関が，個人情報を漏洩したりすると，罰則を課されたり，企業ブランドが失墜したり，損害賠償責任を負わされたりすることになる。このために，企業は個人情報の漏洩や消失などを防ぐために，個人情報を安全に管理する体制の構築が求められている。

また，2011年3月11日に発生した東日本大震災が原因で引き起こされた様々な出来事からの教訓の1つとして，**経営情報システム**を如何にして災害から守るか，ダメージを受けたなら如何に早く復旧させるか，データの

消失を如何にして防ぐかといった問題への対策が，すべての組織に突きつけられている。情報システムが動かないと，組織は機能できないからである。

このこととも関係するが，組織は**事業継続計画**（Business Continuity Plan：**BCP**）を策定しておくべきだという指摘がなされている。大災害に遭遇したときに，情報システムが停止する危険性はどの程度あるか，情報システムが停止した場合，どんな事業や業務が影響を受けるか，人手で対応できる，あるいはすべき仕事はどれか，情報システムの復旧手順はどうするか，等々について，事前に策定し，準備をしておけというのである。このような分野では，OC は強みを発揮する。

2・2・2　OC の短所

一方，OC には OC なりの短所もいくつかある。以下，それらの中でも特に重要な短所を3つあげておこう。

①コミュニケーションギャップ

OC ではすべてのエンドユーザが，情報システム部門の担当者に，業務や意思決定で必要になる情報システムの開発を依頼するという形式をとる。したがって，エンドユーザと担当者との間でのコミュニケーションが不可欠であるが，ここでは，**コミュニケーションギャップ**という難題が待ち受けている。

エンドユーザ（文科系出身者である場合が多い）たちは，自分が担当している経理や販売といった業務には詳しいが，システム開発についてはほとんど知らない。一方，**情報システム部門**の担当者（理工系出身者が多い）たちは，システム開発の実際には詳しいが，経理や販売などの実際の業務を詳しくは知らない。この人たちによる打ち合わせでは，互いに誤解したままで話を進めてしまうことが少なくない。年齢や性別だけでなく，出身学部や卒業後のキャリアが互いに異なっている人たちが，何度も同じ日本語で話し合っても，いくつかの重要な言葉を，最後まで違った意味や

第1部　情報リテラシー入門

ニュアンスで理解しているということは，決して珍しい話ではない。だから，どんなに時間をかけて丁寧に説明しても，その内容が常に正確に相手に伝わるとは限らないのである。これをコミュニケーションギャップという。

このため，十分に時間をかけて打ち合わせたはずなのに，開発された情報システムは，エンドユーザが期待していた機能を持っていないということはよく起こることである。こうした情報システムは，時間をかけて修正されなければならない。

②バックログ

OCでは，社内の情報システム開発要求が，情報システム部門に集中することになる。ところが情報システム部門の能力には限りがあるために，すべての要求に同時に応えることはできない。それ故に，情報システム部門は多数のシステム開発要求に優先順位を付け，順位の高いものから開発していくという方法を採用せざるを得なくなり，その結果，低順位の要求は開発を待たされる（この状態にある要求を**バックログ**と呼ぶ）ということになる。

③スタッフの知識や技能の陳腐化

上述の長所の1番目と裏腹の関係になるが，ITのように技術進歩が激しい領域では，専門家の知識や技能がすぐに**陳腐化**し，旧式化しやすい。情報システム部門の人たちは，次から次へと発生するシステム開発の要求に追われ，最新の技術水準に追いつくための学習時間を十分にとれない場合が多いからである。

2・3　新しいタイプのコンピュータ利用

高性能で比較的安価なパソコンや多機能携帯端末，高機能携帯電話（いわゆるスマホ）の出現や，様々な用途の使いやすいソフトウェアの登場，インターネットの普及によって，企業におけるコンピュータ利用は，以前には想像すらできなかったような広がりを持つようになってきている。こ

こで検討する **EUC**(End User Computing；**エンドユーザコンピューティング**)は，こうした背景のもと，**エンドユーザ**たちが，自分の担当する業務に関わる意思決定のために，自発的かつ自主的にパソコンその他のＩＴを利用する形態を指している。

上述のように，EUCとは，エンドユーザによるコンピューティング，すなわち，エンドユーザが主体的にＩＴを活用して，意思決定に必要な情報を自ら取得したり創造したりすることである。図表２－５に示されているように，EUCでは，エンドユーザ本人が情報システムを操作する。故に，こうした形式でのＩＴ利用が普及するためには，非常に使いやすい，高度に**ユーザフレンドリ**な**インタフェース**を備えた情報システムの構築が不可欠である。代表的なユーザフレンドリなインタフェースの方式には，次のようなものがある。

・**メニュー方式**：情報システム側でメニューを示してくれるので，エン

図表２－５　EUCの基本形式

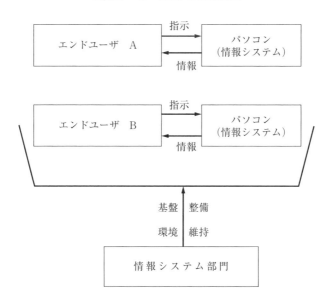

ドユーザはその中から適当な項目を次々と選択することにより，希望する処理を行わせることができる。銀行などの**ATM**（現金自動入出金機）では，このメニュー方式が多用されている。

・**GUI**（Graphical User Interface）：いろいろな処理やファイルなどを表す図形（アイコン）がディスプレイに表示されていて，エンドユーザはマウスなどを使って希望する処理を示すアイコンやファイルのメニューにポインターを移動させて，クリックしたりタッチしたりする形で，情報システムに指示を与える。

この種の技術の発達が，EUC の展開を大きく助けたのであるが，加えて，ワープロソフトや表計算ソフト，データベースソフトなど，パソコン向けの使いやすく高機能な各種**ソフトウェア**が市場に出回ったことも，EUC の急速な進展に貢献していることは言うまでもない。

EUC における**情報システム部門の役割**は，舞台での黒子の役割に似たものとなる。情報システム部門のスタッフたちの役割は，エンドユーザの代わりに情報システムを開発したり操作したりすることではない。むしろ，全社的なデータベースやネットワークの構築や運用，その保守などに責任を持ち，それらをエンドユーザたちがいつでも確実に利用できるようにする形で，間接的にエンドユーザのコンピューティング活動を支援することに，役割が移ってきているのである。

2・4　EUC の長所と短所

EUC の長所と短所は，ある意味では OC の長所と短所の裏返しである。以下，長所と短所を順に見ていこう。

2・4・1　意思決定に必要な情報

EUC の長所の多くは，第 1 章で検討した，意思決定の役割やプロセスそのものとの関係から生じている。**意思決定**は，個人や組織のあらゆる行

動に先立ってなされるプロセスであり，経営者や管理者たちにとって最も
重要な役割である。**意思決定のプロセス**は，次のようなステップによって
構成される。

・第1ステップ：解決すべき問題や利用すべき機会を認識する
・第2ステップ：認識された問題に対する解決策，あるいは機会を活か
　　　　　　　　す方策として，実行可能ないくつかの代替的行動案
　　　　　　　　（**代替案**）を探索したり，新たに創り出したりする
・第3ステップ：それらの代替案のそれぞれについて，その効果や成果
　　　　　　　　を分析し，比較し，そしてそれらの代替案の中でもっ
　　　　　　　　とも良いと思われる案を1つ選択する
・第4ステップ：選択された代替案を実行に移す

　我々は常に様々な問題に直面し，その都度意思決定を行っているが，意
思決定は上記のようなステップを順に，時には戻ったりしながら，進行す
る，非常に複雑なプロセスである。そして，それぞれのステップでは異
なった種類の情報が必要になる。

2・4・2　EUC の長所

①必要な情報の確実な定義と入手の可能性の拡大

　第1章でも説明したように，それぞれのステップでどのような**情報**を必
要と考えるかは，**意思決定者**によって異なる。故に，ある時点で，ある人
がどんな情報を欲しがっているのかを，当該意思決定者の頭の中を見るこ
とのできない誰か他の人間には，正確にわかるはずがない。

　OC では主役を演じている IT の専門家たちは，特定の意思決定の専
門家ではないし，意思決定している本人でもない。そこに**コミュニケー
ションギャップ**が加わるのであるから，OC ではエンドユーザが欲しいと
思う情報を確実に入手することが難しいことは，上述した通りである。
EUC こそが，意思決定者本人が欲しいと思う情報を直接取り出せるよう
にする手段を与えるのである。しかしそのためには，エンドユーザたちが

第1部　情報リテラシー入門

十分なレベルの情報リテラシーやコンピュータリテラシーを身につけている必要がある。

②情報に基づく迅速な意思決定の可能性の拡大

　社会は常に動いているために，経営者や管理者，業務担当者たちは，次から次へと新しい問題に直面し，その都度的確な意思決定を下すことを要求される。上述したように，OC では不可避な**バックログ**が原因で，必要な情報がすぐには入手できないにもかかわらず，急いで決断しなければならない場合には，意思決定者は過去の経験や直感などに基づいて意思決定せざるを得なくなる。EUC が普及することにより，十分な**情報リテラシー**や**コンピュータリテラシー**を有する意思決定者は，知りたいときに知りたい情報を取り出せるようになるため，情報に基づいた意思決定を行える確率が高まる。

2・4・3　EUC の短所

　OC にも短所があったのと同様に，EUC にもいくつかの短所がある。以下に代表的な短所を2つ取り上げて説明しよう。しかし，どちらについても，その主たる原因はエンドユーザたちの情報リテラシーの欠如や不足であり，エンドユーザコンピューティングそのものが問題だというわけではない。

①ハードウェアやソフトウェアの無秩序な導入

　OC の場合には，情報システム部門がハードウェアやソフトウェア，通信ネットワークなどを，全社的かつ長期的な観点から計画的に導入していく。一方，EUC では，社内の各部門や階層にいる意思決定者たちが，必要に応じてハードウェアやソフトウェアをかなり自由に導入できる。

　その結果，お互いに接続しにくい機種や保守の仕方が異なる機種が何種類も社内に導入されたり，やや互換性の低いソフトウェアや**セキュリティ**の弱いソフトウェアが多数導入されたり，データベースが重複して構築されるなど，全社的に見て整合性や統一性のない形で情報化が進展する危険

性がある。

②情報システムの脆弱性の拡大

　EUCでは，ＩＴに関する十分な知識のないエンドユーザ自らが情報システムを利用するために，あまり面倒な操作や約束事を前提にすると，普及しなくなり，上述のようなEUC本来の良さが実現できなくなる。とはいえ，ルーズな運用・管理を認めていると，組織全体のセキュリティの**脆弱性**が高まることになる。

　社員の中には，**パスワード**を書いた紙を机の上に置いたままにしている人がいるかもしれない。また，個人情報を含むデータを大量に記憶させた**USBメモリー**を鞄に入れて電車の網棚やトイレの洗面台などに置き忘れたりすることも起こりやすい（このようなことは，絶対にしてはいけない）。

　また，インターネットへの安易な接続により，**コンピュータウイルス**に感染する危険性も高まる。誰も気がつかないうちに，会社の機密情報が外部に漏れたり，個人情報が盗み出されたり，自分の顔写真などがネットワーク上に流れ出したりする事件は，頻繁に発生している。

3　更なる展開

　初期のEUCは，単独で仕事をする個人を対象としていたが，会社や役所，学校などの組織では，何人かの人間がグループになって一緒に仕事をすることが少なくない。こうしたグループによる協働作業を支援することを目的としたタイプのソフトウェアは**グループウェア**と呼ばれる。

　伝統的なグループ作業の進め方は，メンバーたちが同じ時間に同じ場所に集まることを前提としている。しかし，ビジネスのグローバル化が進展したことや，ビジネスのペースが速まったことから，メンバー全員が1ヵ所に集まるまで待っていられないような案件が増えてきた。このため，離れた場所にいるグループメンバーが，そしてグローバルに展開している企業の場合には時差のために現地の時間も異なる場所にいるメンバーたち

が，電子的に結びついて協働する必要が高まってきている。

グループウェアは，こうした，空間的にも時間的にもバラバラなメンバーたちを電子的に結びつけ，コミュニケーションを促進することを目的とする，以下のようなソフトウェアの集まりである。

・**電子メール**：別々の場所にいるメンバー間のメッセージの電子的交換を可能にする。

・**電子掲示板**：メンバー全員に同一のメッセージを伝えるのに便利である。

・**電子会議システム**：複数のグループメンバーたちが，空間的・時間的に離れていても，会議を開くことができるようにするシステムである。最初に電話会議システムが普及し，その後，電話とビデオカメラなどを組み合わせたビデオ会議システムが登場した。そして今日では，インターネットで世界各地のパソコン等をつなぎ，文字や図表，音声，更にはカメラなどで撮影された相手の顔や資料などを見ながら，同時間に，あるいは世界のそれぞれの地域から都合のよい時間に会議に参加したり作業したりすることができるシステムが開発され，利用されている。

・**電子キャビネット**：グループメンバーがそれぞれ別々の場所にいながら，都合のいいときに完了した文書や作成途中の文書や資料などを共有できるようにする。

・**電子スケジュール管理**：グループメンバーの日程などを調べ，全員が会える日や時間を探し出し，全員のスケジュール表にその日時を自動的に書き込み，予約することができる。

このような機能を備えたソフトウェアパッケージが各種開発され，市販されている。また，ＩＴが高度に発達してきた結果，最近では，それぞれの企業が，比較的短時間に，使いやすくてそれぞれの企業に適した独自の

グループウェアを柔軟に開発できるようになってきている。

　情報を定義し，入手し，利用する際の的確さは，その意思決定者本人の**情報リテラシー**の水準によって大きく影響されることは，これまで繰り返し説明した通りである。最後に，EUC によって必要な情報を自ら創り出す際に，統計的アプローチやシステム思考による**問題解決**のアプローチが役に立つことを強調しておきたい。どんなに数学嫌いな人でも，基本的な統計学の勉強くらいはしておいてほしい。今日では便利な**統計パッケージ**（データを統計的に処理したり，図示したりするためのプログラムの集まり）が容易に利用できるようになっている。それらを用いれば，自分で複雑な計算をする必要はない。より高度の**情報リテラシー**を身につけていれば，社会に出てから，実力を発揮できる場がずっと広がるはずである。

第3章

流通情報システム

📖 この章で学ぶこと

サプライチェーン，POS システム，JAN コード，JAN シンボル，エレクトロニック・コマース（EC），B to B の EC，流通 EDI，業界共同 VAN，インターネット EDI，CALS，ネット卸，B to C の EC，ネット小売り，C to C の EC，フリマアプリ，シェアリングエコノミー，電子マネー，インターネット広告，IC タグ

1 情報技術の活用による流通効率化

　一般に我々の行っている経済活動は，生産，流通，消費の３つに大別することができる。流通は，メーカーで生産された製品が消費者に渡るまでの過程で実施される取引，物流，販売促進，情報収集などの活動を総称したもので，物の流れに沿ってみれば図表３－１のような概念図で示すことができる。このような原材料・部品のメーカー，卸売業から消費者にいたるまでの物の流れを鳥瞰的にみたものを近年，**サプライチェーン**という。

　また，近年，消費者や最終ユーザがインターネットを利用して，メーカーや小売業から実店舗を経由せず直接入手する経路も増えて重要になっているが，これに関してはエレクトロニック・コマース（EC）の節で詳細に検討する。

　ところで，企業は，消費者のニーズや嗜好の多様化，価格破壊に始まる低価格嗜好，トラック輸送における排ガス，騒音などのような外部不経済の問題，ジャストインタイム納品にみられるような省在庫経営などから，

43

図表3-1 流通における物の流れと情報の流れ

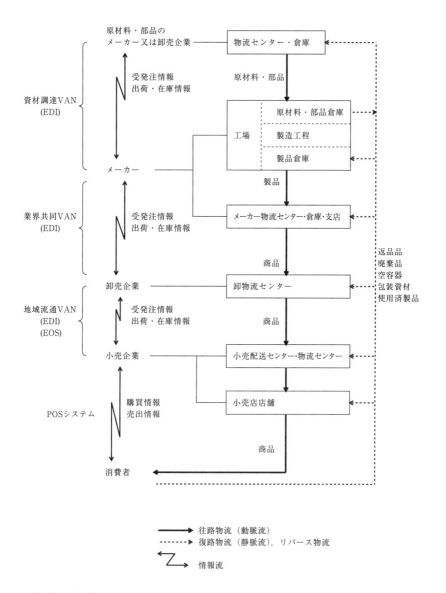

顧客満足の増加を図りつつ流通の効率化を計る必要に迫られている。流通

の効率化には，取引慣行の是正，物流の生産性の向上，情報技術の活用などが必要であるが，なかでも自動認識技術（バーコードなど）や情報ネットワーク（インターネットなど）などの情報技術の活用が流通効率化の基盤となっている。このことは，流通において円滑に製品や商品が流れるためにはそれに伴う情報の円滑な流れが必要不可欠なことを意味している。

　例えば，小売店では，商品に印刷されたバーコードをレジスタに接続されたスキャナで読みとり商品の販売情報を管理する POS システム（販売時点情報管理システム）が普及し，またメーカー，卸売業，小売業などの間では，受発注データを端末からオンラインでやりとりする EOS（オンライン受発注システム）も普及している。さらに，商取引に伴うデータをオンラインで処理する EDI（電子データ交換）や，そのためのビジネスプロトコル（通信規約）の整備も進んでいる。加えて，インターネットの普及により，インターネットを利用した商取引であるエレクトロニック・コマース（EC）などの新しい商取引や流通ビジネスモデルが続々登場している。

　したがって，ここでは，販売情報の的確な把握を目的として自動認識技術の1つであるバーコードを活用した POS システム，電波を利用した自動認識技術である IC タグ，コンピュータネットワーク，特にインターネットを活用した電子商取引であるエレクトロニック・コマース，電子決済の1つである電子マネー，販売促進の重要な手段となっているインターネット広告などを中心に流通情報システムの概要を検討してみよう。

2　POS システムとバーコード

　POS システム（Point Of Sale system）とは，販売時点情報管理システムとも呼ばれ，小売店の店頭で販売した商品の単品別の販売情報を収集し，仕入，品揃え，在庫管理，販売情報の分析などに活用するシステムである。飲食店のように販売する商品が少ない場合には，キーイン式のレジ

第1部　情報リテラシー入門

スタのキーに商品を個別に割り付け入力することも可能であるが，多くの小売店で販売されている加工食品や菓子・飲料や日用雑貨品のような種類の多い商品の場合には，個別の商品に印刷されているバーコードをレジスタと連動するスキャナで読みとって単品別の販売情報を収集している。

2・1　JAN コードと JAN シンボル

このような加工食品や日用雑貨品などを中心とした量産品の標準商品コードとして使用されているのが **JAN コード**（Japanese Article Number）であり，米国やカナダで使用されている商品コードである UPC コードやヨーロッパで使用されている商品コードである EAN コードとも互換性がある。ところで，このような商品識別コードは，現在，国際的な流通情報技術の標準化を推進する組織で，ベルギーのブリュッセルに本部のあるGS1では，GTIN-13，GTIN-8と呼ばれている。

この JAN コードをスキャナで読みとるためにバーコードにしたものが **JAN バーコードシンボル**（略して JAN シンボル）または共通商品コード用バーコードシンボル（JIS X0507，2004で規定）と呼ばれるものであり，商品の製造段階で印刷される13桁の標準バージョンでは，図表3－2のような体系になっている。

図表3－2　JAN コードと JAN シンボル

標準タイプ 13 桁
（9桁JANメーカコード）

JANシンボル ――→

JANコード ――→ 4 569951 116179
（共通商品コード）
　　　　　　　　　　　　①　　　　②　③

①JANメーカコード
②商品アイテムコード
③チェックデジット

出所：流通コードセンター資料

46

すなわち，JANコードは，その商品を製造した国を示す国コード（我が国の場合には，49または45）を含む，商品を製造したメーカーを示す商品メーカーコード，商品を識別する商品アイテムコード，スキャナによるバーコードの誤読を防止するためのチェックデジットで構成されている。なお，商品メーカーコードや商品アイテムコードは，我が国では一般財団法人流通システム開発センター（流通コードセンター）が登録を義務付け，同一コードの重複利用などがないよう統一的に管理をしている。また，JANコードには，通常の商品に使用される13桁の標準バージョン以外に小型の商品などに使用される8桁の短縮バージョンがある。

ところで，メーカー識別コードの不足から，従来，標準バージョンの場合メーカー識別コードは7桁，商品識別コードは5桁であったが，2001年1月以降の登録コードから，メーカー識別コードが9桁，商品識別コードが3桁に変更がなされている。

JANシンボルは，量産品の場合，製品の製造段階で印刷されるのが普通であり，これを**ソースマーキング**と呼んでいる。また，小売店の店頭で計量されて販売されるような鮮魚，野菜などは，小売店の店頭でパッケージにJANシンボルが印刷され，これをインストアマーキングと呼んでいる。**インストアマーキング**されるJANコードでは，商品メーカーコードに代わって価格を示すコードが盛り込まれる場合もある。

2·2 POSシステムの構成

POSシステムは，図表3－3のようなシステム構成をとる場合が多い。JANシンボルを読みとることのできるハンディスキャナまたは定置式スキャナと連動したレジスタをPOSターミナルと呼ぶ。このPOSターミナルのスキャナが商品に印刷されているJANシンボルを読みとると，POSターミナルは，販売している商品の商品データベースを収容している**ストアコントローラ**に販売金額計算やレシート印刷に必要な当該商品の単価，商品名などの情報の問い合わせを行う。このことをPrice Look Up，略し

47

図表3-3 標準的なPOSシステムの構成

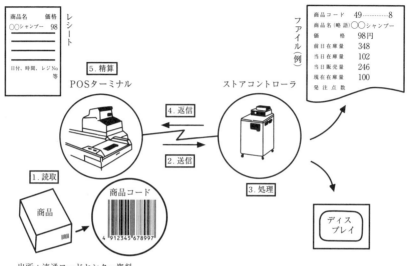

出所:流通コードセンター資料

てPLUと呼ぶ。

　問い合わせを受けたストアコントローラは,商品のデータベースを検索して,当該商品の単価や商品名などの情報を瞬時にPOSターミナルに返す。POSターミナルはその情報をもとに売上金額の計算やレシートの印刷を行う。さらに,POSターミナルは,販売した商品の種類や個数に関する情報をストアコントローラに送信する。

　このようにして,ストアコントローラには,販売した商品の単品別の種類,個数,販売時刻などの情報が蓄積されることになる。

　ところで,POSシステムで収集されるデータをPOSデータと呼び,これは,基本POSデータとコーザルデータの2つに分けられる。基本POSデータは,一般的なPOSシステムで収集が可能なデータであり,「いつ,なにを,いくつ,誰が,どのように買ったか」という,商品・顧客に関するデータをいう。特に,レジ担当者の入力情報の他に,顧客カード,ポイントカード,クレジットカードなどとも連携して,購入した「誰が」とい

う情報を付加した POS データを ID-POS データと呼び，購入者の性別，年齢などが付加され購入情報のより詳細な分析が可能となる。

　さらに，「なぜ売れたか」という販売に影響を与える要因を分析するためのデータが付加された POS データをコーザルデータ呼ぶ。例えば，販売されたときの天候，気温，湿度，陳列状況，チラシ広告の有無などのデータが付加されたものであり，コーザルデータにより 天候や気温により商品の販売状況にどのような影響を及ぼすのかについて詳細な検討が可能である。

　この蓄積された POS データは，定期的または必要に応じて各種リストとして出力され，仕入，品揃え，在庫管理などに活用される。

2・3　POS システムの利点

　POS システムは小売業に様々な利用効果をもたらすが，POS システムを利用することによって，そのまま得られる直接的な効果と POS システムで収集したデータをもとに，これを分析，活用し，店舗運営の適正化や，店舗管理・経営の高度化に資する間接的な効果に分けられる。

　直接的な効果としては，POS システムでは，キーイン方式のレジスタに比べてスキャナで商品に印刷されている JAN シンボルを読みとり，個数だけ入力すればよいので，あまり熟練を要せずレジの大幅な省力化が可能である。また，商品のデータベースの更新が適切に行われている限り，価格の入力ミスなどもない。その結果，ピーク時間帯処理の迅速化，売上登録ミスの減少，売上伝票の削減，現金管理の合理化などが実現できる。さらに，POS データ収集能力が向上し，収集情報の信頼性向上や情報発生時点での情報収集の省力化・正確化・迅速化が進み，コンピュータ・インプット作業の省力化も進む。

　次に，間接的な効果として，今日消費者の嗜好の多様化や店頭のバックヤードの縮小などにより小売店では単品単位の商品管理が求められるようになっているが，POS システムにより商品の単品単位の種類，販売個数，

販売日時時刻などの詳細な情報が入手可能であり，小売店は，これらの販売情報の分析をもとに的確な発注や仕入，棚割，在庫管理などが可能である。また，販売計画の立案や予算の立案などに必要な情報の入手も可能である。さらに，クレジットカードや顧客カードなどとの組み合わせにより顧客別の販売情報（ID-POSデータ）を入手したり，後述の流通VANなどと連携して効果的なEOSやEDIを実施したりすることも可能になる。

　特に，コンビニエンスストアでは，1980年代に導入されたPOSシステムにより徹底した単品管理が行われ，欠品を起こさない店舗の商品補充，迅速な死筋商品の評価・撤去，独自商品開発などに活用され，魅力的な商品の品揃えや商品の陳列をもたらしている。また，他の業態の小売業においても，商品やサービスを提供する企業が顧客との間に，長期的・継続的な「親密な信頼関係」を構築し，その価値と効果を最大化することで顧客のベネフィットと企業のプロフィットを向上させることを目指すCRM（Customer Relationship Management：顧客関係管理）が重視されるようになっており，そのためにもPOSデータの分析と活用は不可欠なものとなっている。

　例えば，顧客カードやポイントカードを発行し，ID-POSデータにより一定期間の顧客毎の購買データを購買金額順にソートし，上から順番に10等分するデシル分析を行うと上位20%の購入客で，売り上げの50%を超えることも多い。その分析結果をもとに，利用頻度・購入金額の多い利用客の好みに合った品揃えや効果的なダイレクトメールの活用などに活用されている。

3　エレクトロニック・コマース

　エレクトロニック・コマース（Electronic Commerce：略して**EC**）は，一般に，電子商取引と訳され，コンピュータネットワークを使用した単なる商取引から，コンピュータネットワークを使用した広範な企業活動

や経済活動まで広狭義の定義がある。

経済産業省の「平成28年度電子商取引に関する市場調査」によれば，狭義のエレクトロニック・コマースを，「インターネット技術を用いたコンピュータ・ネットワーク・システムを介して商取引が行われ，かつその成約金額が捕捉されるもの」と定義し，ここでの商取引行為とは，「経済主体間での財の商業的移転に関わる，受発注者間の物品，サービス，情報，金銭の交換」を指すとし，さらに，この「**インターネット技術**」とは，TCP/IP プロトコルを利用した技術を指しており，公衆回線上のインターネットの他，エクストラネット，インターネット VPN，IP-VPN 等が含まれるとされる。

さらに，広義のエレクトロニック・コマースを「コンピュータ・ネットワーク・システムを介して商取引が行われ，かつその成約金額が捕捉されるもの」と定義し，狭義のエレクトロニック・コマースに加え，VAN・専用線等，TCP/IP プロトコルを利用していない従来型 EDI（例.全銀手順，EIAJ 手順等を用いたもの）が含まれるとしている。

ここでは，流通との関係を中心にエレクトロニック・コマース（以下，EC と略称）をみてみよう。

この EC は，図表 3 − 4 に示されているように，ネットワークの形態により，大きく企業と企業間の EC と企業と消費者間の EC と消費者と消費者間の EC とに大別される。また，企業と企業間の EC は，特定企業間のクローズドなエレクトロニック・コマースと不特定企業間のオープンなエレクトロニック・コマースとに分けられる。

なお，企業と企業間のエレクトロニック・コマースを Business to Business を略して **BtoB** または **B2B** の **EC**，企業と消費者間のエレクトロニック・コマースを Business to Consumer を略して **BtoC** または **B2C** の EC，消費者と消費者間のエレクトロニック・コマースを Consumer to Consumer を略して CtoC または C2C の EC と呼ぶことも多い。

経済産業省の「平成28年度電子商取引に関する市場調査」によれば，

図表3-4　EC（エレクトロニック・コマース）の構造概念図

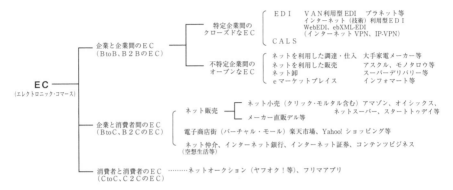

出所：通商産業省機械情報産業局編『2000年へのITプログラム』コンピュータ・エージ社，1996年5月の69頁の図を加筆修正

図表3-5　日本における BtoB-EC 市場規模の推移

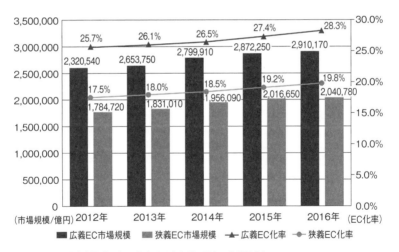

出所：経済産業省実施「平成28年度電子商取引に関する市場調査」

　BtoBの市場規模は，図表3-5に示されるように，2016年では広義の場合，約291兆円，狭義の場合，約204兆円となっており，ECの浸透を示す指標である **EC化率** は，広義の場合，28.3％，狭義の場合，19.8％となっ

第3章 流通情報システム

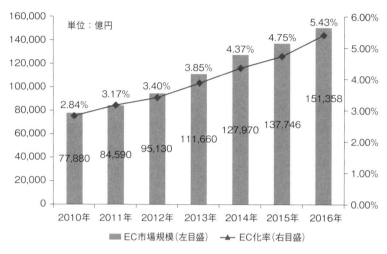

図表3－6 日本におけるBtoC-EC市場規模の推移

出所：経済産業省実施「平成28年度電子商取引に関する市場調査」

ている。また，図表3－6に示されるように，BtoCの市場規模は，約15.1兆円でありEC化率については，約5.43％となっている。特に，BtoCの市場規模は景気の後退などにもかかわらず継続的に上昇を続けている。

次に，これらの形態別にその具体的な内容を見てみよう。

3・1 特定企業間のクローズドなEC

特定企業間のクローズドなECは，従来からの電話回線や専用線のネットワークを使用したものからインターネット技術を利用したインターネット接続のEDIまで様々である。しかし，企業のコンピュータシステムもメインフレームを中心としたレガシーシステムからパソコンなどを中心としたオープン系システム（分散システム）に移行し，また，2024年1月（予定）より，EDIで多く利用されている固定電話網（加入電話及びINSネット）がIP網に順次移行し，INSネット（ISDN）デジタル通信モードサービスの提供終了をNTTが公表している。さらに，インターネットの

ビジネス利用が普及しその信頼性やセキュリティが向上する中で，従来からの電話回線や専用線のネットワークを使用したものから，インターネット接続の EC に移行しつつある。

　ここでは我が国の流通業で多く使用されている主要なものをみてみよう。

3・1・1　流通 EDI

　特定企業間のクローズドな EC の代表的なものが，**EDI**（Electronic Data Interchange）と呼ばれる商取引データの電子交換である。一般に，最狭義の EC としては EDI を指すことが多い。EDI では，取引企業間の受発注などで交わされる見積書，注文書，納品書，請求書などの帳票類を標準化，電子化，ペーパレス化により企業間取引の効率化，省力化，コスト削減などを図ろうとするものである。欧米などで多くみられるような取引企業間で個別に構築される個別 EDI と我が国のメーカーと卸売業間でみられるような業界 VAN などを利用した VAN 利用型 EDI とがある。また，接続方法もインターネット技術すなわち TCP/IP プロトコルを利用していない従来型の電話回線や専用線を使用した接続方法とインターネット技術を使用したインターネット接続とがある。

　流通 EDI の標準通信手順として，我が国では，固定長を基本とする JCA 手順（J 手順）や全銀手順と可変長の C I I 標準などが多く使用されてきたが，国際的には，ISO の国際標準として確立されている可変長を基本とするシンタックスルールを採用している UN ／ EDIFACT（Electronic Data Interchange For Administration, Commerce and Transport）や ANSI（米国規格協会）の標準である ANSI X.12が多く使用されてきた。しかし，近年インターネット接続が増える中で TCP/IP プロトコルに対応した **AS2** や **ebXLM-MS** や **全銀 TCP/IP** などが使用されるようになっている。

3・1・2　流通 VAN

旧電気通信事業法（1985年4月施行）によれば，電気通信事業を，電気通信役務（電気通信設備を用いて他人の通信を媒介し，その電気通信設備を他人の通信の用に供すること）をユーザーの需要に応ずるために提供する事業（事業法第2条）とし，第一種電気通信事業と第二種電気通信事業の2つに分けていた。

第一種電気通信事業者は，自己の電気通信回線設備を設置して他人に電気通信役務すなわち情報通信サービスを提供する事業者であり，第二種電気通信事業者は，自己の電気通信回線設備を設置しないで第一種電気通信事業者の提供する通信回線を利用して情報通信サービスを提供する事業者である。我が国では，このような第二種電気通信事業者が提供する情報通信サービスの総称を一般にVAN（Value Added Network）と称し，付加価値通信網と訳されている。

旧電気通信事業法により，電報の事業（電気通信事業法附則第5条）を除き，広く通信事業が民間企業に開放されるようなった。それに伴って，一般に広範なVANサービスを提供する第二種電気通信事業者がVAN事業者と認められ，企業は，VAN事業者を利用して物流情報や商流情報などの流通情報を迅速的確にオンラインで処理するためのVANサービスの利用が可能となった。

しかし，一層の規制緩和と利用者保護の観点から，電気通信事業法の改正が行われ2004年4月施行の新電気通信事業法では，電気通信回線設備の設置の有無に着目した第一種，第二種の事業区分は廃止された。そのため，一般に，基本通信サービス以外の様々な電気通信サービスを提供する事業者をVAN事業者と呼ぶようになった。このような広義のVANには，機能的には基本通信サービスと狭義のVANに区分される。基本通信サービスは，他の電気通信事業者の専用回線のリセールや電話サービスやパケット交換などがあり，狭義のVANには，蓄積交換（メールボックス），プロトコル変換，スピード変換，フォーマット変換，メディア変

第1部　情報リテラシー入門

換，同報通信などがある。

　なお，流通との関連で VAN の区分を考える場合には，我が国で一般に行われている利用目的からの区分が有効であろう。利用目的からは，流通 VAN は，業界共同 VAN，地域流通 VAN，企業グループ VAN に区分することができる。

　VAN 事業者の提供する汎用 VAN を利用して，流通情報を取り扱う通信ネットワークを**流通 VAN** と呼ぶが，流通 VAN には多数の参加企業の共同利用を目的とした業界共同 VAN や地域流通 VAN と販社制をとるメーカーやチェーンストアなどが運営する個別企業グループ VAN とがある。

　ところで，業界共同 VAN は，同種の製品群を扱うメーカーと卸売企業（業界によっては，小売企業も含む）との受発注データなどのデータの効率的交換を目指したネットワークであり，一方，地域流通 VAN は，地域の卸売企業と小売企業との間で，自動発注（EOS）などにより受発注データの効率的な交換を目的としたネットワークである。ここでは，参加企業の共同利用を目的とした業界共同 VAN を例にとり検討してみよう。

3·1·3　業界共同 VAN

　業界とは，特定の製品群やサービス群を扱う企業集団をいうが，**業界共同 VAN**（略して以下**業界 VAN** という）における業界は，主として消費財を中心とした，ある特定の製品群を製造する製造企業（メーカー）とその製品を取り扱う流通企業（卸売企業）とで構成される企業群を業界と呼んでいる。このような業界には，日用雑貨，家庭用品（生活用品），家具，食品，酒類，菓子，医療品，玩具，スポーツ用品，アパレル，家電，文具等の業界があり，取り扱う製品・商品が同じであるばかりでなく，商取引や物流を含む商慣行や商習慣が同じであるという特徴も持っている。

　ところで，消費者ニーズや消費者嗜好や生活スタイルの多様化は，メーカーの生産する製品の種類を急増させ，卸売企業の取り扱う製品も多品種

少量化する傾向にある。さらに，経営の合理化からメーカーも卸売企業も在庫をできるだけ減少させるように努めている。そのために商流面では，多頻度少量受発注に伴う伝票の増加をもたらし，物流面では多頻度少量配送をもたらしている。このような状況に対処するため，メーカーと卸売企業との間では個別のコンピュータネットワークを使用して受発注データ，在庫データ，販売データなどのデータをオンラインで迅速に処理するようになった。しかし，個別の各企業のハードウェアの機種が異なったりプロトコルが異なるため，それぞれの取引先に応じて端末が多数必要になったり，通信網が錯綜するような事態となった。これを多端末現象と呼ぶ。このような重複投資やネットワーク運用負担の増大などの事態を回避し，どのようなハードウェアやプロトコルを所有していても自由自在に情報のやり取りを可能にするため，取り扱う製品群が共通する業界内のメーカーと卸売企業などが共同で運営する業界 VAN が構築された。

　通常，業界VAN の参加企業が汎用 VAN 会社の協力を得て，業界VANのシステム開発や運営や利用料金の徴収等を行う VAN 運営会社や VAN運営組合を設立して，業界 VAN の管理を行っている場合が多い。このような消費財を対象とした業界 VAN は，日用品・化粧品業界のプラネットや加工食品のファイネットなど約数十社ほどある。今日，メーカーや卸売業との接続はインターネットの普及に伴って TCP/IP プロトコルに対応した AS2や ebXLM-MS や全銀 TCP/IP などを用いたインターネット接続になってきているが，その重要性は変わっていない。ここでは，日用品・化粧品業界のプラネットなどを参考に検討してみよう。

3・1・4　業界 VAN の利点

　業界 VAN は関係者に様々な効果をもたらすが，参加企業の業界 VAN利用の利点を整理すれば，次のようになる。

①コストの削減

　ネットワークへの投資コストとその運用コストの両面で削減が可能であ

る。まず，参加企業は業界 VAN 参加のための自社内の在庫管理システム
や受発注システムの整備は必要であるが，ネットワーク構築のための直接
的な投資は回避できる。また，運用面でも，一定の負担金や利用量に応じ
た料金を支払えば，原則として VAN 会社と自社の通信回線を確保すれば
よく多数の回線を準備したり，ネットワーク管理の専門要員を確保した
り，通信ソフトを開発したりする必要がない。

②ネットワーク構築の容易性と安全性

　業界内の基本的なネットワークは業界 VAN の運営会社や共同組合が
行ってくれるので参加企業は取引先相手の選択，取扱データの種類の選択
及び自社内のシステムの整備に専念すればよく，また，必要に応じて適切
なアドバイスやコンサルティングなども受けられる。さらに，実際のデー
タの蓄積加工や通信は汎用 VAN 会社が行うので通信の秘密の保持や安全
性の確保にも十分対応できる。

③標準ビジネスプロトコルの採用

　さらに，業界 VAN 利用の大きな利点は，多くの業界 VAN がその業界
内での EDI の促進を図るため通信プロトコルやビジネスプロトコルの標
準化を図っており，その成果を参加企業は享受できる点である。VAN の
機能として，先に，プロトコル変換，スピード変換，フォーマット変換，
メディア変換などを示したが，プロトコル変換やフォーマット変換はでき
るだけしない方が円滑な通信が可能であるし，コスト的にも低料金です
む。標準化が行われている主要な項目を示せば次の通りである。

　a．取引先コード

　　参加企業の取引先コードとして，業界 VAN の定めた共通取引先
　コードを利用でき，そのコードマスターの煩雑な更新管理や提供を業
　界 VAN が責任を持って行ってくれる。

　b．商品コード・取引先コード

　　商品コードとしては，独自コードも使用されているが共通商品コー
　ドとして JAN コードの利用が可能であり，したがって，参加企業は

図表3-7　業界 VAN の概念図（日用品・化粧品業界のプラネットの事例）

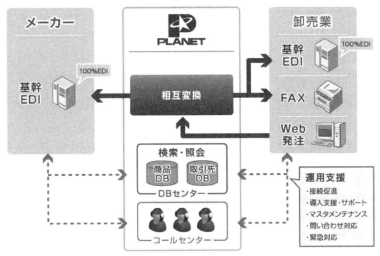

出所：株式会社プラネットのホームページ

煩雑な商品コードマスター等の管理から解放される。さらに，取引先コードについても共通取引先コードが使用可能である。

c．通信手順

　メーカーや卸売業との接続は，高速大容量のインターネット接続が可能であり，TCP/IP プロトコルに対応した AS2 や ebXLM-MS や全銀 TCP/IP などの標準通信制御手順を利用できる。

d．伝票フォーマット

　仕入伝票，売上伝票，納品書，物品受領書等について業界毎に作成されている統一伝票のフォーマットを利用した取引データのオンライン交換が可能となる。

3・1・5　業界 VAN の取扱データと提供サービス

業界 VAN が取り扱うメーカーと卸売企業間相互の交換データや提供サービスは異なっているがその主要なものをあげれば次の通りである。

第1部　情報リテラシー入門

（1）交換データ

①発注データ（卸→メーカー）

　　卸売企業がメーカーに対して行った発注内容に関するデータ

②納品・仕入データ（メーカー→卸）

　　メーカーが卸売企業に対して行った納品と売掛け内容に関するデータ

③品切データ（メーカー→卸）

　　メーカーの持つ製品在庫に関するデータ

④在庫データ（卸→メーカー）

　　卸売企業の手持ち在庫に関するデータ

⑤請求データ（メーカー→卸）

　　メーカーが卸売企業に行う販売代金の請求に関するデータ

⑥販売データ（卸→メーカー）

　　卸売企業が小売企業に販売した製品に関するデータ

⑦商品情報（VAN→卸，メーカー）

　　製品名，商品コード，製品価格などに関するデータ

（2）提供サービス

①発注データの一括送信やメールボックスを利用した受注データの定時
　一括受信

②取引先コードや商品コードの管理とマスターデータの提供

③ネットワークの運営管理と利用料金の徴収・報告

④接続交渉や端末機設置のアドバイスやコンサルティング

⑤所定の金融機関を利用した代金のオンライン決済

⑥参加企業の研修や講習会の開催

⑦啓蒙活動や全国的な標準化推進

3・1・6　流通 VAN の課題

　流通に関わるビジネスプロトコルの標準化やインターネット技術を利用
したインターネット接続サービスの提供など流通 VAN を支援する環境は

一層整いつつあり，業界VANなどもその内容が充実してきている。しかし，いくつかの課題も残されている。例えば，流通VANの課金システムの問題である。本来，流通VANの課金は利用企業の便益に応じて行われるべきであるが，川上側の負担が一般的となっている。将来的には，受益者負担に基づく適切な課金システムが必要不可欠であろう。

また，このような流通VANの成果が交通渋滞や排気ガス・騒音等の外部不経済をもたらしている多頻度小口配送などの改善のための共同配送や積載効率の改善のための帰便の有効利用などの物流活動に結びつかなければならないが，企業間の壁や商慣行などから必ずしも十分に機能していない。将来的には，流通VANがPOSやEOSよる受発注のオンライン化のみでなく，流通の効率化全体に貢献するようなシステムになる必要がある。

さらに，理想としては，流通VANを基礎として倉庫企業やトラック企業等の物流企業の情報ネットワークとも接続した総合的な流通支援の情報ネットワークシステムの構築が望まれるところである。

なお，EDIの標準化が遅れてきた卸売業と小売業とのEDIについても経済産業省が中心となり標準EDI規格として「**流通ビジネスメッセージ標準**」（略称**流通BMS**）を2007年4月に策定している。流通BMSでは，インターネットを利用し，データ項目が標準化され，データフォーマットにはXML形式を採用している。2011年5月19日に製配販の有力企業49社が賛同した「流通BMS導入宣言書」が発表され，今後の普及が期待されている。

3・1・7 CALS

近年，特定企業間のクローズドなECとして注目を集めているものにCALSがある。元々，**CALS**（Computer-Aided Logistic Support, Computer-aided Acquisition and Logistics Support）は，1985年以降，米国国防総省が戦闘機，潜水艦，ミサイルなどの高度な兵器の登場による開発の長期

化，部品点数の増大，調達先の多様化などに対処するため，兵器の開発，設計，製造，配備，保守などを中心とした後方支援活動のコンピュータ化によりペーパレス化，標準化，データベース化を推進している活動であり，このような CALS を軍用 CALS と呼んでいる。

　このような軍用 CALS は防衛産業だけでなく製品開発の長期化，製品寿命の短縮，製品構成部品点数の増大，調達先の多様化などにより，技術データや商取引データの急増している一般企業の製品の開発，設計，生産，販売，物流などにも有用なものと認識されるようになっている。このような一般企業の CALS を Continuous Acquisition and Life-cycle Support（継続的な調達と製品ライフサイクルのサポート）や Commerce At Light Speed（光速の商取引）などと呼ぶようになっており，前記の軍用 CALS と区別して商用 CALS と呼ぶ。商用 CALS では，コンピュータネットワーク下で，図面などの技術情報や取引情報の交換を効率的に実施するための技術情報や取引情報の標準化と統合データベースの構築が中心となっている。

　図面などの技術情報の標準としては，STEP があり，製品の設計，製造，検査，保守に関連するデータの交換やデータベース化に必要な標準（標準規約）を定めている。また，文書情報の記述言語として SGML というマークアップ言語が示されている。

　国土交通省では，CALS/EC と呼ばれる「公共事業支援統合情報システム」を提唱し，従来は紙で交換されていた情報を電子化するとともに，ネットワークを活用して各業務プロセスにかかわる情報の共有・有効活用を図ることにより，公共事業の生産性向上やコスト縮減等を実現するための取り組みも行われている。

3・2　不特定企業間のオープンなエレクトロニック・コマース

　不特定企業間のオープンなエレクトロニック・コマースとしては，インターネットを利用した調達・仕入，および販売，インターネット上に作ら

れる市場であるeマーケットプレイス，ネット卸などがある。これは，n：mの関係だけでなくn：1や1：mの関係も不特定企業間のオープンなエレクトロニック・コマースとして扱っている。

3・2・1 インターネットを利用した調達・仕入および販売

　大手の電機メーカーや自動車メーカーなどでは，必要とする原材料や部品などのうち標準化されているものについては，自社のホームページ上すなわちWEB上に調達コーナーを設けて，入札形式や逆オークション形式などで調達コストの削減に努めている。また，従来，系列企業や下請け企業に発注していたような部品についても仕様や図面などをWEB上に公開し納品企業を広く募る企業も多くなってきている。

　文具などのオフィス用品については，文具メーカーや文具メーカー系の販売会社などがオフィス用品の調達先として，自社のWEB上に調達企業の担当者が発注しやすいような調達画面を準備して調達に応ずるようになっている。また，調達企業の便宜をはかって伝票の発行やオフィス用品の予算管理などの代行機能サービスを得意先企業に提供するような事例も増えている。そのような代表的な事例として**アスクル**株式会社（http://www.askul.co.jp）を検討してみよう。アスクルは，1993年に中堅文具メーカープラス株式会社のアスクル事業部として，中小事業者のオフィスを対象としたオフィス用品通販サービスを開始している。当初，カタログ販売・FAX受注として始めたが，1997年からは，インターネット受注を開始して，売り上げは3,359億円（2017年5月20日現在）となっている。また，2012年からは，一般消費者向け（BtoC）インターネット通販サービス「LOHACO」も開始している。社名にもなっている受注したオフィス用品が当日・翌日に届くという迅速配送という物流面での評価とともに，オフィス内商品のワンストップショッピングが可能で，近年では，飲食店で使用されるマドラー，紙ナフキンなどの消耗品や医療機関で使用される注射針などの消耗品・備品など対象となる商品も拡大し，企業の利用ニー

図表3－8　アスクル（BtoB）のビジネスモデル

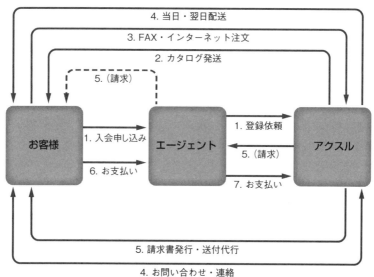

出所：アスクルのホームページ

ズに沿って独自商品の種類も増加している。また，インターネット受注が主流になって以降も，利便性のよいカタログを毎年発行していることでも評価が高い。さらに，図表3－8に示されているように営業や代金の回収業務は，スーパーやコンビニなどの登場で衰退した町の既存の事務用品販売店（エージェント）を活用し，共存共栄を実現している面でも優れたビジネスモデルであるといえよう。

3・2・2　eマーケットプレイスとネット卸

　複数の販売企業と複数の調達・仕入企業とが参加できるインターネット上の電子商取引の場を**eマーケットプレイス**と呼んでいる。一般的には，取り扱う製品やサービスの類似した業界ごとに形成されている。eマーケットプレイスの運営企業は，参加企業から出資金を募ったり，成約取引に対する手数料収入を得たりして，中立的な立場から運営を行っている。

製造業の支援を行うものとしては，GM，フォード，ルノー，日産など
の大手自動車メーカーが参加している自動車部品の調達を目的とした
Covisint が著名である。一方，小売業を支援するものとしては，シアー
ズ，カルフール，メトロなどの大手多国籍小売業が参加し，用品や商品の
調達・仕入を目的とした GNX や，同様に K マート，ターゲット，テス
コ，イオンなどの大手小売業が用品や商品の調達・仕入を目的とした
WWRE などが著名であったが，GNX と WWRE とは合併し，2005年に**ア**
ジェントリクスとなって活動を続けている。近年では，単なる仕入・調達
からプライベートブランド（PB）商品の開発支援やサプライチェーンの
包括的支援などサービスの内容も多様化している。

　例えば，我が国ではインターネットを使用して飲食店やホテルなどが食
材や調理機器などを卸売業者から仕入・調達するための e マーケットプレ
イスとしてインフォマートが運営する「ネット卸」，ぐるなびが運営する
「週刊ぐるなび市場」，ディー・エヌ・エーが運営する「ネッシー」などが
展開されている。このような e マーケットプレイスは，食材などの売り手
と買い手が集まる WEB 上の仮想市場を構成している。買い手会員は，飲
食店などに限定し，飲食店などに必要となる業務用の食材などを卸売価格
で提供している。与信審査やサイト独自の決済機能などを行うことによ
り，相互の会員の利便性の向上を図っている。

　一般には，e マーケットプレイス参加企業には，運営企業よりオーク
ション機能，グループ購買，情報提供などの様々なサービスが提供され，
調達先のグローバル化，調達や仕入コストの削減などに効果を上げてきて
いる。

　ところで，EC によって卸売業の必要性が減ぜられるとの見解もみられ
るが，我が国のアパレル・雑貨を扱う業界のようにメーカーも小売店も規
模の小さな企業が多い業界では，消費者の価値観の多様化により，小売店
はより多くの選択肢から自分の店に合った商品を見極め，迅速・多頻度・
小ロットで仕入れる必要性が高まっており，一方で多くのメーカーも，最

図表３−９　スーパーデリバリーの取引の流れ

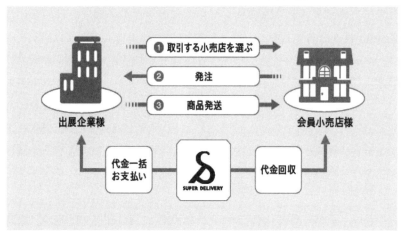

出所：ラクーンのホームページ

適な取引相手と出会う機会は減少し，個別の小売店の細かいニーズへの対応は限界に来ている。このような状況の中でネット上の卸売業の機能も重要になっている。アパレル・雑貨を扱う業界では，アパレル・雑貨の商品を「売れる時に」「売れる場所に」提供するための便利な仕組みを構築し，手間や時間のかかっていた流通の効率化を図るネット卸として株式会社ラクーン（http://www.raccoon.ne.jp/）が運営する「**スーパーデリバリー**」などが著名である。

　また，プロツール（工場用副資材）の卸売業を営む機械工具専門商社のトラスコ中山株式会社は，創業1959年で，売上高約1,771億円（2016年末）の BtoB の卸売業であり，図表３−10に示されるように一般的には死に筋と呼ばれるロングテール商品に対応し，注文頻度の低いロングテール商品でも在庫にすることで，ホームセンター，アマゾンやアスクルのようなネット通販事業者などのあらゆる注文に対応することが可能である。即納を実現するため，全国の物流センターには，最大で約26万アイテム，在庫金額250億円（2015年末）を常時保有し，在庫ヒット率88.5％を実現し，

図表3−10　トラスコ中山のサプライチェーン

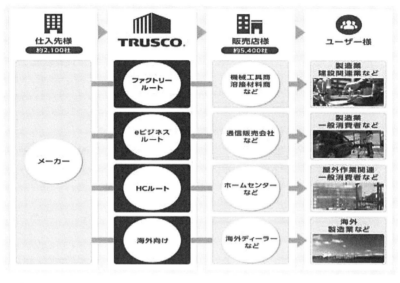

出所：トラスコ中山のホームページ

全注文の約8割を当社の在庫から出荷している。特に，在庫回転率よりも即納を表す指標である在庫出荷率を重視し，注文の少ない商品でも在庫を置く体制を整えている。また，納品先企業への配送についても，外部のトラック輸送業者に委託せず，自社のドライバーが自社トラックを使用して配達することで評価の高い物流を実施している。

3・3　企業と消費者間のエレクトロニック・コマース

　インターネットを利用した企業と消費者間のエレクトロニック・コマースは，BtoC または B2C の EC といわれ，その市場規模は，図表3−6に示したように2016年で約15.1兆円であり，また EC 化率は5.43％で毎年継続して急速に拡大している。野村総合研究所の予測などでは，2021年には25.6兆円に達するとされている。2016年小売業の百貨店販売額の6兆5,976円，スーパー販売額の13兆2億円，コンビニエンスストア販売額の11兆

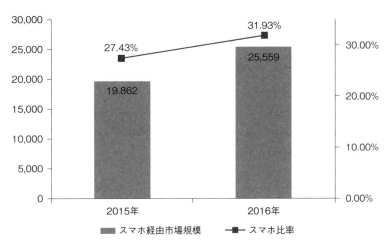

図表3−11 スマートフォン経由の市場規模の前年比較（単位：億円）

出所：経済産業省実施「平成28年度電子商取引に関する市場調査」

4,456円などと比較すると軽視できないものとなっている。

　BtoCのECが増加している背景には，消費者ニーズの多様化とともに，総務省の調査によれば，2016年現在，我が国のインターネット利用者が1億人を超え，インターネットを利用している個人の割合は83.5％に達しているという現実がある。特に，スマートフォンを保有する個人の割合は56.8％になり，スマートフォンでインターネットを利用している人の割合は57.9％に達しており，図表3−11のように2016年の物販BtoCのスマートフォン経由の比率は，31.9％になっている。このように利便性の高いネット端末としてスマートフォンが普及してきたことがBtoCのECが増加を推進する大きな要因となっている。

　ところで，図表3−6に示されるように2016年で約15.1兆円の市場規模であるが，その内訳は，物販系分野が8兆43億円で，52.9％，旅行サービスや金融サービスなどのサービス系分野が5兆3,532億円で35.4％，電子出版，有料音楽・動画配信，オンラインゲームなどのデジタル系分野が1兆7,782億円で11.7％となっている（図表3−12）。物販系分野以外のサービ

第3章　流通情報システム

図表3−12　BtoC-EC市場規模および各分野の構成比率

	2015年	2016年	伸び率
A. 物販系分野	7兆2,398億円 （EC化率　4.75%）	8兆43億円 （EC化率　5.43%）	10.6%
B. サービス系分野	4兆9,014億円	5兆3,532億円	9.2%
C. デジタル系分野	1兆6,334億円	1兆7,782億円	8.9%
総計	13兆7,746億円	15兆1,358億円	9.9&

出所：経済産業省実施「平成28年度電子商取引に関する市場調査」

ス系分野やデジタル系分野の割合も50%弱となって重要性を増してきているが，紙幅の関係でここでは，物販系分野のみを検討することとする。

　BtoCの物販系分野のECには，ネット販売，電子商店街などがある。次に，これらの事項についてみてみる。

3・3・1　ネット販売

　自社のショッピングサイトを利用して製品や商品を販売するものをネット販売という。ネット販売には，メーカーが消費者やユーザに直接販売するメーカー直販や小売業が消費者にネットで販売するネット小売と呼ばれるものなどがある。

　我が国の多くのメーカーは，卸売業や小売業などの流通業者を経由して自社の製品を販売してきたが，近年，消費者やユーザにインターネットを利用して直接販売する事例が増えている。直販によってメーカーは流通コストの削減が図れるだけでなく，在庫の削減や消費者ニーズの的確な把握などが可能となる。メーカー直販では，注文に応じて即生産，納品を行うBTO（Build to Order）で著名なデル株式会社（http://www.dell.co.jp/）や生活スタイルや活用提案を行う「ソニーストア」で著名なソニー株式会社（http://www.sony.co.jp/）などがある。

69

ネット小売では，実店舗を全く持たずネットだけで販売を行うタイプの
ものと実店舗での販売とネットでの販売を併用するタイプのものがある。
後者の実店舗販売とネット販売を双方行う企業のことをクリック・モルタ
ルという。クリック・モルタル企業の多くは，実店舗での暖簾や実績や信
頼を活かしてネット販売との相乗効果を期待できたり，実店舗の営業時間
に来店できない顧客を獲得できるなどの利点がある。

　アマゾン・ドット・コム（Amazon.com, Inc.）は米国最大手のオンライ
ン小売業者で，ジェフ・ベゾスによって設立された。設立当初は，書籍な
どを中心に販売していたが，その後，CD・DVD のほか，ゲーム，家庭用
品，家電，食料品，衣料品など1億点以上と呼ばれる広範な商品販売を世
界各地で行い，巨大な物流センターを設置し受注，梱包・発送サービスを
行っている。日本には，2000年にアマゾンジャパンを設立して売上高が
2016年に1兆円に達している。

　アマゾンの特徴は，まず，1億品目を超える豊富な品揃えをあげること
ができる。従来の実店舗販売では店舗面積や棚容量に限界があって，品揃
えが難しかった死に筋と呼ばれる年間の販売数量が少ない商品でも，日本
では十数カ所の巨大な物流センターを構築することによって多数の品揃え
が可能となり，売れ筋商品と同様に利益を上げている。これをロングテー
ル現象という。

　次に，注文商品の迅速な配送体制をあげることができる。日本で十数カ
所に展開している巨大な物流センターでは，情報通信技術，バーコード，
ハンディスキャナ，仕分け機器などの活用により素早いピッキングや仕分
けや梱包がなされ，出荷される仕組みが構築されている。最近では，倉庫
ロボットを導入した省力化と一層の自動化が進んだ物流センターも設置さ
れるようになっている。これによって受注から当日または翌日などのタイ
ムラグの短い発送も可能となっている。

　また，販促手段として顧客を囲い込むために，一定の会費を払えば，ア
マゾンプライム会員となれる制度を構築し，当日や翌日配送の送料無料，

ビデオや音楽の無料視聴のような魅力的な会員制度を構築している。利用者の購買情報や閲覧履歴などのビッグデータを分析して，利用者に的確なお勧め商品の提案をするレコメンデーション機能なども重要である。さらに，ユーザーに商品に対して星5つを満点として評価をすることができる「レビュー」を準備し，レビューの読者は投稿されたレビューを参考に商品選択を行うことができる。

さらに，全国十数カ所に当日配達・翌日配達を可能にする物流センター（フルフィルメント・センター）を設置し，アマゾン直販品の物流に加え，マーケットプレイスに出品販売企業の有料物流代行サービスを実施している。ここでのフルフィルメントとは，商品の受注，在庫管理，ピッキング，梱包，仕分け，発送，代金請求，決済処理などの一連の業務を指し，アパレル関連では，採寸，撮影（撮影スタジオ）なども重要であり，自力で物流関連の業務をできないインターネット通販事業者には，魅力的なサービスであり，アマゾンの提供するフルフィルメントサービスはフルフィルメント by Amazon（FBA）と呼ばれる。

ネット通販事業の他には，電子書籍「キンドル」や「Fire スティック」の取り扱いおよび，政府機関や大企業が利用するクラウド・サービスも提供する世界最大のクラウド事業者でもある。

ところで，我が国でも鮮度や試着・返品の問題などから従来ネット販売には不向きといわれてきた生鮮食料品や服飾雑貨衣料品などの分野でもネット販売が拡大してきている。

例えば，**オイシックスドット大地**株式会社は，インターネットなどを通じた一般消費者への特別栽培農産物，無添加加工食品など安全性に配慮した食品・食材の販売を行い消費者の支持を受けている。2000年6月に創業し，売上高は約230億円（2017年3月期）になっており，事業内容は図表3-13の通りである。

買い物難民向け移動販売事業であるとくし丸を子会社化により経営支援を行い，買い物難民向けの事業にも積極的に取り組んでいる。

図表3－13　オイシックスドット大地株式会社の事業系統図

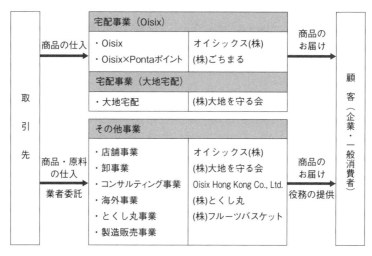

出所：有価証券報告書

　次に，株式会社スタートトゥデイは1998年に設立されファッション通販サイト「**ZOZOTOWN**」などを運営し，こだわりの衣料品や服飾品を消費者の立場に立って詳細な採寸の提示，詳細な画像の提示，物流システムの構築による受注商品の迅速な納品などにより売り上げを拡大している。2017年3月期の売上高は約764億円であり，時価総額は1兆円を超えている。さらに，ブランド古着のセレクトショップ「ZOZOUSED」やファッションコーディネートサービス「WEAR」などのサイトも運営し，BtoB事業としてアパレルブランドの自社 EC オンラインショップのサイト開発・運用を受託したりもしている。千葉県習志野市に運営する物流センターは「ZOZOBASE」と呼ばれ，受注した商品の迅速な出荷を支援している。

　クリック・モルタル企業の代表例がネットスーパーである。2000年にスーパー西友が参入したが顧客情報の漏洩などがあり，下火になった。しかし，実店舗での売上高の頭打ちなどから大手総合スーパーを始め多くの

スーパーが2007年以降参入し，ネットでの販売を行っている。スーパーからするとコスト高の問題があるものの高齢化社会の進展や買い物過疎の問題などの解消という視点からも注目されている。

しかし，「店舗出荷型」が中心で，「センター出荷型」は少なく，イトーヨーカ堂が2009年度に黒字転換したと言われるが，多くの小売業が売上高や利益について非公表で，多くが赤字と予想される。特に中堅以下のスーパーでは，赤字運営に耐えられず撤退の場合も増加すると考えられる。例えば，スーパーサミットは，住友商事の支援を得て2009年にネットスーパーを開始し，センター出荷型（倉庫型）で運営を行ったが，設備投資の負担大などにより2014年9月にネットスーパー事業から撤退した。撤退の原因は，生協や他スーパーとの競争激化，楽天のネットスーパー参入などにより固定客確保が困難になったことなどがあげられる。

特に，地方では，スーパーへの来店が困難な高齢者に対する配慮などが不可欠である。そのような状況の中で，三重県で13店舗（2017年現在）を運営するスーパーサンシ株式会社（1973年設立）は，1983年宅配事業を開始し，2000年からはネットスーパーを開始した。売上高は421億円（グループ全体，2016年度）で，電話やインターネットで受注する注文には，高齢者などを配慮して小分けや加工などを積極的に行っている。また，自社で取り扱っていない一部の商品は他店で購入し，届けるサービスも行っている。配達に当たっては自社トラックで自社ドライバーが配達し，必ず所定の宅配ボックスを設置して，再配達ゼロを実現している。さらに，ネットスーパーを利用する高齢者の見守りサービスとして家電製品の消耗品の交換や住宅の簡単なリフォームなども安価で積極的に行っている。

このようなことから，オイシックスドット大地株式会社のところで紹介した買い物難民向け移動販売事業であるとくし丸のような事業とネットスーパーが連携していくことが求められている。

3・3・2　電子商店街

　実際の商店街（リアルモール）に対して，ネットワーク上に構築される
商店街を電子商店街や仮想商店街という。経済産業省実施の「平成21年消
費者向け電子商取引実態調査」では，電子商店街（電子モール）を「販売
したい商品・サービスを持つ売り手に対して，パソコンやモバイルの環境
の中で，インターネット上で商品やサービスを販売するwebページへの
リンクを集めたwebサイトである電子モールを主宰する事業者が販売の
場を提供し（一部販売の支援を行い），売り手はテナントとして電子モー
ルに出店し，電子モールの集客力によって商品・サービスを販売する。あ
わせて，出店する事業者は主宰者に対価を支払う事業形態をいう」と定義
している。

　消費者・利用者側のメリットとしては，場所を選ばず24時間注文が可能
で物的店舗に行く必要がなく，一般的に，多くの商品リストの中から選択
可能で価格やニーズに合った商品を選択しやすい，また，希望や提案など
を企業側に伝えやすいなどの点が指摘できる。販売企業側のメリットとし
ては，地理的な制約がなく広域の消費者や利用者を相手に24時間営業が可
能で物的店舗の出店費用や維持費などが不要な点や，新規の販売先や調達
先が開拓しやすく，中間業者を介さず販売可能な点などがある。

　楽天株式会社（Rakuten, Inc.）は，現在の代表取締役会長兼社長三木谷
浩史が1997年2月に設立し，1997年5月に「**楽天市場**」を開設した。2015
年度のインターネットサービスの売上収益は，約4,407億円となっている。
楽天では，このような事業をECカンパニー事業と呼んでおり，インター
ネット・ショッピングモールである「楽天市場」，ネットスーパー「楽天
マート」，「楽天スーパーロジ」と呼ばれる楽天市場出店企業向け物流アウ
トソーシングサービスや楽天グループ向けのフルフィルメントサービスの
提供にも積極的に取り組んでいる。もともと楽天のような通販モールの運
営事業者は，出店した小売店から手数料を徴収するビジネスを行ってい
る。これは物流センターへの投資が必要ないという長所があるが，物流水

準が一定しない，規模のメリットが発生しない（各々の店舗が商品仕入れを行うため，大量仕入れが不可能），商品をモール内の異なる商店で買う場合には，それぞれ物流費が発生するなどの短所もあるため，在庫管理や商品配送を店舗任せの形態から2010年より自社物流を整備し，自社で保管・仕分けを集中，配送時間の短縮，異なる店舗の商品をまとめて配送を行うといったサービスを展開している。また，「楽天物流」は，楽天市場の出店者の物流アウトソーシングを積極的に受託するため，各地に物流拠点整備を進めている。

　さらに，出店希望者への審査を厳しくし，商品の瑕疵やサービス劣化を防ぐ努力している。また，ユーザの店舗評価が低く，改善の余地が見られない場合，退店を勧告することにしている。商品未着などの問題点については，出店者に代わって楽天がユーザに返金するサービスも始めている。その他の「ネット通販」事業者と差別化をするため，実店舗に匹敵するネット上の対面販売を行い，ヒューマンタッチを意識した双方向的サービスを目指している。さらに，出店希望者へのサポートとして１店舗に１人担当者がついて，売れるショップづくりをサポートする「ECコンサルタント」や過去の成功事例や失敗事例に関する講座により売れるショップづくりを学習する「楽天大学」などモールの参加企業を大切にするサービスの提供にも務めている。

　我が国の電子商店街では，「楽天市場」以外に「Yahoo! Shopping」などが著名であり，リアルモールとの差別化や安全な代金決済の確立などが進めば，自宅に居ながらにして世界中の商品がオンラインで入手できる点が魅力である。また，電子商店街の運営企業では，その他オークションや共同購入などの付加的なサービスを提供し利用者の好評なサービスとなっている。

3・4　消費者と消費者間のエレクトロニック・コマース

　インターネットを利用した消費者と消費者間のエレクトロニック・コ

マースは，CtoCまたはC2CのECといわれ，主に，ネットオークションとフリマアプリで，その市場規模は，経済産業省実施「平成28年度電子商取引に関する市場調査」によれば，ネットオークションで3,456億円，フリマアプリで3,052億円に達している（図表3－14）。

特に，フリマアプリは，フリーマーケットのようにネット上で身近な衣料品や服飾品などを売買できるスマートフォン用のアプリであり，オークションが競りにより取引価格が決まるのに対して，出品者が設定した販売価格で購入者が購入する仕組みになっている。2012年からサービスが開始され楽天やLINEなども参入し現在に至っている。

利用者の多い株式会社メルカリが提供するフリマアプリ「メルカリ」では，スマートフォンで販売したい商品を撮影し，販売価格を決めて投稿するだけ出品でき，誰でも簡単に出品できる仕組みになっている。また，代金決済や販売商品の発送に当たっても出品者と購入者の個人情報が漏洩し

図表3－14　リユース市場の全体像

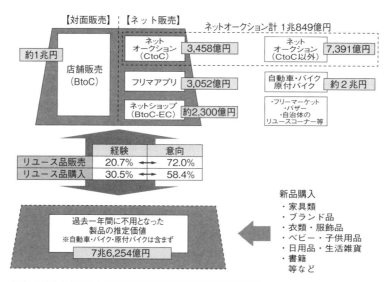

出所：経済産業省実施「平成28年度電子商取引に関する市場調査」

ないようなシステムがとられており利用者が増加している。

　株式会社メルカリは自社ホームページで，2017年1月現在，月間売買金額100億円以上，毎日新たに出品される商品数100万品以上，取引成立商品の約半数以上が24時間以内に取引成立といった数字を公表している。フリマアプリについては，違法な出品なども一部指摘されているが，今後改善されていくものと考えられる。

　また，経済産業省や各種団体が消費者と消費者間のエレクトロニック・コマースに着目するのは，インターネットを通じたモノや資源の有効活用であるシェアリングエコノミーを重視するからである。その目的は，無駄を排除し，あわせて産業全体の活性化，新たな経済効果の創出などを目指している。

4　電子決済と電子マネー

　企業と企業間，または企業と消費者間でも商取引の最終段階は代金決済である。大手企業間などでは，従来より企業のコンピュータと銀行のコンピュータをオンライン接続し，振込や送金などを行うファーム・バンキン

図表3－15　インターネットで購入する際の決済方法（複数回答）2015年末（n＝12,513）

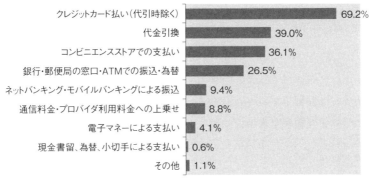

出所：総務省「平成27年通信利用動向調査」

グなどが行われてきた。しかし，図表3−15に示されているように，企業と消費者間の比較的少額の決済は，宅配代引換，コンビニ代引換などとともに，カード決済や電子マネーによる決済が主流になっている。

　また，近年ビットコインなどの仮想通貨も話題にはなっているが，現在の仮想通貨は取引価格の乱高下が激しく，決済手段というよりも投機の対象となっているのでここでは言及しない。

4・1　カード決済

　クレジットカードによる決済は，企業と消費者間の決済手段として現在広く利用されている方法であるが，インターネットのようなオープンなネットワークでカード番号などを送信すると個人情報が漏洩し悪用される可能性がある。そのため，クレジット会社大手の VISA と MasterCard が **SET**（Secure Electronic Transaction）というセキュリティ技術を開発し，コンピュータネットワーク上にカード番号などを直接送信しない方法を考案している。この方法では，カード利用者，販売会社，カード会社は認証局に登録認証を受け，取引ごとに相手を確認し，連絡は電子メールで行う方法をとっている。

4・2　電子マネー

　現在，我々が利用している通貨のような匿名性のある支払い手段が**電子マネー**である。

　電子マネーで実用化されているものには大きく分けて IC カード型とネットワーク型の2つに分けられる。

①IC カード型電子マネー

　IC カード型電子マネーは，クレジットカード大のカードで，CPU やメモリを組み込んだ IC カードに暗号化して利用可能金額の情報が書き込まれており，現金と同じように利用できるものである。日本銀行の調査によれば発行枚数（2016年12月末現在）は32,862万枚，決済件数（2016年）は

5,192百万件，決済金額（2016年）は51,436億円となっている。なお，参考に小売事業所の年間商品販売額（2015年調査）は，約141兆円である。1件あたり決済金額（2016年）は991円，電子マネーの残高（2016年12月末現在）は2,541億円である。通貨の流通残高（2016年12月末現在）約98兆円に比べると，我が国ではまだ少なく，比較的少額の決済が中心になっている。

ICカード型電子マネーは，**プリペイド（前払い）方式とポストペイ（後払い）方式**に大別される。なお，以下の発行枚数は2017年時点のもので発行各社の公表している数値である。

雑誌『月刊消費者信用』の2017年9月号によれば，プリペイド（前払い）方式には，交通系電子マネーとしてSuica（JR東日本）約6,371万枚，PASMO（首都圏私鉄各社）約3,399万枚などと非交通系電子マネー（流通系電子マネーを含む）としてEdy（ビットワレット）約1億480万枚，nanaco（セブン＆アイ・ホールディングス）約5,609万枚，WAON（イオン）約6,660万枚などがある。

また，ポストペイ（後払い）方式としては，PiTaPa（関西の私鉄・バス）約310万枚，iD（NTTドコモ）約2,541万枚，クイックペイ（JCBなど）約587万枚などがある。

②ネットワーク型電子マネー

ネットワーク上の決済を中心に考えられた電子マネーが**ネットワーク型電子マネー**である。ネットワーク上でのセキュリティは，暗号技術と電子署名などのソフトウェア技術によって支えられている。ネット上のゲーム料金の支払い等に利用されており，リンデンドル（セカンドライフ），ウェブマネー（ウェブマネー），ちょコム（NTTコミュニケーション），楽天キャッシュ（楽天）などがある。

③電子マネーの課題

電子マネーはその利便性などから普及していくものと思われるが，読み取る端末が必ずしも一本化されていない場合も多く，偽造，不正入手やシ

第1部　情報リテラシー入門

ステム障害による金額データの消失の可能性もある。電子マネー法の検討が開始されているが，いまのところ法整備は不十分である。また，電子マネーだけの問題ではないが，計画的に使用しないと使いすぎの可能性も高い。

5　インターネット広告

　マーケティングでは，マーケティング・ミックス（4P）の製品（Product），価格（Price），流通チャネル（Place），プロモーション（Promotion）の4つが重要となっている。さらに，プロモーション（Promotion）には，媒体を使用した広告，PR（パブリック・リレーション），人的販売（営業），狭義のSP（セールス・プロモーション）が含まれる。

図表3−16　媒体別「日本の広告費」（2014〜2016年）

広告費／媒体	広告費（億円）			前年比（%）		構成比（%）		
	2014年 （平成26年）	2015年 （27年）	2016年 （28年）	2015年 （27年）	2016年 （28年）	2014年 （平成26年）	2015年 （27年）	2016年 （28年）
総広告費	61522	61710	62880	100.3	101.9	100.0	100.0	100.0
マスコミ四媒体広告費	29393	28699	28596	97.6	99.6	47.8	46.5	45.5
新聞	6057	5679	5431	93.8	95.6	9.8	9.2	8.6
雑誌	2500	2443	2223	97.7	91.0	4.1	4.0	3.5
ラジオ	1272	1254	1285	98.6	102.5	2.1	2.0	2.1
テレビメディア	19564	19323	19657	98.8	101.7	31.8	31.3	31.3
地上波テレビ	18347	18088	18374	98.6	101.6	29.8	29.3	29.2
衛星メディア関連	1217	1235	1283	101.5	103.9	2.0	2.0	2.1
インターネット広告費	10519	11594	13100	110.2	113.0	17.1	18.8	20.8
媒体費	8245	9194	10378	111.5	112.9	13.4	14.9	16.5
広告制作費	2274	2400	2722	105.5	113.4	3.7	3.9	4.3
プロモーションメディア広告費	21610	21417	21184	99.1	98.9	35.1	34.7	33.7
屋外	3171	3188	3194	100.5	100.2	5.1	5.2	5.1
交通	2054	2044	2003	99.5	98.0	3.3	3.3	3.2
折込	4920	4687	4450	95.3	94.9	8.0	7.6	7.1
DM	3923	3829	3804	97.6	99.3	6.4	6.2	6.0
フリーペーパー・フリーマガジン	2316	2303	2267	99.4	98.4	3.8	3.7	3.6
POP	1965	1970	1951	100.3	99.0	3.2	3.2	3.1
電話帳	417	334	320	80.1	95.8	0.7	0.5	0.5
展示・映像ほか	2844	3062	3195	107.7	104.3	4.6	5.0	5.1

出所：電通発表「2016年（平成28年）日本の広告費」

電通の広告費の調査では、図表3－16に示されているように、広告をマスコミ4媒体広告、インターネット広告、プロモーションメディア広告の3つに分類している。マスコミ4媒体広告は、新聞広告、雑誌広告、ラジオ広告、テレビ広告の4つに分類される。インターネット広告は、ウェブ（PC）広告とモバイル広告に区分されたり、媒体費と広告制作費に区分される。さらに、プロモーションメディア広告は、屋外広告、交通広告、折込広告、DM広告などに分類される。

インターネット広告（ネット広告）は、電通の調査によれば2016年、市場規模は約13,100億円、媒体別では、ラジオ、雑誌、新聞を上回り、テレビの広告費を追っている。インターネット広告は、広告市場の成長が鈍化する中で、急成長をしている。インターネット広告の中では、「検索連動型広告」、「コンテンツ連動型広告」が成長している。

インターネット広告費（2016年）は、媒体費10,378億円、広告制作費2,722億円となっており、総額は、13,100億円である。インターネット広告媒体費（10,378億円）のうち運用型広告費（検索連動型広告費が大半）

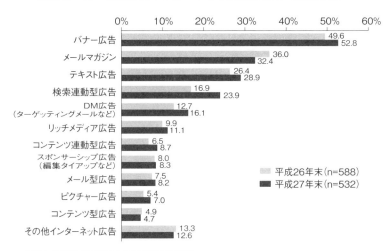

図表3－17　実施したインターネット広告の種類（複数回答）

（出典）総務省「平成27年通信利用動向調査」

は，7,383億円となっている。

　バナー（旗）型の静止画や動画による広告は，広告をクリックするとリンク先のウェブサイトへ移動し，表示回数にもとづいた料金体系が基本となっている。従来の他の媒体の広告とも類似する点が多いが，図表3−17によれば，「検索連動型広告」，「コンテンツ連動型広告」が特に成長している。

　インターネット広告急成長の背景には，大量生産，大量広告（テレビ広告等），大量消費の時代の終焉，消費者の好みや嗜好が多様化していることや，インターネットの急速な普及特に，インターネットの接続方法がダイヤルアップ接続（従量制）からブロードバンド接続（常時接続）の定額制に移行しインターネットの使い勝手がよくなっていることがある。さらに，他の媒体広告に比べ広告効果が正確に把握できることも大きい。

　日本での検索エンジンのマーケットシェア（全端末）は，以下のようになっている（StatCounter社調べ，2017年9月現在）。

　　グーグル　　　67.03%

　　Yahoo!　　　29.16%

　　Bing　　　　　3.16%

　　Baidu　　　　 0.41%

　また，世界での検索エンジンのマーケットシェア（全端末）は，以下のようになっている（StatCounter社調べ，2017年9月現在）。

　　グーグル　　　91.84%

　　Bing　　　　　2.59%

　　Yahoo!　　　　2.33%

　　Baidu　　　　 1.42%

　ところで，検索連動型広告（リスティング広告）とは，上記のような検索サイトで広告主が希望するキーワードを選定して，そのキーワードをネット利用者が検索サイトで検索を行った際の検索結果画面の上部や脇に広告が表示されるものである。検索サービス利用者の関心に沿った広告を

的確に表示できるうえ，バナー広告と比較して低料金で広告を打つことができる。グーグル社（Google）の「アドワーズ（AdWords）」やオーバーチュア社の「スポンサードサーチ」などがある。

検索連動型広告（リスティング広告）の重要な要素は，キーワード，タイトル説明文，ラウンディングページであり，これらの一貫性が重要である。

6　ICタグ（無線タグ）

ICタグとは，電波を使用し非接触でデータを識別する技術RFID（Radio Frequency Identification）をタグ（荷札）やカードに応用したものをICタグ，無線タグなどという。

現在，製造，物流，小売流通等の広い分野で利用されている。電子マネーのSuicaなどもこの技術を利用したものである。これは元々，第2次世界大戦中における航空機の無線識別技術として開発され，1980年代から半導体メーカーがICタグを開発して1990年代から実用化し，当初は，アメリカ国防省の国防品のコンテナ（核関連物質，兵器など）の管理に使用され商業利用されるようになった。

電源の方式で，ICタグは電池を内蔵している能動式（アクティブタグ）と外部から電源を供給する受動式（ポジティブタグ，パッシブ型）があり，能動式（アクティブタグ）の方が認識距離は長い。

ICタグの形状も筒型，ボタン型，カード型，箱形などの様々な形状に

図表3－18　1次元シンボルと2次元シンボル

第1部　情報リテラシー入門

図表3−19　IC タグとバーコードの比較

	IC タグ	JAN シンボル	二次元シンボル（QR コード）
情報量	32K 以上（3万2千字以上）	数字 13 文字	数字最大7366 文字
書き換え	可能	不可能	不可能
遠隔読取	可能	不可能	不可能
複数同時読取	可能	不可能	不可能
表示位置	内部、裏可	内部、裏不可	内部、裏不可
価格	高い	安い	安い

加工が可能である。IC タグの周波数は，135kHz 以下ではペットや動物の管理，入退室管理などで利用可能であり，金属の影響は小さい。13.56MHz は Suica など多くの領域で利用可能である。950MHz では，大型のコンテナ管理や空港の荷物管理などで使用されるが，水，金属に弱い。2.45GHz は駐車状のゲート管理などで使用される。また，5.8GHz は高速道路の ETC などに使用される。

　図表3−19でわかるように IC タグは，JAN シンボルや2次元シンボルに加えて多くの情報量が書き込めるとともに，書き込んだ情報の書き換えも可能である。したがって，POS システムなどでは，単品管理しかできなかったが，同じ商品でも個品を識別する絶対単品管理が可能である。付加価値の高い IC タグの負担が可能な，医薬品や衣料品や服飾品などの管理に今後使用されていくものと考えられる。

　また，世界的な IC タグの標準化を進めるためのコードに EPC（Electronic Product Code）がある。EPC は，GS1傘下の EPCglobal で標準化された電子タグに書き込むための識別コードの総称で，GTIN 等の GS1が定める標準識別コードが基礎となっている。

　そのため，既存のバーコードシステムとの整合性を確保しながら，電子タグシステムを構築することが可能である。EPC の一例として SGTIN が

ある。SGTIN は商品識別コードである GTIN にシリアル番号（連続番号）を付加したもので GTIN が同じ商品でもそれぞれ一つひとつ個別に識別することが可能である。

第4章

生産情報システム

この章で学ぶこと

生産システム，製造システム，生産情報システム，CIM，CAD，CAM，CAP

　前章の流通情報システムは，コンビニ等で目にするバーコードやPOSなど身近に感じられる情報システムだったが，本章で扱う製造業（メーカ）の工場や生産情報システムは読者から見ると遠い存在であろう。しかしながら，戦後いち早く業務の効率化と設備の自動化を推し進め，近代日本を作り上げてきたのはメーカであり，永年にわたり培われてきた，技術者と現場作業者による創意工夫と自主的な改善活動は，常に時代の先端をゆく様々なアイデアや仕組み（システム）を作り出し，現在，日本の**ものづくり**は世界から注目されている。最近では，農業や水産業あるいは旅館ホテル業等で，これらのアイデアや仕組みを導入して成功を収めた事例も話題になっている。

　そこで，本章では，この分野について馴染みのない読者のために，まずは，工場の概要を理解してもらうことを目標にその基本概念を述べた上で，工場を効率よく稼働させるための生産情報システムについて解説し，その後，自動化・コンピュータ化・ネットワーク化により完成をみた，最先端の工場であるコンピュータ統合生産システムについて解説する。

1 生産システム

　一言で工場といっても，自動車，電気製品，衣料品，食品，化粧品，住宅など，作る製品によって工場の特徴は異なる。また，テレビや新聞で目にする消費者向けの製品を作る工場だけでなく，それら製品に組み付ける部品や原材料を作る工場，そして，工場で使用する自動設備やロボットを作る工場もある。一方，工場には様々な形態がある。固有技術と職人技で勝負する町工場，生産性で勝負する大規模工場，東南アジア等で作業者を大勢動員してものを作る工場，自動設備やロボットを活用した無人工場，海浜地区にある工場，内陸部にある工場，さらに，工場でのものづくりをヒントに農作物やソフトウェアを生産する工場など実に様々である。このうち本章では最先端の工場を対象に説明する。

　さて，工場はその内部をみると，敷地内には，製品を加工し組み立てるための生産建屋（狭義の工場）だけでなく，原材料や完成品の保管用倉庫，自家発電システム棟，工場廃水処理システム棟，事務棟などの様々な建物があり，建物間をフォークリフトやトラックが物資を運搬している。また，生産建屋の中は，古い工場のイメージである３Ｋ（危険・汚い・きつい）とはかけ離れた光景が広がる。天井窓からは太陽光が効率よく取り込まれ，臭いや温度・湿度対策のための空調も整い，反射するほど磨かれた床面の上に最先端の自動設備群やロボット群が整然と並んでいる。

1・1　生産システムの状況

　それではまず，この工場（以下では**生産システム**と呼ぶ）が置かれている状況から説明する。近年，消費者ニーズと嗜好の多様化はますます進み，製品のライフサイクルの短命化とともに生産システムは**多品種少量生産**を強いられている。生産システムが保有する限られた設備群でこの要請に応えるには，月替わりや週替わりで生産品目を変更したり，各品目の生産量を日々変更したりしなければならない。このような生産の仕方を**変種**

変量生産という。

　また，スーパー等の小売業では，店舗内在庫を少なく抑えるために，**POS**（Point Of Sales system：販売時点情報管理システム）に連動した**EOS**（Electronic Ordering System：電子発注システム）による自動発注で，流通センターや問屋・卸に対して小口での注文が頻繁に発生する。その結果，流通センターや問屋・卸がメーカに対して行う注文も多頻度かつ小口で行われる。さらに，近年では消費者がメーカの WEB ページ上で製品を注文する**メーカ直販**も盛況である。このように生産システムでは，変種変量生産を強いられるだけでなく多頻度で小口の注文にも対応しなければならない。

　一方で，地球温暖化対策としての CO_2 削減が要請されるため，省エネルギーやリサイクルにも力を入れなければならないし，為替相場の変動による原材料や製品の輸出入価格の変動，高額な人件費や電気料金，等も大きな制約となっている。一部のメーカでは，製造コスト削減や新市場開拓を狙って製造機能の一部を海外へ移転する動きや，外国系資本による国内メーカの買収が進み，ものづくり日本の空洞化を指摘する声もある。

　したがって，これら様々な条件に適合する生産システムを構築し運用することがメーカには求められている。すなわち，メーカは，顧客ニーズ（**需要の3要素**：品質・仕様，価格・数量，納期）を満たす製品をタイムリーに開発し生産して市場に提供することにより継続的に収益を上げるとともに，自社製品によって社会貢献をしなければならない。

1・2　生産システム概観

　次に，生産システムを概念図（図表4－1）を用いて説明する。メーカでは，経営上層部が決定した経営意志に基づいて，製品の販売活動と生産活動，各種の生産資源（原材料，設備，作業者，工業用水，電力，燃料など）の調達活動，資金の調達と運用を行う財務活動，を展開している。特

第1部　情報リテラシー入門

に，生産活動に力点を置くメーカでは，**無理・無駄・斑**を徹底的に排除した効率的な生産活動が重要である。そのためには，生産システムの仕組みと特徴を理解し，その能力を最大限に発揮する必要がある。

さて，生産システムは，実際の製造活動を担当するハードウェアとしての**製造システム**と，製造システムを管理運用するソフトウェアとしての**生産情報システム**で構成している。以降，この2つについて説明する。

2　製造システム

ここでは図表4－1の製造システムを説明する。製造システムは，**生産の3要素**（物，設備，作業者）と製造方法により説明できる。

2·1　製造システムと物

流通システムにおける物とは商品を指すが，製造システムにおける物には3つの呼び方がある。1つ目が，資材メーカや部品メーカから仕入れた状態の「原材料」である。2つ目が出来上がった「完成品」，そして，3つ目が，原材料が完成品に至る途中段階の，加工や組み立てにより形や性質が次々と変わる状態にある**仕掛品**である。

まず，全ての原材料は受け入れに際して検査を行い合格品は資材置場（これを資材在庫という）に保管する。その後，原材料は，加工や組立て等の作業内容によって区分された職場（これを**工程**という）を多数経由しながら完成品に至る。品目によって通過する工程の経路（これを**加工経路**という）は異なるため，それぞれの加工経路の全体を鳥瞰的に眺めた形状（これを**物の流れ**と呼ぶ）で大別すると，①次々に部品を組み付けながら1個の製品が完成する合流型形状（例えば，車やパソコンなど），②原材料が次々と成分分解され精製されながら多種類の製品が完成する分岐型形状（例えば，ガソリンや原乳など），③複数の工程を繰り返し通過しながら加工する循環型形状（例えば，半導体など），④これら3種類の形状が

図表4-1 生産システムの概念図

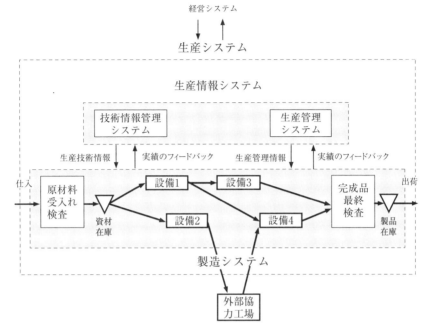

(太い矢印は物の流れ、細い矢印は情報の流れを示す)

複合化したネットワーク形状，等がある。

　また，品目の中には，自社で加工技術を保有していない，あるいは，自社生産では，加工費用が高い，生産能力が足りない，品質や精度面で能力不足である，等の理由から，一部の作業を外部の協力工場（これを外注先，あるいは，外注という）に委託することもある。さらに，製造コストの削減を目的として，複数の品目間で使用する部品を共通にしたり，加工方法が似ている品目群をまとめて生産したりする**グループ・テクノロジー**（Group Technology：GT）を採用する場合もある。ちなみに，自動車の製造では，車1台あたりの部品点数は約3万点に及び，さらに，車種，ボディ色，エンジン，内装，オーディオ，等のオプションの違いだけ品目数

第1部　情報リテラシー入門

があるので，物の流れだけを見ても非常に複雑である。

2・2　製造システムと設備

　製造システム内には，加工・組立・保管・運搬・検査などの様々な役割の工程があり，それぞれの工程では様々な種類の自動設備やロボットが稼動している。

　まず，加工用の設備をいくつか紹介する。鋳造機は，製品の形に合わせて作られた鋳型に高温で溶けた金属材料を流し込み製品を成形加工する設備である。旋盤は，台座に固定した刃物で高速回転した棒状の金属塊を切削する設備である。フライス盤は，複数の刃が付いた金属製円盤を高速回転して作業台上の金属塊の溝や平面部分を切削する設備である。研削盤は，砥石を使って金属材料の表面を削り滑らかにする設備である。鍛造機は，製品の形に合わせて作った凹型と凸型の一対の金型を用意し，上下から圧力をかけて材料を挟んだり，ハンマー等で叩いて成形する設備である。鍛造機の一例にプレスがある。射出成形機は，熱を加えると溶ける樹脂材料を高圧で金型内に押し込んでから冷やして成形する設備である。その他にも，金属材料同士を溶接するアーク溶接機やガス溶接機，製品の表面をコーティングする塗装機，などがある。また，前述の旋盤やフライス盤など原材料を削って形を作る従来の製造方法（除去製造：Subtractive Manufacturing）では切り屑を生じその分の原材料費が無駄になっていた。これに対して，3Dプリンタ（3D printing）に代表される，原材料からいきなり形を作る画期的な製造方法（付加製造：Additive Manufacturing）を採用したAM装置では切り屑が出ないので，原材料費の削減や加工時間の短縮等が期待されている。

　一方，これらの設備は自動化のレベルでも分類できる。まず，作業者が付きっきりで作業を行う**汎用工作機械**，次に，1つの工具で半導体リレー（solid state relay）により1種類の加工作業を行う**NC工作機械**（Numerical Control：数値制御），1つの工具でコンピュータにより複数の加工作業を

行う**CNC工作機械**（Computer Numerical Control：コンピュータ数値制御），工具マガジンに装填した複数の工具を自動工具交換装置（Automatic Tool Changer：ATC）で交換しながら複数の加工作業を連続で行う**マシニングセンタ**（Machining Center：**MC**，図表4－2），多種類の製品の多種多様な加工作業に対して複数のNCやMC等の設備群をコンピュータによりマルチに制御して工程単位での完全無人運転を行う**フレキシブル加工セル**（Flexible Machining Cell：**FMC**），そして，複数のFMCを組み合わせた**フレキシブル製造システム**（Flexible Manufacturing System：**FMS**，図表4－3）がある。

次は，運搬設備を紹介する。これには，人が操作する台車やフォークリフト，そして，生産ラインで使用するコンベヤや，プログラム制御で製品を運搬する**無人搬送車**（Automatic Ground Vehicle：**AGV**，図表4－3の中ほど左のレール上を走行している），さらに，天井走行クレーンがある。そして，無人搬送車と自動設備との間で，仕掛品や工具の受け渡し，そして，取り付け・取り外しを行う**自動マテリアルハンドリング装置**（automatic material handling equipment）がある。

図表4－2　マシニングセンタの外観（左）と内部（右）

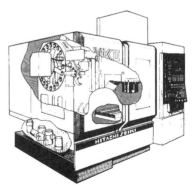

（写真・図提供：日立精機㈱）

図表4−3　FMSの例

(写真提供：日立精機㈱)

　最後に，その他の設備群を紹介する。まず，**アーム型ロボット**は，エンドエフェクタ（end effector）と呼ばれる先端部を溶接ユニットや塗装ユニットあるいは人間の手先と同様の動きをするハンドユニットに交換して様々な作業をこなせる自由度の高いロボットである。**フレキシブル自動組立システム**（Flexible Assembly System：FAS）は，コンベヤの両脇に，アーム型ロボットや自動設備群を配置して，流れ作業で自動組立を行う製造システムである。また，流通センター等でもお馴染みの**立体自動倉庫**は生産現場でも活躍しており，加工途中の仕掛品や工具あるいはプレス用の金型などを保管しコンピュータ制御のスタッカー・クレーン（stacker crane）により出し入れする。その他，3次元測定器をはじめとした**自動検査装置**，自動設備群の稼動状態を監視する装置に連動して設備故障を未然に防ぐ**自動保全システム**など，様々な設備が稼働している。

2·3　製造システムと作業者

　やはり，製造システムで要といえば作業者である。工場の規模を表す際

に作業者数を取り上げる場合もあるが，作業者といっても，熟練作業者と新人作業者とでは違うし，熟練作業者でも操作できる設備が違う。また，取得している資格（例えば，火薬類（製造・取扱）保安責任者，ガス溶接作業主任者，毒物劇物取扱責任者など）の違いがある。その他，作業者の適性，正社員とパート等の雇用条件の違い，年齢，性別，国籍や宗教など，多くの特性を考慮して，それぞれの作業者の能力を最大限に活用できるように各工程への人員配置を行っている。

　また，作業者個人の自己啓発として，技能向上を目的とした教育プログラムの実施や，多種類の作業を行える高度な能力を持った**多能工**の育成，最新型の自動設備や製造システムそして新しい生産方式に対応できる人材の育成が，日々行われている。人材育成の成果は，一人ひとりの作業レベルから，設備レベル，工程レベル，そして工場レベルにおける様々な**改善活動**（improvement activities／**Kaizen**）で発揮され，製造システムの性能が日々向上している。

2・4　製造システムと製造方法

　製造システムを理解するには，前節までに述べた，物の流れや設備の種類，作業者の配置や教育に加えて，各工程での製造方法についても理解しておく必要がある。製造方法には，製品仕様，生産形態，生産方式，生産指示方式の4つを組み合わせた数だけ種類があり，自社の製造システムがどのタイプに該当するかを把握することが大切である。

　まずは，**製品仕様**である。これには，①メーカが仕様を決定するメーカ仕様，②顧客が仕様を決定する客先仕様，そして，③原材料から途中段階までメーカ仕様で生産した後に顧客が選べるオプション部品を取りつけるオプション仕様がある。製品仕様は生産形態に影響する要素である。

　次は，**生産形態**である。これには，①前もって将来の需要量を予測し生産し在庫しておいて需要発生時点で製品を出荷・販売する見込み生産と，②受注してから原材料を調達し生産して完成後に納入する受注生産があ

る。また，③両者の中間的な形態として，自動車やBTO（Build To Order）パソコン等のように，メーカ仕様部分を見込み生産し在庫しておいて受注後にオプション部品を取りつけて出荷する形態もある。

そして，**生産方式**である。これには，①生産量が多い場合にコンベヤに沿って設備や工程を配置した生産ラインを用いて連続的に生産するライン生産方式，②生産量がそれほど多くなく生産ラインを設置しても経済的に引き合わない場合に，生産品目の切り替えのための準備作業や後片付け作業（これを段取替作業という）を行いながら品目ごとに一定数量をロットにまとめて生産するロット生産方式，③各製品の仕様が全く異なるためライン生産方式やロット生産方式を採用できない場合に，塗装工程やプレス工程などの機能別（役割別）に配置した工程群を製品ごとの加工経路に沿って順番に移動しながら生産する個別生産方式がある。

最後は，**生産指示方式**である。これには，①予測した将来の需要量に基づいた生産数量を生産工程の上流工程から最終工程まで順番に流れるように生産していくPUSH型生産指示方式と，②将来の需要量を予測せずに，需要が発生し完成品が出荷したら出荷した分だけ最終工程は生産し完成品を補充する。そして，最終工程が使った部品だけをその1つ上流の工程が生産し補充する。という具合に，これを連鎖的に上流工程まで遡るように生産していくPULL型生産指示方式がある。

このように，物の流れの複雑さ，設備群の特殊さ，人の教育・活用の難しさ，製造方法の多様さ，が存在し，さらに，これらが相互に関連し合うため，製造システムの仕組みは非常に複雑である。したがって，この製造システムを有効活用するには，その特徴を把握した上でそれに相応しい生産情報システムを構築し利用することが大切である。

3　生産情報システム

本節では，図表4-1の生産情報システムを説明する。生産情報システ

ムは，技術情報管理システムと生産管理システムで構成している。

3・1　技術情報管理システム

まず，**技術情報管理システム**は，製造システム内にある FMC や FMS などの各種の自動設備群が行う加工作業や組立作業についての最適な加工条件や加工方法（加工用プログラムやデータも含む）に関する情報（これを**生産技術情報**という）を開発・準備・運用・管理している。

例えば，金属製の素材を切削する際には，工具を破損したり，切削により素材が歪んだり，最悪の場合，設備そのものが破損し故障する危険があるので，素材の硬度に合わせて使用する設備と切削用工具を選び，また，工具による素材への切り込み角度や加工速度などについて最適な作業条件と作業方法を選択する必要がある。

そして，後述する生産管理システムが作成する生産開始時刻に合わせて，技術情報管理システムは，この生産技術情報を各工程の自動設備群へ送信し作業を開始する。作業が終了すると自動設備群が作業結果を技術情報管理システムへフィードバックし，技術情報管理システムは当該作業の作業条件と作業方法の見直しを行う。

3・2　生産管理システム

次に，**生産管理システム**は，2・4節で解説した製造方法のタイプに応じて，日々の全ての工程の設備1台1台の生産活動に関する情報（これを**生産管理情報**という）を計画し管理している。

例えば，需要量の予測値や，顧客からの実際の受注数量，などの生産数量の基礎となる情報と，完成品1単位に使用する部品の種類と数量に関する情報（部品表，Bill Of Materials：BOM），そして，各品目の原材料から完成品に至るまでの加工経路上にある在庫量，さらに，各設備での不良品発生率や設備故障率，それぞれの製品の納期情報を考慮して，月単位，日単位，時間単位での詳細な生産計画（生産スケジュール）を作成し，各

第1部　情報リテラシー入門

工程の自動設備群に対して生産を指示する。また，生産が完了すると自動設備群が生産実績を生産管理システムへフィードバックし，生産管理システムは生産計画の見直しを行う。

　技術情報管理システムが適正に働かなければ設備群は良好な状態で作業ができないので，生産管理システムが作成した生産計画通りには製品を作れない。反対に，技術情報管理システムが適正に働いて設備群が良好な状態であっても，生産管理システムが適正な生産計画を作成しなければ製品の納入遅れや過剰な在庫等を生ずる。このように，2つの情報システムが相互に連携することで製造システムが円滑に稼働する。

4　代表的な生産情報システム

　本節では，生産情報システム，特に，生産管理システムに含まれる代表的な情報システムについて紹介する。

(1)　**在庫管理システム**：生産システム内には，原材料を保管する資材在庫点，各工程で作業完了した仕掛品を保管する加工済み在庫点（中間在庫点），そして，完成品を保管する完成品在庫点がある。在庫管理システムは，各在庫点について，そこへの資材・仕掛品・製品の流入速度と，そこからの流出速度，そして，保管スペースの制約，等から，適正な目標在庫数量を算出し，実際の在庫量が目標在庫数量の適正範囲に入るように流入速度と流出速度を管理する。そのため，品番，品名，納期などの諸情報を書き込んだ**無線 IC タグ**（Radio Frequency IDentification：**RFID タグ**）を仕掛品に添付し，各工程に設置した非接触型の読取装置でこれを読み取り，仕掛品の所在を把握し管理している。

(2)　**生産計画システム**：生産計画システムは3つのサブシステムで構成している。まず，長期的・将来的な需要への対応を考えて，必要な資材や設備そして作業者や協力工場などの手配・入手を計画する期間生産計画システム。そして，需要予測システムが出力する需要量の予測値や，各

工程の生産能力や保有在庫量，そして，**3・2**節で解説したBOM情報などから，毎月の品目別の生産数量を計画する月度生産計画システム。最後に，実際の顧客からの注文に基づいて各工程での日々の生産数量と生産スケジュールを計画し各工程に対して生産を指示する日程計画システムである。3つのサブシステムは，相互に情報を交換し合いながら整合性を保ち実行可能な生産計画を作成する。

(3) **生産統制システム**：生産統制システムは，生産活動が生産計画に沿って進行していることを随時チェックして，生産計画と生産実績との間に差異を生じた場合に適切に対処する役割を担う。例えば，顧客から飛び込みの注文が入ったり，注文内容が変更されたり，また，外注先からの部品の到着が遅れたりした場合は，直ちに，これらが生産システムに与える影響を分析してその影響を吸収する方策を計画し指示する。突発的に発生する不良品や設備故障による生産不足量に対しては，予め，不良品発生率や設備故障率に関するデータを収集してこれらに基づいて計画的に在庫品を準備する。これで間に合わない場合は，リリーフとして作業者数を追加したり，残業したり，代替使用が可能な別の設備に切り替えたりする。それでも間に合わない場合は，元の生産計画を変更して翌月の生産計画にこれを反映させる。

(4) **外注先管理システム**：外注先に生産の一部を委託する場合は，こちらが指定した品質と数量と納期と価格通りに納入されていることを随時チェックして，外注先を適正に管理するとともに，必要に応じて外注先を選定しなければならない。外注先管理システムは，そのための様々な情報を収集して外注先としての適性を診断し評価する役割を担う。なお，診断結果に基づいて，実際に外注先へスタッフが赴き作業指導を行う場合もある。

(5) **品質管理システム**：各工程では，設備群にセンサーや検査機器を内蔵して加工しながら加工部位の寸法や仕上がり具合をデータ収集し，また，加工経路上には，性能試験や動作試験など一連のまとまった試験を

行う検査工程を配置している。品質管理システムは，これらの検査機器や検査工程が収集した品質情報を統計処理して，加工済みの仕掛品の合否を判定し品質を管理する。また，人工知能を搭載したシステムでは，欠陥部位を作り出した原因工程や設備を推定し改善・改良策を提案する機能を持つものもある。さらに，不合格の原因が自社の生産システムでは作り出せない精度や規格に起因する場合には，設計部門に対して設計のやり直しや修正を促す場合もある。

(6) **設備管理システム**：全ての設備が故障せずに稼働することを前提として生産計画システムは生産計画を作成する。したがって，生産システムが生産計画通りに製造するには，想定される故障を未然に防ぎ，全ての設備を安定稼働させることが重要である。設備管理システムでは，各設備の故障履歴や延べ稼働時間数，そして工具類の摩耗状況や設備部品の劣化状況，これまでの故障発生時の修理時間と費用，さらに，各設備のメンテナンスのための所要時間と費用等の設備に関する情報に基づいて，効果的な設備毎のメンテナンスの時期と方法を計画する。また，経済的な観点から，旧型設備を新型設備へ取り替えるための設備更新計画を立案し，新型設備への取り替えの際には機種選定まで行う。

(7) **原価管理システム**：製品の製造原価を構成する諸要素についてのデータを収集し評価して，製造原価を適正に算出し把握することは極めて重要である。原価管理システムでは，製品の設計図面から決まる加工方法や加工費用，そして，使用する原材料の価格変動，生産数量や在庫数量の実績値，破棄あるいは再利用される不具合品，設備の購入費や稼働率，そして，作業者の人件費や生産管理業務に関わる費用など，の諸情報を収集して標準的な製造原価を算出する。そして，製造過程で実際に測定した製造原価と比較しながら，実測した製造原価の変動を適正に管理し，また，変動の原因となっている原価要素を特定し，改善案を提供する。さらに，現在製造中の製品群の製造原価データを新製品の開発にも活用して，製造原価を抑えた新製品の機能設計や材料設計を行う。

⑻ **労務管理システム**：労務管理システムは，各作業者の取得資格，取り扱い可能設備や経験年数などの各種属性データに基づいて，生産システム内の各職場への作業者の適正配置を計画し，各作業者の作業時間や残業時間などの勤怠管理を行う。また，作業意欲や技能レベルの向上を狙った業績評価システムを機能させるとともに，各作業者の勤続年数や職場経験に応じて，能力向上のための教育プログラム（ネットによる遠隔学習も含む）を提供し，新しい技術や設備そして生産方式で活躍できる人材の育成とともに，作業者のキャリアアップを支援する。

⑼ **工場計画システム**：工場計画システムは，工場を立地し建設する際に利用する情報システムである。前述した情報システム群が日常的に使用するのに対して，工場計画システムは，数年に1回程度と利用頻度の少ない情報システムである。しかし，工場の建設に投入する資金は莫大であり，かつ，工場の出来栄えがその後の生産活動の生産効率を左右することから，工場の立地・建設は重要な意思決定事項である。そのため，工場計画システムは，工場全体に関わる多方面のデータ群を収集し分析して迅速かつ精確に計画案を作成する機能を備えている。具体的には，資材や完成品を輸送する交通手段，工場と市場との距離，協力工場や従業員そして原材料や部品の調達環境，水利や自然環境，等を考慮して，適切な工場の立地場所を計画し，また，工場敷地内の物と人の流れを考慮して生産建屋や工場排水処理棟，自家発電棟や事務棟などの各種建物の配置を計画する。そして，この工場で生産する製品群の年間生産量や加工経路，そして，各工程や設備が発する光や振動・騒音等が周辺の工程群に与える影響を考慮して，生産建屋内の工程や職場の配置，さらには，工程や職場内における設備群の配置も計画する。

⑽ **配送計画システム**：配送計画システムは，トラックや鉄道などの運搬手段を利用して完成品を工場から市場へ配送する際の効率的な配送計画を作成する情報システムである。具体的には，製品ごとの配送先住所や，配送ルート上にある給油地点や橋梁，そして有料道路や一方通行な

第1部　情報リテラシー入門

どの諸情報を用いて，配送時間や配送費用を最少にする配送方法とし
て，使用するトラック台数と各トラックの配送ルートを計画する。ま
た，作成した配送ルートに基づいて，製品を取り出す順序と，製品の重
量や大きさ等を考慮してトラックの荷台への製品群の積み込み方を計画
する機能も有している。

　これら生産情報システムの機能は，その管理対象である製造システムの
仕組みと特徴により決まるため，適正な生産情報システムを開発し利用す
るには，自社の製造システムの仕組みと特徴を理解しておくことが大切で
ある。さらに，近年，製造システムが複雑化し高度化したことに伴い，生
産情報システムの高機能化・高精度化が求められている。それには，人間
の経験と勘を超えた高いレベルの問題解決や意思決定が必要であり，数理
計画法や統計的手法などの数学的手法やシミュレーション技法の活用等が
不可欠である。そのため，これらの手法や技法を多角的に活用できる高度
な情報リテラシー能力を有した人材の育成とともに，必要なデータをタイ
ムリーに収集できるネットワークの整備が重要である。

5　コンピュータ統合生産システム

　情報通信技術の進展に伴って生産管理活動はコンピュータ化された生産
情報システムへと変貌し，さらに，生産情報システムは工場内ネットワー
クを介して生産システム全体とつながり，また，高度に自動化された設備
やロボットと連携して，全社的規模で構築し運用する**コンピュータ統合生
産システム**（Computer Integrated Manufacturing：CIM）が登場した。
本節では，CIM について解説する。

5·1　CIM

日本で最初に商用コンピュータが登場したのが1950年，それから半世紀

以上が経過した。1960年代のメインフレーム時代，1970年代のリレーショナルデータベース，そして，1980年代のパーソナルコンピュータの登場を経て，今日，**LAN**（Local Area Network）や1985年の通信自由化を受けて登場した**VAN**（Value Added Network）を背景にコンピュータを広域で利用する時代を迎えた。

これに対して生産の分野では，1950年代にNC工作機械が登場し，1960年代になって複数のNC工作機械を制御する**群制御システム**（Direct NC：**DNC**）が，さらに1970年代になってマシニングセンタやCAD・CAMが登場した。さらに，マシニングセンタは1980年代に入ってFMCやFMSへと進化し，1980年代半ばから1990年代前半にかけて生産システム全体を統合化したCIMへと発展した。

図表4－4に示すように，CIMは，製品の開発から製造そして出荷に至るまでの生産活動の全範囲にわたり，コンピュータとネットワークを利用して3つの機能を統合した生産システムである。1つ目の機能が，製品設計，設備配置設計，プレス用金型の設計などのコンピュータ化した設計システム群で構成する**CAD**（Computer Aided Design）である。2つ目が，マシニングセンタ，自動倉庫，FMS，無人搬送車などのコンピュータ化した製造システム群で構成する**CAM**（Computer Aided Manufacturing）である。そして，3つ目が，既に生産情報システムとして紹介した生産計画システム，在庫管理システムなどのコンピュータ化した計画システム群で構成する**CAP**（Computer Aided Planning）である。

CADの設計システム群は加工プログラムや検査方法などの生産技術情報を，また，CAPの計画システム群は生産スケジュールや生産数量などの生産管理情報を，それぞれCAMを構成する自動設備群に対して送信する。反対に，CAMは，加工精度や生産数量あるいは検査結果などの各種実績情報をCADやCAPにフィードバックするので，生産システム全体が，持続的に統制のとれた生産活動を実現できる。さらに，CIMでは，生産システム内のネットワークが社内の各部門（研究所，本社，営業所，

海外拠点など）とも接続しており，これらの各部門でも必要な情報を自由に照会し利用できる。その結果，以下のような効果がある。

すなわち，各工程の端末から生産計画部門の生産計画情報を照会することでこれから加工する製品群が事前にわかるため，生産開始時刻に合わせて各工程に必要な工具類や加工用プログラムなどの準備や手配ができる。また，設計部門が開発した新製品の図面情報を加工情報（プログラムとデータ）に**変換**して自動設備群に送信すれば，加工作業や段取替作業そして検査などの一連の作業を継ぎ目なく行うことができる。一方，設計部門の端末から現在量産段階にある製品群の実際の製造原価や不良率などを照会することで，これら製品群の開発段階で想定していた製造原価や不良率と比較して両者間に差異を生じていれば，その原因を調査し次期新製品のための開発方法や設計作業を見直すことが可能である。

その他，本社の資材調達部門の端末から製品の設計情報や受注情報そして生産計画情報などを照会すれば，全ての工場で共通使用する原材料を合算して業者に発注したり，作業者や設備群を一括して手配したり準備ができる。さらに，営業所にある端末上で現時点での工場の稼働状況や生産計画を照会することにより，顧客からの納期の問い合わせに対して精確に回答できる。また，営業所の端末から新規の注文情報や注文の変更情報を入力すれば，生産計画部門では直ちにこれらを生産計画に反映できる。そして，全社的には，国内協力工場や海外生産拠点との情報共有が可能になるので，例えば，製品開発はA国，部品製造はB国，製品組立はC国といった国際的分業や，世界中の拠点に分散している社員がネットを利用したWeb会議上で設計図を見ながらアイデアを出し合い議論するなど，地球規模での企業活動を展開できる。

このように，CIMによる効果が生産システムの随所に現れ，その集大成として，開発から製造そして出荷までの所要時間が大幅に短縮でき，**ジャスト・イン・タイム**（Just In Time：**JIT**）による製品納入が実現し，顧客からの信頼性が向上する。また，在庫削減や生産性向上そして製

図表4-4　CIMの概念図

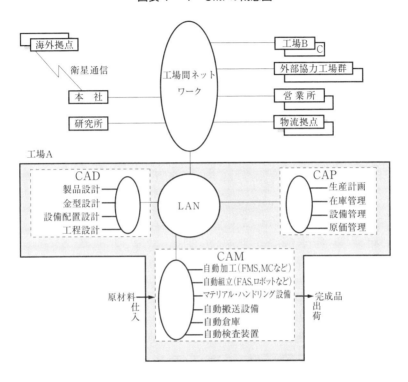

造原価低減も可能になるので，経済的にも優れた生産活動を実現できる。以下では，CIMの構成要素であるCAD，CAM，CAPについて説明する。

5·2　CAD

　CADは当初，L字型やT字型の定規をアーム部に取り付けた製図台（ドラフター）上で行う設計作業を効率化するために開発したコンピュータ描画システムであった。このシステムは，処理装置としてのコンピュータの他に，キーボード，ライトペン，ディジタイザなどの入力装置，CRTグラフィックディスプレイ，ディジタルXYプロッタ，プリンタ，ハードコピー機などの出力装置で構成していた。

第1部　情報リテラシー入門

　それまで，定規からコンパスで半径を計り取り設計図面上の円の中心に針を刺して手を回して円を描いていた作図作業が，CADの登場により，ディスプレイ画面上に円の中心座標を指定し半径をキーボードから入力するだけで描けるようになった。作成した図面は識別番号を付けてハードディスク上に保存し，必要に応じてこの図面を読み込んで，ディスプレイ上の設計図面の自由な場所に貼り付けることも可能になった。これにより，過去に作図したデータを再利用できるためむやみに設計図面が増えることがなくなり，設計図面群を標準化できて設計図面群を体系的に管理できるようになった。このような設計図面の再利用は，過去に製造した部品群や他の製品群で使用した部品群の再利用につながるため，部品群全体の標準化と体系化そして在庫削減も実現できる。

　さらに，近年のCADシステムは，図表4－5に示すような各種の分析機能を有する**CAE**（Computer Aided Engineering）を搭載しており，設計作業の効率化に加えて設計の最適化まで行える。具体的には，モニター画面上で正面図と側面図そして上面図の3つに分けて描いた設計図面に対して陰影やワイヤーフレーム（wire frame）を用いて，製品の外形や構造を3次元表示する機能や，強度計算を行って現在の形状や寸法の実現可能性を判断する機能，また，製品の一部に振動や熱を加えた際にこれらが周辺部へ伝播する様子を計算してカラー表示する機能，さらに，コンピュータによる仮想空間上で3次元表示した部品群を組み合わせその動きをアニメーション表示する機能などがあり，CADシステム上で，設計製品に関するあらゆる可能性や危険性を想定した無駄のない最適な設計が実現できる。

　そして現在，CADの概念は広がり生産システムにおける設計活動や設計システムの全体を指す用語になっている。例えば，設計図面情報をもとにして当該製品を実際の設備で加工・組立する際の作業手順と作業方法を設計するシステムや，当該製品を加工する自動設備群で使用する加工用プログラムを開発するシステム，そして，当該製品の製造過程でプレス加工

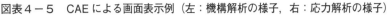

図表4－5　CAEによる画面表示例（左：機構解析の様子，右：応力解析の様子）

(写真提供：エム・アール・アイ　システムズ㈱)

（鍛造）が必要な場合にそのプレス設備の上下に取り付ける凸と凹の金型を設計するシステム，さらに，当該製品の作業内容から製造コストを計算するシステム，なども含まれる。

5・3　CAM

　当初CAMは，初期のCADで設計したプレス用金型の設計図面情報を加工プログラムに**変換**し，これを紙テープや磁気テープなどの記録媒体を介して金型加工用のFMSに読み込ませて金型を自動加工するシステムを指す用語であった。しかしその後，生産技術の進展により，元になる設計図面情報から当該製品の加工，組立，検査，貯蔵，運搬に関わる様々な自動設備を動かすためのプログラムやデータが作成できるようになり，CAMは自動設備全般を指す用語になった。

　さて，CAMの自動設備群は2・2節で紹介しているので，ここでは設備が自動運転する仕組みについて加工設備（フライス盤）を例に解説する。まず，加工対象物である素材，加工に使用する工具，素材を作業台（パレット）に固定するための取付け具，がそれぞれ無人搬送車等により当該設備に到着する。その後，アーム型ロボット等のハンドリングロボットが素材を作業台に固定する。また，自動工具交換装置（ATC）が，工

具マガジン内から工具を取り出してモーターの主軸部に取り付ける。

　一方，設計図面情報から加工部位の座標系を設定して，製品の材質・寸法・加工精度，自動設備の仕様と性能，使用工具などから，**自動 NC プログラミングシステム**が最適な加工順序，加工位置，切り込み角度，加工速度などを計算して NC オブジェクトプログラムを作成する（図表 4 – 6）。なお，自動 NC プログラミングで使用する代表的な言語には米国マサチューセッツ工科大学が開発した **APT**（Automatically Programming Tools），また，組立作業用ロボット向けのプログラム言語としては JIS（日本工業規格）が規定する **SLIM**（Standard Language for Industrial Manipulators），などがある。これらのプログラムは，工場内 LAN を経由して自動設備にダウンロードして利用する。

　以上の準備が完了したら，自動設備はプログラムに従って作業を開始する。加工中は，自動設備の各所の位置制御用サーボモータにより，作業台が左右（X 軸方向）と前後（Y 軸方向）に移動し，工具の付いた主軸部が昇降（Z 軸方向）しながら素材を加工する。なお，自動設備は多数のセンサーを内蔵しており，リアルタイムに素材の加工部位の状況を収集しこれを制御装置にフィードバックして加工部位のズレを補正するので正確に加工できる。また，その他に，工具の摩耗・損傷状況をセンサーで検出したり，動作中の設備自身の故障診断をしたり，と様々な機能が作動する。

　一連の加工が完了すると，自動パレット交換装置（Automatic Pallet Changer：APC）が，出来上がった素材を次に加工する素材に作業台ごと交換する。そして，自動工具交換装置（ATC）が使用済みの工具を工具マガジンに収納し次に使用する工具に交換する。その他，自動設備は，金属加工で生ずる熱対策や切削で生じた切り屑対策として，潤滑用の切削油の供給のオンオフも自動で行う。なお，コンピュータを利用して機械やロボットを制御する方法やセンサーによる計測の仕組みについては，第11章で解説しているのでそちらを参照してほしい。

　さて，これらの自動設備群はネットワークでつながっており，通常 4 階

層からなるソフトウェアが制御している。最下位にあるのが「設備」レベルの制御であり上述したような自動設備単体の動作の制御を担当する。その上が「工程・職場」レベルの制御であり1つの職場や工程で管轄する複数の設備群の作動タイミングの制御等を担当する。さらにその上が「生産プロセス」レベルの制御であり，複数の職場や工程で構成した生産ライン単位での製品の流れの制御や各職場や各工程の監視制御を担当する。そして，最上位にあるのが「工場」レベルの制御であり工場全体の各種システムの稼働状況の監視制御を担当する。

このように，生産システムを制御するコンピュータは，それぞれの役割

図表4－6　NCプログラムの画面表示例

プログラム編集画面

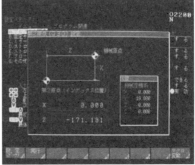
ワーク座標系画面

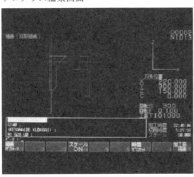
描画画面

MRロボット画面

（写真提供：日立精機㈱）

第1部 情報リテラシー入門

や担当範囲が相互に干渉しておらず自律分散制御の形になっている。その上で，通信ネットワークによりコンピュータ相互で情報交換を行うため，CAM 全体として整合性を保ちながら稼働している。

5・4 CAP

CAP は，各種の手法や技法をソフトウェアに搭載したコンピュータシステムを利用して，生産システムを適正に運用するための計画を立案し，計画通りに稼働しているか否かを管理・統制する情報システム全般を指している。具体的には，4節で説明した生産計画システム，在庫管理システムなどの生産情報システム群がこれに該当する。そこで，ここでは CAP のソフトウェアをいくつか紹介する。

5・4・1 生産計画システムパッケージ

既に述べたように，生産計画システムでは期間生産計画と月度生産計画そして日程計画の3つのサブシステムにより，すべての生産品目を対象にした生産計画を作成している。そのため，生産システムは，この生産計画に従って日々稼働すればよいはずである。ところが，多種多様な変更やトラブル，例えば，災害や交通事情による資材の到着遅れ，突発的な設備故障，注文の飛び入りやキャンセル，不良品の発生，等が起こるので，その都度，それらの諸事情を反映した計画に作り直さなければならない。

例えば，資材在庫点に近い第1工程で加工される品目Aに不良品が発生して生産完了数が5個不足した場合，それ以降の全ての工程では品目Aの生産数量が5個減少する分だけ作業完了時刻が早くなる。仮に，第5工程が品目Aと品目Bの加工経路の交差点になっている場合，第5工程では品目Aの作業完了時刻が5個分早くなるため，その後に加工する品目Bの作業開始時刻も早くなる。すると，品目Bの第5工程以外の全ての工程でも作業開始時刻が早くなる。このように，1か所の変更が多くの工程と品目に連鎖していく。

各工程では，生産計画に従って秒刻みで作業を実施しているため，変更やトラブルが生じた場合には，直ちにこれを反映した生産計画に作り直さなければならない。もはや，これは人間ができる作業ではない。

そこで現在では，**生産計画システムパッケージ**を利用している。その一般的な使い方を紹介する。まず，各品目の加工経路，各工程や設備での品目別の加工時間や段取替時間や不良率，3・2節で解説したBOM情報，各設備の故障率，故障発生時に代替利用する設備，点検中や故障中の設備など，製造システムに関する諸情報を予め登録する。そして，日々の注文情報や需要予測情報，注文の変更情報，在庫情報などの諸情報を，関係各署からネットワーク経由で入力すれば，パッケージに搭載したアルゴリズムが各設備・各品目の日々の生産量や生産スケジュールを作成する。

アルゴリズムにはいろいろな種類があるが，例えば，生産計画を担当していた専門家（エキスパート）の計画方法をプログラム化した**エキスパートシステム**（expert system）では，専門家の知識をデータベース化した知識ベースを使い，このデータベースから推論エンジンと呼ばれるプログラムで解を求める。その他に，生産計画を数学の問題として表現（これを定式化という）して数学的に最も有効な解（これを最適解という）を許容時間内に求めるアルゴリズムもある。

これらのアルゴリズムを使えば，例えば，数分から数十分程度で，全ての工程における品目や注文そして生産量についての受注日を基準にした前詰め（フォワード）形式の生産スケジュールや納期を基準にした後ろ詰め（バックワード）形式の生産スケジュールなど，現実的に利用可能な生産スケジュール（これを実行可能解という）を作成する。生産計画担当者はそれらから最も実現性の高いものを1つ選べばよい。このように，パッケージを使えば頻発する変更やトラブルでも数名の担当者で対応することができる（図表4−7）。

図表4－7　生産計画システムパッケージ「PowerSheet」の画面表示例

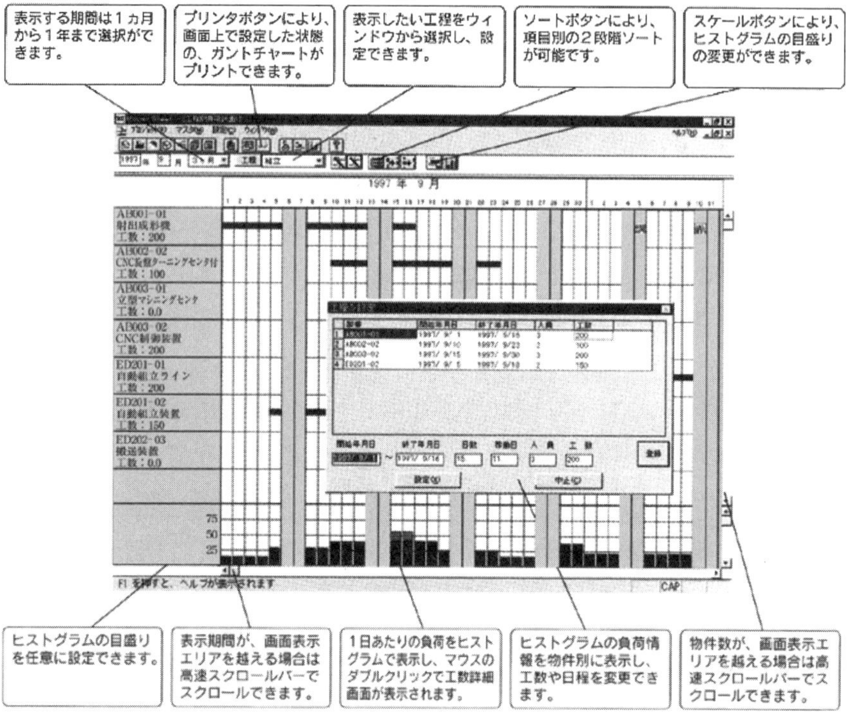
表示する期間は1ヵ月から1年まで選択ができます。
プリンタボタンにより、画面上で設定した状態の、ガントチャートがプリントできます。
表示したい工程をウィンドウから選択し、設定できます。
ソートボタンにより、項目別の2段階ソートが可能です。
スケールボタンにより、ヒストグラムの目盛りの変更ができます。
1997 年 9 月
AB001-01
射出成形機
工数：200
ED201-01
自動組立ライン
工数：200
ED201-02
自動組立装置
工数：150
ED202-03
搬送装置
工数：0.0
75
50
25
ヒストグラムの目盛りを任意に設定できます。
表示期間が、画面表示エリアを越える場合は高速スクロールバーでスクロールできます。
1日あたりの負荷をヒストグラムで表示し、マウスのダブルクリックで工数詳細画面が表示されます。
ヒストグラムの負荷情報を物件別に表示し、工数や日程を変更できます。
物件数が、画面表示エリアを越える場合は高速スクロールバーでスクロールできます。

（写真提供：㈱テクノア）

5･4･2　生産システムシミュレータ

生産システムは多くの変動要因を含んでおり，また，それらがタイムラグや交互作用を伴って互いに影響し合うため，生産システム全体は非常に複雑な動き方をする。しかしながら，生産システムを最大限に活用するためには，この複雑な動き，すなわち，生産システムの特徴を把握しておくことが大変有効である。ところが，この特徴を把握する作業は困難を極める。そんな中，生産システムを数学的に解ける形にまで極めて抽象化・単純化した数学モデルを作成して解を求めてこれを暫定的に用いる方法もあるのだが，これにより得た解を生産システムに適用するのは困難な場合が

少なくない。そこで，実際の生産システムに忠実なモデルを作成して現実的にも許容できる実行可能解を求めるシミュレーション（simulation）を利用する。生産システムのシミュレーションを行うアプリケーションとして**生産システムシミュレータ**がある。

　生産システムシミュレータの使い方は，まず，実際の生産システムから分析したい要因を選び出し，これら要因群を使って可能な限り生産システムを忠実に表現したシミュレーションモデルを作成する。その後，各品目の生産数量と納期そして加工経路，それぞれの工程における各品目の加工時間や段取替時間そして不良率，また，3・2節で解説したBOM情報などの諸データを入力あるいはデータファイル化する。さらに，各設備での製品の加工順序ルールや自動搬送車の走行ルールなどのモデルの動きを規定するアルゴリズムを入力あるいはプログラム化する。最後に，完成したシミュレータを実行して生産システムの性能（例えば，納期遅れ回数，平均在庫量，等）を求めるのである。

　さて，シミュレータの利用方法には2つある。1つは，所与の条件（例えば設備稼働率が70％）の下での生産システムの性能（例えば納期遅れ回数が4回）をシミュレーションにより求める**順問題**へ利用する方法と，もう1つは，複数の異なる条件（設備稼働率が50％，70％，90％の3つの条件）について，それぞれ生産システムの性能（それぞれの設備稼働率の時の納期遅れ回数が7回，4回，2回）をシミュレーションにより求めて，納期遅れ回数が最も少なかった「2回」の時の条件「設備稼働率90％」を求める**逆問題**へ利用する方法である。さらに，納期遅れ回数が「2回」になる時の「設備稼働率90％」を求めるような問題を解くための**ゴールシーク**（goal seeking）機能や，納期遅れ回数を最小化する最適設備稼働率を求めるような問題を解くための**ソルバー**（solver）機能を搭載したものもある。

　ところで，一見するとシミュレーションは万能と思われがちだが，シミュレーションは使用するデータによって結果が左右される欠点があり得

られた解は数学的に厳密なものではない。そのため，使用するデータによる結果の偏りを除くために，使用するデータをいろいろと変更して繰り返し実験を行うことが望ましい。

　生産システムシミュレーションに代表される離散系シミュレーションの分野では，多くのシミュレーション言語やシミュレーションパッケージが開発されており，安価で使いやすい**GUI**（Graphical User Interface）を搭載したソフトウェアが一般的である。例えば，画面上に用意した生産システムのオブジェクト（作業者，コンベヤ，設備，フォークリフトなど）をマウスのドラッグ＆ドロップ操作により実際の生産システムと同じレイアウトに配置する。次に，配置した各オブジェクトに対してその動作特性を指定する。例えば，オブジェクト上でクリックし表示されたダイアログボックス内で，設備なら品目別の不良品発生の確率分布，自動搬送車なら走行ルールをそれぞれラジオボタンで選択するのである。このように，手間のかかるプログラム開発は基本的には不要である。

　そして，完成したシミュレータを実行させると画面上のオブジェクトが３Dアニメーションとして動くので，生産システムの稼働状況を直感的に把握できる。さらに，気になる現象については，その部分をスロー再生したり逆転再生したりすることでその発生過程を詳細に観察できるため，原因の究明も容易である。また，各オブジェクトの稼動状況を時間軸に沿って帯グラフ様に表示したガントチャート（Gantt chart）をはじめ各種グラフを表示するので，上記のアニメーションと対応させれば，それぞれの時点で展開されている現象を多角的かつ定量的に把握できる。さらに，納期遅れ回数や総在庫量そして設備故障回数などのシミュレーション全体に関わる総合的なグラフも表示する。このように，高い操作性とともに多角的な分析能力を特徴としており，スタンドアロン環境だけでなくクラウド環境で利用するものもある（図表４－８）。

図表4－8　生産システムシミュレータ「Simul 8」の画面表示例
シミュレーションウィンドウ（上），タイムビューウィンドウ（左下）とオプティマイズウィンドウ（右下）

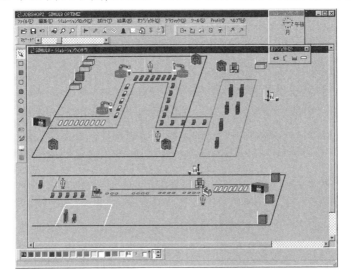

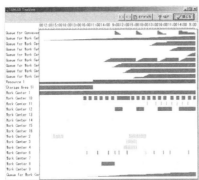
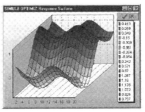

(写真提供：㈱デザインテクノロジーズ)

5・4・3　SCPとERP

さて，第3章でも触れたように，原材料業者，部品メーカ，組立メーカ，問屋・卸業者，小売店，これらは一見すると別々の企業だが，商品・お金・情報の流れで連結した運命共同体（**サプライチェーン**）である。製

造メーカでもこれを意識し，運命共同体である他メンバー企業と情報を共有して，需要の変化に即応した製品の供給体制を実現する経営管理システムを構築し市場競争に挑む企業戦略へ変貌している。このような経営管理を**サプライチェーンマネジメント**（Supply Chain Management：**SCM**）という。

　メーカによる SCM を意識した取り組みは，サプライチェーンの他メンバー企業との関係だけでなくメーカ内部でも行われている。すなわち，原材料の購買から始まり，途中の部品加工や製品組立，そして製品の出荷までの，生産システム内の工程間の関係，さらに，設備間の関係についても SCM の考え方に沿って，物や情報の流れに着目した企業内 SCM システムを構築している。この企業内 SCM システムは，CIM の計画機能を担当する CAP をベースにした需要予測，生産計画，生産スケジューリングなどの各種計画機能を担当する **SCM ソフトウェア**（Supply Chain Planning：**SCP**）と，SCP の計画を実施した成果を管理する購買管理，生産統制，在庫管理，販売管理などの**統合業務パッケージソフトウェア**（Enterprise Resource Planning：**ERP**）で構成している。

　特に ERP は，1960年代末に開発された**資材所要量計画**（Material Requirement Planning：**MRP**）と呼ばれる，月単位や週単位での製品や部品の所要量を算出するための生産計画システムの流れを受け継いだものであり，情報共有のためのデータベースを中心に各部門を統合化した情報システムパッケージとして販売されている。ドイツ SAP 社の SAP S/ 4 HANA，アメリカ Oracle 社の Oracle E-Business Suite，などが有名だが，近年は Microsoft 社など多くの企業が参入している。

　これらパッケージの特徴としては，①**クライアントサーバシステム**（client server system）環境あるいは**クラウドコンピューティング**（cloud computing）環境で利用する，②ソフトウェアの購入資金や開発力が乏しい中小企業等でも導入できるようにユニット単位で購入し利用できる，③実績ある企業での最適な業務手順をシステム化したものなので，これを導

入することで，全社的な業務内容や情報システムそして経営管理の仕組み
を見直す**リエンジニアリング**（re-engineering）活動が実現できる，④標
準の ERP パッケージで不足する機能はオプションで提供している，等が
ある。オプションの例としては，CIM の製造機能を担当する CAM に含
まれる DNC や FMS などの自動設備群の制御システムと，ERP との間で
の情報交換や生産指示をスムーズに行う**製造実行システム**
（Manufacturing Execution System：MES）や，日々の業務で蓄積した
データ群からその特徴を掴む**DWH**（Data WareHouse）などがある。

　また，ERP は近年になり，高性能なアプリケーションソフトウェアを
追加している。例えば，複雑な生産計画の作成処理では多くの制約条件を
同時に考慮しなければならずそれらを満たす解を求める作業は複雑であ
る。そのため，コンピュータを利用してもかなりの計算時間を必要とす
る。しかし，ERP のサブシステムである，前述の MRP の基本アルゴリズ
ム（計算の仕組み）では，1960年代末の旧型コンピュータの処理能力を前
提としているので，この手の難解な問題を解くためには，制約条件を少し
ずつ加えながら数段階のプロセスを経て解を求めなければならない。最初
から全ての制約条件を考慮していないので，得られた生産計画は大雑把な
ものとなってしまう。そこで現在では，高性能なコンピュータの利用を背
景に，すべての制約条件を同時に考慮しながら詳細かつ現実的な生産計画
を作成するだけでなく，さらに，その先の生産スケジュールまで一気に作
成するアルゴリズムを持つ**先進的スケジューリング**（Advanced Planning
and Scheduling：**APS**）が登場し，MRP のアルゴリズムに代わって組み
込まれている。

　このように，CAP の情報システム群は，サプライチェーンマネジメン
トに基づいた全体最適化と，高性能コンピュータをフル活用した強力なア
ルゴリズムにより，進化を続けている。

5·5 CIM を支える周辺技術

　CIM が多くのメーカに浸透した現在，メーカ各社では，自社の CIM の基礎を固めさらに CIM を有効活用するために，様々な技術や手段を開発し導入している。ここではそのいくつかを紹介する。

　まずは，CIM の基礎を支える技術としての**全社的生産保全**（Total Productive Maintenance：**TPM**）活動である。これは標準作業，自主保全，個別改善，計画保全，品質保全，安全衛生などのキーワードで表現される，人，物，設備，そして情報システムを対象とした全社的な改善活動のことである。一見，情報システムとは無関係に思えるが，情報システムの利用に TPM は欠かせない。例えば，ある設備で加工時間が変動する場合，その加工時間の平均値を生産計画システムへ入力して生産スケジュールを求め，それに従って生産を開始しても，その設備では加工時間が変動しているので生産スケジュール通りには生産は進まない。このように，CIM への入力情報と実際情報との差異はその後の計算処理で誤差を生ずる。したがって，この場合で言えば，TPM 活動により，その設備の加工時間が変動する原因を突き止め，それを取り除き，加工時間を安定させることが，CIM を活用する上で重要である。

　次は，CIM のハードウェアを支える技術である。これまでの大規模な設備投資を前提とした自動化やロボット化の流れだけではなく，作業現場の創意工夫と情報通信技術の組み合わせによる，設備投資額を抑えた**セル生産方式**（cell production system）の導入が進んでいる。この生産方式は，習熟するまでに多くの時間を要する複雑な作業や，本来ならば複数の作業者で分担して行う作業を，コンピュータとネットワークと**からくり**（作業方法を効率化するために考案された手作りの仕掛けのこと）を駆使して，作業者一人で効率的に作業ができるように作り上げた作業場を活用した生産方法である。身近な材料で組み上げる手軽さと，生産品目の変更に合わせて作業場の形状を変更できる柔軟性，さらに，自動設備では大掛かりになるため実現できない繊細かつ柔軟な作業能力を持つ人間を活用で

きる利点もあり，各方面で導入が進み高い評価を得ている。

　また，メーカでは，外注先に加工作業の一部を委託する製造方法を古くから採用しているが，これと同様の考え方から，保守管理やセキュリティ対策等に莫大な資金と労力が必要な生産情報システムについて，その全体や一部を情報システムを専門とする外部組織に委託する**アウトソーシング**（out sourcing）を利用している。これによりメーカは本来の製造活動に集中できる利点がある。

　最後は，CIM のソフトウェアを支える技術である。大企業の CIM は既に完熟期を迎えたが，現在，資金力や開発力の乏しい中小企業でも，CIM の構成要素である CAD，CAM，CAP に関する標準的な機能を搭載した情報システムの導入が進んでいる。それを支援しているのが**アプリケーションサービスプロバイダ**（Application Service Provider：ASP）である。ASP は，インターネット経由で第三者にソフトウェアを利用させる業者であり，ASP が提供するソフトウェアを適宜利用して CIM を安価に構築できる。クラウドサービスの1つ SaaS（Software as a Service）とほぼ類似したものである。この他，ソースプログラムを公開したアプリケーション開発用ソフトウェア（**オープン・ソース**）を利用して，低コストで CIM を開発する方法も利用されている。

　一方，これまでメーカでは一般的だった親企業と下請け・孫請け企業という，昔ながらの固定的な協力関係による生産活動では，厳しい市場競争に立ち向かえなくなってきた。そこで，親企業は，次期の新製品に使う部品の関連情報（例えば，仕様，納入数量，契約期間，製造単価など）をインターネット上に公開し，世界中の企業がこの部品の製造をめぐってオークション形式で競い合う**ネット入札**を採用している。これにより，公平な価格競争を通じて合理的に下請け企業を世界中から探すことが可能になった。その結果，下請け企業が地球規模で随時入れ替わるという，21世紀に相応しい柔軟な構造をもった CIM が実現している。

　今後は，ますます地球規模で顧客ニーズの多様化が進み市場競争の激化

が予想されるため，CIM は，自身の機能拡充と高度化そして人工知能により強力に武装し，他方で柔軟性も持ち合わせながら，さらに多種多様な周辺技術を結集して成長・発展していく必要がある。

第5章

社会の情報システム

📖 **この章で学ぶこと**

インターネット社会，モノのインターネット，サーバ，ロボット，電子マネー，仮想通貨，仮想現実感，IP 電話，遠隔学習，テレワーク，情報セキュリティ

　今日の社会は高度情報社会である。インターネットが社会の最も基本的で重要な基盤になり，この上で様々なサービスやシステムが実現されている。本章では，社会の情報化とこれにより実現された社会環境，そして生活の情報化およびこれらを実現する情報技術について概観する。これらのサービスの背後には，多様な情報システムがあることを意識してほしい。

1　高度情報社会

1・1　インターネット社会

　今日，社会は**高度情報社会**（information society）になった。これは**インターネット**（internet）社会とも呼ばれ，インターネットが社会のもっとも基本的で重要な基盤になり，この上で様々なシステムやサービスが実現されている。インターネットは様々な有線ケーブルまたは無線で広く張り巡らされ，ほぼどこでもコンピュータをインターネットに接続できる。これを**ユビキタス・コンピューティング**（ubiquitous computing）という。

　コンピュータも従来のデスクトップ・ノートブック型やタワー型だけでなく，個人用はより小型軽量な，いわゆる「**スマホ**」（**スマートフォン**：

第1部 情報リテラシー入門

smart phone）が携帯電話の機能を含み，そして携帯型パソコンに加えて**タブレット**（tablet）が，個人の標準的なデータ通信機器として普及した。

1·2 インターネットとサーバ

高度情報社会では，上記の社会・個人環境を前提として，様々なサービスが提供されており，その背後には様々な情報システムが連携して動いている。スマホ等に「**アプリ**」（アプリケーション；application）ソフトウェアをダウンロードさせたり，ウェブページのコンテンツを提供したりするのは，インターネットにつながっている**ファイルサーバ**（file server）や**ウェブサーバ**（web server）である。多くの利用者はこれらのサーバを意識せずにインターネット上のサービスを利用している。

ファイルサーバはユーザにファイルをアップロードさせたり，ユーザにファイルをダウンロードさせたりする。スマホでは OS 毎にアプリが異なり，Google 社の Android では Google Play Store，Apple 社の ios では App Store，Microsoft 社の Windows では Microsoft ストアが専用のアプリを提供する。

ブラウザ（browser）に**ウェブページ**（web page）を提供するのは**ウェブサーバ**（web server）である。通常その背後には**データベースサーバ**（database server）があり，ユーザが入力するデータを保存したり，これに応じたデータをウェブサーバに提供して，ウェブサーバが個別コンテンツを提供したりしている。

2 社会の情報化

2·1 ユビキタス・コンピューティング

ユビキタス・コンピューティング環境では，人がスマホ等を使って相互にコミュニケーションするだけでなく，マイコン組込で自律的に動く様々な制御機器同士が相互にデータを通信しあって，協調的に動く。これを**モ**

ノのインターネット（Internet of Things：IoT）という。例えば自動車に組み込まれたコンピュータが乗客に指示された目的地まで，周辺の障害物や人を認識して事故を起こさずに辿り着く**無人運転**自動車が，社会的に導入されつつある。

タクシーを使う場合，従来は空車に出会うかタクシー会社に電話して配車してもらう必要があった。このため，乗車するまで待ち時間が長かった。しかし今日では，GPS で客に近い空車を自動的に割り当て，行先指定も GPS で，運賃決済を電子マネーで行う Uber のような仕組みもある。

我々は Google や Yahoo のような**検索エンジン**（search engine）によって，世界中の情報やデータを容易に検索できる。検索エンジン運用会社がインターネット上に流す**インターネットボット**（**ボット**（bot），**スパイダー**（spider）または**クローラ**（crawler）ともいう）がインターネット上を渡り歩き，見つけたデータを URL とともに検索エンジンに送り返し，これを自動的にデータベース化して検索エンジンで検索できるようにして，ユーザの検索要求に応えている。

インターネット上のデータだけでなく，今日では全ての地理情報も**地理情報システム**（Geographic Information System：**GIS**）としてデータベース化されている。さらに GPS（**全地球測位システム**；Global Positioning System）等の**衛星測位システム**によって，我々は現在位置を正確に知ることができる。地理情報をこれと組み合わせて，我々は多様なナビゲーションシステムを利用して経路探索をすることができる。

2・2　ロボットと人工知能

従来は工場等の限定された施設内で，塗装や溶接等の限られた目的のために使われていた**ロボット**（robot）が多機能化し，来客の案内や高齢者の見守り等，より柔軟性と信頼性を求められる用途にも普及しつつある。

このようなロボットの進歩は，**人工知能**（Artificial Intelligence：AI）の技術革新に基づいて実現した。ロボットは AI を活用して，人間の話し

第1部　情報リテラシー入門

言葉も理解し対応できるようになった。今日の人工知能は**深層学習**（deep learning）という自己学習技術により，人間よりも早く人間のような学習を行う。この結果，囲碁や将棋のような複雑なゲームでも，人間の上級者に勝つようになった。

3　経済や行政での応用

　世界中の政治・経済・社会情報がインターネットを経由して瞬時に伝わるので，世の中の変化も早くなっている。良いニュースも悪いニュースも瞬時に伝わるので，商品需要や市場の動きも急速である。これに対応するために，企業等の組織は迅速な意思決定・行動をしなければならない。

3・1　経済での応用

　経済社会でもコンピュータとユビキタス・コンピューティング環境が活用されている。金融機関のコンピュータ同士が自動的に**電子決済**（Electronic Fund Transfer：EFT）を行う。個人も**クレジットカード**（credit card）や**プリペイドカード**（prepaid card）等の**電子マネー**（electronic money）や**ビットコイン**（bitcoin）等の**仮想通貨**（virtual money）を決済に利用する割合が増加しつつある。電子マネーは IC カードに記録する他に，スマホのアプリに記録しても利用できる。

　今日では，決済だけでなく企業間の様々な商取引が**電子商取引**（Electronic Commerce：**EC**）になっている。これに含まれる取引データ交換も**電子データ交換**（Electronic Data Interchange：**EDI**）になった。EDI では，かつては Fax による伝票送信や，ISDN すなわち INS ネット64（電話回線によるデジタルデータ伝送）が使われていた。これらは，今日でも中小企業の一部に残っている。しかし大企業を中心に，より高速のインターネット EDI に移行している。東西 NTT は2025年までに公衆電話回線網（PSTN）のインターネット化（IP 化）を実現するので，EDI

に ISDN を使っている中小企業はインターネットへ移行する必要がある。

さらには財務諸表の公開等も，**XBRL**（eXtensible Business Reporting Language）等の専用コンピュータ言語によりインターネットで行われる。

3・2　行政での応用

平成28年1月より，**社会保障・税番号制度**（**マイナンバー**制度）が施行された。これは「行政の効率化，国民の利便性の向上，公平・公正な社会の実現のための社会基盤」（総務省）であり，複数の機関に分散する特定個人の情報を，インターネットを介して本人確認するための基盤である。今日では，全ての国民が自分のマイナンバーを持った。

さらに，マイナンバーは公的個人認証サービスにも使われる。これはインターネットからサーバにアクセスする時に，他人による「なりすまし」やデータの改ざんを防ぐために用いられる本人確認の手段で，**公開鍵暗号**方式を利用している。これには，**電子署名**に利用する署名用電子証明書と，本人確認に利用する利用者証明用電子証明書が含まれている（図表5－1）。署名用電子証明書には，公開鍵の他に個人の**基本4情報**（氏名，性別，住所，生年月日），発行年月日，有効期間満了日，発行者等の情報が含まれている。利用者証明用電子証明書には，公開鍵の他に主体者，電子証明書の発行年月日，有効期間の満了日，電子証明書の発行者等の情報が含まれている。本人確認には利用者証明用電子証明書を使うことで，個人の基本4情報を提示せずに本人確認を行うことができる。マイナンバーカードを利用することで，改ざんやなりすましを防ぐとともに，個人情報の漏洩を防ぐことを期待している。

各種申請を受け付けた受付行政機関は，**政府共通プラットフォーム**と**総合行政ネットワーク**（**LGWAN**）を含む国の情報提供ネットワークシステムを介して関係機関に照会し，申請内容の照合を行う。

図表5－1　マイナンバーカードに含まれる情報

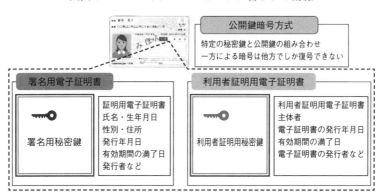

出所：総務省「マイナンバー制度とマイナンバーカード」から改変

4　生活の情報化

4・1　コミュニケーションシステム

　従来は多様な通信ネットワークが利用されていたが，今日ではこれらは全てインターネットに統合されている。例えば，電話は従来の固定電話即ち公衆電話回線網から，**IP電話**（IP telephone）に移行しつつある。IP電話はインターネット（**IPプロトコル**）の**パケット**（packet）に音声データを乗せ，インターネットで送受信する仕組みである。従来の公衆回線網は**回線交換方式**であり，送信者と受信者の間の回線を占有する仕組みなので，通話時間だけでなく距離により課金された。他方，インターネットのパケット通信では，課金金額は距離に無関係である。パケット通信には伝送遅れがあり，これがIP電話の欠点であるが，通信回線と交換サーバの高速化で受信遅れは小さくなりつつある。

　人々はこれだけでなく，**電子メール**（e-mail）や**SNS**（Social Network Service）をコミュニケーションツールとして活用している。電子メールはメーラ（メールクライアントまたはメールソフト）からインターネットに接続された**SMTP**（Simple Mail Transfer Protocol）**メールサーバ**にメールを送信し，SMTPサーバはこれを受信者のサーバに転

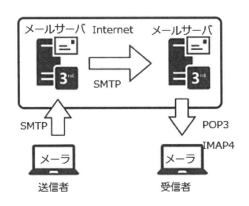

図表５−２　電子メールの仕組み

送する（図表５−２）。受信メールサーバは受信者がサーバにアクセスした時点でメールをダウンロードさせる。ダウンロードさせた後でサーバ側のメールを消去しメールの処理と保管を受信者のパソコンのメーラに任せる**POP3**プロトコルと，サーバ側で処理・保管する**IMAP4**プロトコルの２通りがある。これらのプロトコルによりメールサーバも異なり，前者を POP サーバ，後者を IMAP サーバと呼ぶ。

　インターネットでは，静止画像は画像ファイルとして**ファイル転送**を行う。しかし，動画はサイズが大きくダウンロード完了までに時間がかかる。先頭部分だけ蓄積したら後は再生しながらダウンロードするように，また，著作権上の理由で受信者のパソコンに蓄積させないために，**ストリーミング**（streaming）技術が利用される。

　コンピュータの画像処理技術の進歩により，**4K テレビ**や**8K テレビ**のような高画質録画・高画質再生が可能になった。これを利用して仮想現実感（Virtual Reality：VR），すなわち，高品質の画像を音声と組み合わせて非現実を体験することも可能になった。これによって，遠隔にいる人をあたかも現地にいるかのように見せる**遠隔存在感**や，逆に居ながらにして遠隔地を体験できる**遠隔臨場感**（ともに teleexistence）も楽しめるようになった。

第1部　情報リテラシー入門

4・2　移動の代替としての情報交換

　ユビキタス・コンピューティングにより，我々は移動しなくても情報や知識の交換ができるようになった。どこでもインターネット経由でコミュニケーションできるようになったので，学校に行かなくても自宅で学習できる**遠隔学習**（distance learning, e-learning）が可能になった。遠隔学習では教材を**学習管理システム**（Learning Management System：**LMS**）で管理・配給し，教員や学生相互のコミュニケーションをLMSや**電子会議システム**で行う。この遠隔学習だけで学位を取得できる大学等もあるが，欧米の多くの大学では面接授業（スクーリング；schooling）と遠隔授業を組み合わせる場合が多い。

　仕事についても，ユビキタス・コンピューティングを活用して，**テレワーク**（telework）が一部で利用されている。従来のように都心のオフィスに行かずに，自宅で**在宅勤務**（telecommuting）したり，家や家の近くで仕事をしたり（Small Office Home Office：**SOHO**），都心のオフィスと自宅の中間にある小規模な**サテライト・オフィス**（satellite office）に通勤して仕事をする，さらには客先等に移動中に仕事をする**モバイル・オフィス**（mobile office）が少しずつ普及している。テレワークには図表5－3のような効果がある。

図表5－3　テレワークの効果

```
1．事業継続性の確保
2．環境負荷の軽減
3．生産性の向上
4．ワーク・ライフ・バランス実現
5．優秀な社員の確保
6．オフィスコストの削減
7．雇用創出と労働力創造
```

　これらにより，働く場所の自由が拡大している。これを働く時間の自由拡大である**フレックスタイム**（flex time）に対応させて，**フレックスプレ**

イス（flex place）という。このような働き方は大規模災害への耐性が高く省資源であり，通勤負担の削減効果もあるので，政府も推奨している。

5　情報セキュリティ

5・1　情報セキュリティへの脅威

　以上で見てきたように，高度情報社会はインターネットやユビキタス・コンピューティング環境を前提に各種サービスが構築されている。しかしインターネットは**情報セキュリティ**（安心・安全；security）を考慮して設計開発されていないので，不法侵入や犯罪でも利用されやすい。実際，各種サーバ等への不正侵入等による情報漏洩とこれを利用した詐欺，サーバやデータベースの破壊やサービスの妨害等の**サイバー攻撃**（cyber-attack）や**サイバー犯罪**（cybercrime）が，社会に大きな損失をもたらしている。サイバー攻撃は敵対的国家間の攻撃ツールにもなっている。

5・2　暗号化

　インターネットは回線上のデータに誰でもアクセスできるので，データをそのまま**平文**（plain text）で送信すると受信者以外にも読まれてしまう。そこで，秘密にしたいデータは暗号化鍵で**暗号化**してから送信する（図表5－4）。暗号化してあれば，途中で盗聴されてもデータの内容は漏れない。受信者は復号化鍵で**復号化**して平文に戻して読む。これには，送信者がファイルを暗号化してから送信する方式と，**暗号化通信プロトコル**を使って通信する方式の2つがある。

　利用される暗号化方式には，共通鍵暗号方式と公開鍵暗号方式がある。**共通鍵暗号方式**（common key cryptosystem）では送受信者が事前に共通の鍵を持ち，送信者はこれと事前に合意した暗号化方式によりデータを暗号化する。アクセスを限定されているウェブサイトやパソコンにログインするには，事前に**パスワード**（password）を設定する必要がある。こ

図表5－4　暗号化と復号化

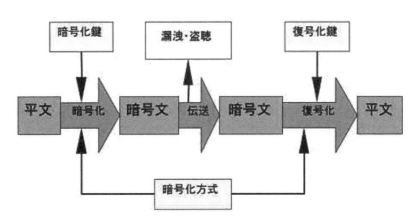

れらは，典型的な共通鍵暗号である。この方式は処理が高速であるが，事前に共通鍵を秘密裏に配布（設定）しておく必要があること（**鍵配送問題**，図表5－5）と，送信（アクセス）先毎に異なる鍵（パスワード）を持つ必要があるのが欠点である。

　公開鍵暗号方式（public-key cryptography）では，各自が事前に**公開鍵**と秘密鍵のセットを持ち，公開鍵は公開・配布する。送信者は受信者の

図表5－5　鍵配送問題

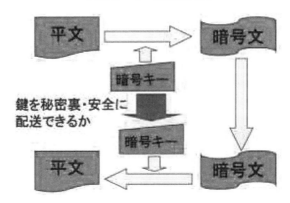

公開鍵でデータを暗号化して受信者に送信する。誰かにこのファイルを受信される可能性はあるが，対応する秘密鍵を持つ受信者本人しか復号化できないので，データの内容を秘密にできる。

　公開鍵暗号方式で，ファイルを自分の秘密鍵で暗号化して送信すれば，受信者は送信者の公開鍵で復号することにより，暗号化ファイルの作成者が送信者本人であり，途中で改ざんされていないことを認証（authentication）できる。この技術は，前記の公的個人認証サービスでも利用されている。公開鍵暗号方式では，事前に鍵配布を行う必要がない上に，送信先の数に関わりなく，1つの鍵セット（公開鍵と秘密鍵）を持てばよいことが利点であるが，計算処理が遅いことが欠点である。

　暗号化通信プロトコルには，様々なものがある。もっとも普及しているのはHTTPS（Hypertext Transfer Protocol Secure）であり，ブラウザがウェブサイトと秘密通信をする場合に使われる。これでは，公開鍵暗号方式と共通鍵暗号方式が組み合わせで使われている。まず，公開鍵暗号方式でブラウザとウェブサーバ間の共通鍵交換を行い，交換確認後はその共通鍵で共通鍵暗号方式を使う。

5・3　社会的対応

　サイバー犯罪は組織的に行われるので，警察庁が**サイバーポリス**（cyber police）を組織して監視・対策する他に，内閣府でも**サイバーセキュリティセンター**を開設して国内のセキュリティ監視を行っている。インターネット経由の不正侵入や情報漏洩を防止するために，以上のような社会的な防御の仕組みも整備されつつある。しかし情報セキュリティの基本は個人の対策である。個人も第9章で述べるセキュリティ対策を行う必要がある。

第6章

情報倫理

この章で学ぶこと

企業倫理，コンプライアンス，表現の自由，公共の福祉，取引の安全，不正競争，商標権，人格的利益，名誉，プライバシー，個人情報，知的財産，特許権，著作権，情報セキュリティ，情報倫理

1　情報の利用に関する規範の必要性

　情報の利用は社会生活を営む上で重要な要素の1つである。それ故，かねてより，情報を利用する基盤となる種々の情報システムが構築されてきた。とりわけ，コンピュータの発達に伴い，情報処理・通信技術が飛躍的に向上したため，情報システムが高度化し，利用可能な情報の質・量が大幅に拡大した。その結果，現在，情報の価値に対する認識が社会一般に広く定着し，日常生活や企業活動をはじめとする社会生活の様々な場面で情報がより意識的・積極的に利用されている。現代社会が「情報社会」と称されている所以はこの特徴にあると言える。

　さらに，いわゆる「インターネット」に代表される情報通信網が整備されたことと相俟って，パーソナルコンピュータ（パソコン）やスマートフォン等の情報処理・通信機器が普及し，それ等が日常的に利用される等，情報社会としての色彩が強まるとともに，それを支える情報システムが社会基盤としての地位を取得し，人々の生活に不可欠な存在となっている。現在の情報処理・通信技術の発展は，社会が情報社会としての性質を今後も一層強くしていくであろうことを窺わせる。

第1部　情報リテラシー入門

　このように，誰もが情報を積極的に利用できる環境が醸成され，情報社会へ進展してきたことにより，人々は情報の利用を通じて様々な利益を享受できるようになった一方，少なくない不利益も被るようにもなった。これらの不利益は他者の利益と表裏の関係にある場合が少なくないため，人々の間に利害対立を生じさせ，紛争へ至る原因となっている。そして，利害の対立や紛争の発生は現在の社会問題と化していることから，対応を検討する必要が生じている。

　もとより，人々の間の利害対立に起因する問題の発生は情報社会に固有の事柄ではなく，社会が形成されて以来，その解決が模索されてきた事柄である。そして，この問題への対応の1つとして，利害対立を適切に調整するための「社会が遵守すべき規範」を鼎立し，社会構成員がこれを遵守するという考え方が採られてきた。この考え方が現代社会においても重視され，また，これを実践することが社会構成員の果たすべき責任とされている。例えば，利潤の追求を主たる目的とする企業も，手段を問わずこの目的を追求することを許容されているとは考えられておらず，「**企業倫理**」の遵守や「**コンプライアンス**」を前提に企業活動を遂行する必要があるとされる。

　したがって，情報の利用についても，それに関する「社会が遵守すべき規範」を確立すべきとの理解が導かれる。そして，このような情報の利用に関する規範を，一般に，「情報倫理」と称している。

　もっとも，規範は価値観を基礎付けられていることから，「社会が遵守すべき規範」を一意に定めることには少なからず困難がある。社会の発展に価値観の多様化が不可欠であること，また，現代社会では，この認識にもとづいて価値観の多様化が図られていることに照らすと，上記の困難は一層増大していくものと言える。そのため，どのように情報倫理の具体的内容を把握するかが新たな課題として認識される。

　この問題に対し，人々は，規範とされるものが様々ある中から，「社会が遵守すべき規範」として広く一般に受容されているものを把握し，それ

を改善することにより「社会が遵守すべき規範」を構築してきた。現在，我が国では，国家権力を背景とした大きな強制力を有する法令が「社会が遵守すべき規範」とされていることに着目すると，法令を手がかりとして情報倫理の具体的内容を把握することが素直であると言える。

本章では，このような観点から，情報の利用に関する法制度を概観していくこととする。

2　情報の利用に関する規範の基本的枠組 ―表現の自由―

現代社会は積極的かつ日常的に情報が利用される情報社会であるため，情報倫理と呼ばれる情報の利用に関する規範を遵守することが求められている。それ故に，情報倫理の具体的内容を把握する必要が生じるところ，前述のように，法令を手がかりとしてこれを把握することが素直である。

我が国の法令は，憲法を最高法規（憲法98条）とし，これを基軸として整備されている。そして，憲法は情報の利用に関する規定を設けており，そこでは，「集会，結社及び言論，出版その他一切の表現の自由は，これを保障する」と定めている（憲法21条1項）。

一般に，本規定は「**表現の自由**」を保障する規定として理解されている。本規定が設けられるまでの歴史的経緯から，その出発点が，公権力のあり方を批判するという政治的活動の自由を保障し，適切な政治の実現を目指すところにあることがわかる。このことは，憲法の第一義的役割が国民と国家との関係を定めるものであること，本規定が「言論，出版その他一切の表現の自由」とともに「集会，結社」の自由も保障していること，併せて，「検閲は，これをしてはならない。通信の秘密は，これを侵してはならない」と規定し（憲法21条2項），公権力に対する批判を著しく阻害する行為を明示的に禁止していること等からも読み取れる。

これらの点に着目すると，本規定で述べられている「表現」とは，意見表明等の典型的な表現に止まるものではなく，政治的な情報の発信一般を

指すとの理解が導かれてくる。

　また，我が国は国民主権を基礎とした民主主義を採用し（憲法前文），一般市民が政治的な意思決定を主体的に行うことが求められることから，意思決定に必要な情報を適切に取得できる環境を整備することが不可欠である。そもそも，情報の発信は情報を受信する者が存在してはじめて意味を有する。したがって，「表現の自由」は情報の発信の自由のみならず，情報の受信の自由をも包含していると理解されることとなる。とりわけ，情報を社会全体へ発信できる主体がマスメディア等の一部の組織に事実上限定されていた時代には，一般市民が専ら情報を一方的に受信するだけの立場に置かれていたため，この理解は一層強調された。

　さらに，政治的な意思決定に必要となる情報は，主として，公的機関が保有・管理しており，それらを取得するには，基本的に，公的機関による自発的発信を待たざるを得ず，情報の取得という点において，一般市民は受動的立場にある。しかし，前述のように，民主主義を機能させるには，一般市民がこれらを適切に取得できる環境を整備することが不可欠であることに照らすと，これらの情報を一般市民が能動的に取得できる法的枠組を整える必要性が認識される。この要請に応えるために，現在では，**情報公開制度**が用意されている。

　そして，情報の発信・受信は，政治的活動の一環として行われるだけでなく，取引をはじめとする経済活動を営む場合，自身の人格を発展させるために研究・学習活動行う場合等，社会生活全般で不可欠な事柄である。これを念頭に置くと，自由に発信・受信させる対象を政治的な情報に限定する必然はなく，むしろ，政治的な情報以外も含めた情報一般とすることが望ましい。それ故，現在，「表現の自由」は情報一般の発信・受信の自由を意味するものと捉えられている。

　以上のように，憲法は「表現の自由」を規定し，情報一般の発信・受信の自由を保障するところ，情報の発信・受信が情報の利用と密接不可分であることに鑑みると，憲法が情報を自由に利用できる環境を整備しようと

する姿勢にあると言える。むしろ，憲法は我が国の最高法規とされていること（憲法98条）から，情報の利用に関する我が国の法制度はこの姿勢を基礎としていると理解する必要がある。

　既に述べたように，情報社会と称される現代社会では，日常生活や企業活動においてなされる意思決定，その前提となる情報処理等，社会生活の様々な場面で情報が利用されており，これを円滑に行うための高度な情報システムが整備され，社会基盤として人々の生活に不可欠な存在となっている。これは，情報の自由な利用が可能となってはじめて現代社会が成立できることを意味しており，憲法の上記姿勢は現代社会の今後の発展を支えるものとして，尊重されるべきと言える。

　しかし，情報の利用は，人々に様々な利益をもたらすものの，不利益を被らせる場合もあることは否定できない。このことは，「表現の自由」の保障により損なわれる利益が存在することを認識し，その上で，それらの利益と「表現の自由」という利益とを調整する必要があることを意味しており，我が国においても各種法令を通じて双方の利益の調整が企図されている。そこで，以下では，その代表的場面を概観していくこととする。

3　人格的利益を保護するための法的枠組

　憲法が「表現の自由」を保障することから読み取れるように，我が国の法制度は，人々が情報を自由に利用できる環境を整備しようとする姿勢にある。しかし，情報の利用が他者の利益を損なう場合もあり，このような利益の代表例が**人格的利益**である。そこで，人格的利益の代表的な類型を確認しつつ，我が国の法令がそれらと「表現の自由」とをどのように調整しているか見ていくこととする。

3・1　名誉

　情報の利用を通じて損なわれるおそれのある利益の1つに人格的利益が

挙げられ，その類型の1つが「**名誉**」である。他者に関する情報の発信を通じて当該人物の「名誉」を毀損することは，古くから違法な行為と位置付けられてきており，この考え方は現在も維持されている。我が国の法令の下でも，他者の「名誉」を毀損した者に対し，それにより発生した損害の賠償（民法710条）や，毀損した「名誉」の回復（民法723条），当該情報の発信の差止（最判昭和61年6月11日民集40巻4号872頁）等の請求が許容されるとともに，刑事的制裁（刑法230条）の対象とされることが明確にされている。

　もっとも，「名誉」という言葉は，人格に対する自身の評価（名誉感情）や，それに対する第三者的視点からの評価（社会的評価）等，様々な意味に捉えられる。法的措置の対象としての「名誉」の意味の多様性は，社会に混乱を与えることから，これを予防し，法的安定性を確保するために，法令が規定する「名誉」をいかなる意味に理解すべきかを検討することが求められる。

　この問題に対し，最高裁は，「名誉とは，人がその品性，徳行，名声，信用等の人格的価値について社会から受ける客観的な評価……を指すものであつて，人が自己自身の人格的価値について有する主観的な評価，すなわち名誉感情は含まないものと解するのが相当」と述べた（最判昭和45年12月18日民集24巻13号2151頁）。この考え方は規制対象の明確化につながるとして支持されており，我が国では，法的保護の対象となる「名誉」を**社会的評価**として捉え，他者の社会的評価を低下させる情報の発信を「名誉の毀損」と理解することが一般的である。

　社会的評価は社会構成員の関係を決定する主な要素の1つであるから，社会的評価の低下により，その対象とされた者の生活に支障を来すおそれがある。それ故に，安定した生活を実現するには社会的評価を法的に保護する制度を整備する必要性が認識される。「名誉」の毀損に対する規制はこのような理解にもとづいていると考えられる。

3・2　プライバシー

　人格的利益に関する議論は「名誉」を中心に展開されてきた。しかし，社会の情報化が進展していく中で，新たな人格的利益を認識する必要性が説かれるようになる。その1つが「**プライバシー**」であり，我が国では，下級審裁判例を通じて導入が図られた（東京地判昭和39年9月28日判時385号12頁）。

　同判決は，「プライバシー」を「私生活をみだりに公開されない利益」と定義し，人格権に包摂される利益と位置付けるとともに，その法的保護を図る必要性を指摘した。その上で，プライバシーの侵害の要件として，公開された内容が，（1）私生活上の事実または私生活上の事実らしく受け取られるおそれのある事柄であること，（2）一般人の感受性を基準にして当該私人の立場に立つた場合公開を欲しないであろうと認められる事柄（一般人の感覚を基準として公開されることにより心理的な負担，不安を覚えるであろうと認められる事柄）であること，（3）一般の人々に未だ知られていない事柄であること，ならびに，このような事柄の公開により当該私人が実際に不快，不安の念を覚えたことを掲げた。

　「プライバシー」の侵害と前述の「名誉」の毀損とを比較すると，両者の共通点として，他者に関する情報の発信が成立要件を構成していることを挙げられる。しかし，後者が「社会的評価の低下」の発生を要件とするのに対し，前者はこれを要件としない点で異なることを指摘できる。このことから，「名誉」と「プライバシー」とは，後者の保護が前者の毀損の予防につながるという側面を有する点で深く結び付いているものの，異なる人格的利益として位置付けられてることがわかる。

　「プライバシー」という人格的利益を保護すべきとの基本的方針は支持を集めており，「プライバシー」の保護を直接定める法令が設けられるに至っていないものの，現在では，その保護は当然視されている。むしろ，「プライバシー」の侵害とされる行為の範囲を拡大する傾向にあることが認められる。

第 1 部　情報リテラシー入門

　例えば，上記判決以降，他者の私生活の公開ではなく，それに接触する行為を「プライバシー」の侵害と位置付け，法的規制の対象とする姿勢が示された（大阪高決昭和52年 9 月12日判時868号 8 頁等）。既存の法令では，他者の私生活へ接触する行為については，「のぞき見」（軽犯罪法 1 条 1 項23号）や「信書の開封」（刑法133条）等が断片的に規制されるに止まっていたことに目を向けると，これらの行為を「プライバシー」の侵害とすることで，包括的に規制しようとする方向性にあると理解できる。

　さらに，他者の氏名・住所・電話番号をはじめとする個人情報を第三者に開示する行為も「プライバシー」の侵害とする判決が示され（東京地判平成 2 年 8 月29日判例時報1382号92頁等），この理解は現在も踏襲されている（最判平成15年 9 月12日民集57巻 8 号973頁。もっとも，このような理解の兆しは，同判決以前に示された，最判昭和44年12月24日刑集23巻12号1625頁や，最判平成元年12月21日民集43巻12号2252頁にも認められる）。

　ここで，私生活への接触が私生活の公開の前提となること，個人情報が私生活への接触の手がかりとなることに着目すると，「プライバシー」の意義を拡大させることにより，私生活の保護の実効性を確保しようとする方向性にあることを見て取ることができる。私生活の保護が人々の社会的評価はもとより，生命・身体の安全の保障につながることに鑑みると，このような方向性は妥当性を有すると言える。

3·3　個人情報

　現在，「プライバシー」法的保護の対象となる人格的利益の 1 つとする考え方が定着し，「プライバシー」には「自身の**個人情報**を開示されない利益」を含むものと理解される。しかし，社会は他者との相互扶助により成立しているから，自身の個人情報を他者に開示し，その者に利用させること，開示を受けた者が当該個人情報を利用する過程で，第三者にそれを開示することは不可欠な事柄となっている。そのため，「自身の個人情報を開示されない利益」の保障には限界があると言わざるを得ない。

そこで，個人情報の開示を全面的に規制するのではなく，一定程度これを許容しつつ，上記の問題の発生を予防できる法的環境を整備することが現実的となる。とりわけ，「プライバシー」の保護に対する意識が高まる一方，各種の情報システムによる情報処理が一般化し，情報の円滑な利用が求められていることから，このような視点がより重要となる。

この点は，企業活動とそこでなされる情報の流通が国際化したことから注目され，国際問題として検討された。最も大きな成果として位置付けられるものが，経済協力開発機構（Organization for Economic Co-operation and Development：OECD）の理事会勧告として提示された「Guidelines on the Protection of Privacy and Transborder Flows of Personal Data」（**プライバシーの保護と個人情報の国際流通についてのガイドライン**）である。

そこでは，他者の個人情報を取扱う者の責務を中心に，①収集制限の原則，②データ内容の原則，③目的明確化の原則，④利用制限の原則，⑤安全保護の原則，⑥公開の原則，⑦個人参加の原則，⑧責任の原則の8つの原則が定められている。そして，この枠組は，我が国においても個人情報の保護に関する法制度の基軸とされている。

3・4　人格的利益と「表現の自由」との調整

人格的利益とされる「名誉」や「プライバシー」等の保護を図るため，個人情報をはじめとする情報の利用に関する法的枠組が整備されている。しかし，このような法的枠組は情報を利用する自由を制約することから，憲法が保障する「表現の自由」（憲法21条1項）と抵触するという問題を生じさせる。そのため，両者の利益をどのように調整すべきかの検討が求められることとなり，主に「名誉」の保護の場面で議論が重ねられてきた。

前述のように，安定した生活を実現するには，社会的評価を法的に保護する制度を整備する必要性あり，「名誉」の毀損に対する規制はこのような要請に応えるものと理解することができる。しかし，社会的評価の保護

が全ての場面で正当化され得るかについては議論の余地がある。

　例えば，ある人物に関する虚偽の情報が発信され，その者が本来受けるべき社会的評価が歪められている場合，その歪みの解消へ向けた法的手当を求めることは正当化され得ると考えられる。しかし，真実の情報が発信されることにより，実態と乖離した社会的評価が是正され，実態に即した社会的評価が形成される場合，それを不服として法的手当を求めることが正当化されるかには疑問が生じる。むしろ，そのような社会的評価は受け入れられるべきであるから，当該情報の発信を法的に規制することは妥当性を欠くとの考え方は成り立ち得る。

　さらに，実態に即した社会的評価を信頼できる場合，それにもとづいて適切な意思決定を迅速に行うことが可能となるから，安定した社会を形成することにつながる。それ故に，安定した社会の形成を目指すべきとの観点からは，実態に則した信頼できる社会的評価の形成を促す法的環境を整備すべきとの考え方が導かれる。そして，前述のように，適切な意思決定を可能とする法的環境を整えることが「表現の自由」を保障する主たる目的であることに照らすと，このような方向に思考が一層傾斜してくる。

　もっとも，実態と乖離した社会的評価であっても，それが他者の不利益とならない場合，真実の情報の発信は単に人々の好奇心を満足させるだけであるから，その情報発信を「表現の自由」の下に保障する必然はない。むしろ，時間経過とともに実態に則した評価となり得る可能性もあること，そのような可能性を尊重して何ら差し支えないこと等を考慮に入れると，人格的利益の保護を優先し，私生活の安全を確保すべきと言える。

　我が国では，これらの諸点を考慮しつつ，「表現の自由」と「名誉」との調整をすることとし，刑法においてその方向性を明確にしている。そこでは，発信された情報が公共の利害に関する事実に係ること，発信の目的が専ら公益を図ることにあったと認められること，情報の内容が真実であると証明されることの３つの要件を充足する場合，「名誉」の毀損に該当しない旨を規定している（刑法230条の２第１項）。

さらに，現実には時間的制約等が存在しており，真実の情報を常に提供できるとは限らないことに着目すると，上記規定の実効性に疑問が生じてくる。そこで，憲法が「表現の自由」を保障する趣旨をふまえ，表現活動を萎縮させないように，最高裁は，真実であることが証明されない場合であっても，情報の発信者がその事実を真実と信じたことにつき相当の理由があるときは，「名誉」の毀損に該当しないと判示し，上記規定の適用を受ける要件を緩和して（最判昭和41年6月23日民集20巻5号1118頁，最判昭和44年6月25日刑集23巻7号975頁），現在この考え方が一般に受け入れられている。

4 取引の安全確保のための法的枠組

「表現の自由」を保障する必要性の1つは，人々による適切な意思決定を可能とする法的環境の整備に求められ，前述のように，人格的利益との調整に関する議論においても強調されている。しかし，「表現の自由」を保障することがかえって意思決定の適切さを害する場合もある。その典型的場面の1つが取引（契約）であり，このことは「表現の自由」と「**取引の安全**」という利益の調整の必要性を認識させる。そこで，以下では，取引に関わる情報に対する法制度を概観していくこととする。

4・1 意思表示

一般に，取引において，保有する情報を信頼するか否かは，当該情報を利用する者の意思に委ねられていることから，利用者の責任においてその正確性を検証することが求められる。これを前提とすると，情報が不正確であることに由来する不利益は，保有する情報を信頼した者が甘受すべきと考えることが素直である。

しかし，取引に関する情報は検証できるものばかりでなく，それらの中には事実上検証できないものも存在しており，その典型例が相手方の真意

第1部　情報リテラシー入門

である。取引の相手方から真意と異なる意思表示がなされた場合に，その不正確さに由来する不利益を，情報（意思）を受信し，利用した者に負担させることは，真意と異なる不正確な情報を発信し，他者の信頼を損なう行為を是認し，徒に取引の安全を損なうことにつながるであろうことは想像に難くない。持続可能な社会生活が構成員相互の信頼の下にはじめて成立することを念頭に置くと，上記の考え方を一律に肯定することには自ずと疑問が生じる。

　もっとも，発信者の真意と異なるという情報の不正確さを情報の受信者が受け入れる場合，情報の不正確さによる不利益が生じないと理解できるため，法的に規制する必然はないと言える。むしろ，意思表示がなされた時点では発信された情報が真意があったものの，その後の表意者をめぐる環境の変化等により，真意と異なるものとなる場合もあることから，このような環境の変化等に応じて取引内容を変更できる余地を残しておくことが，取引の当事者双方にとっても，「表現の自由」が保障されている趣旨に照らしても望ましいと考えられる。

　そこで，真意と異なるという，情報の不正確さ自体を法的規制の対象とするのではなく，情報の不正確さに由来する不利益が発生した場合，その不利益を表意者に負担させることにより，不利益から生じた問題の解消を図る途筋を用意するとともに，真意と異なる意思表示が意図的になされないよう予防する法的枠組を採用すべきとの考え方が導き出される。そして，このような視点から「我が国では，契約の交渉過程においてなされる詐欺行為（刑法246条，民法96条）や，**虚偽の意思表示**，**錯誤**，**詐欺**（民法93条〜95条）等を規律する規定が設けられ，「表現の自由」と「取引の安全」との調整が図られている。

4・2　商品等に関する表示

　取引においては，当事者の意思とともに，その対象となる商品・サービスに関する情報も重要となる。もっとも，商品・サービスに関する情報

は，当事者の意思と異なり，商品・サービスを事前に確認することにより
その正確性を検証できることから，情報の正確性の検証が利用者に求めら
れているとの理解も成り立ち得る。

しかし，前述の意思表示についてと同様，商品・サービスについても，
不正確な情報を発信することは，他者の信頼を損なう行為を是認すること
につながる。したがって，持続可能な社会の形成を目指す上では，不正確
な情報の発信を規制し，取引の安全を確保すべきと言える。

また，商品・サービスに関する情報の中には，理解に専門技術的な知識
を必要とし，正確性を検証するために物的・時間的なコストを少なからず
要する場合もある。現代社会においては，多数の取引が日常的に行われて
いること，取引の迅速性が要求されていることを考慮に入れると，情報の
利用者に対し，商品・サービスに関する情報全てについて正確性の検証を
要求することには疑問が生じる。むしろ，経済を発展させるには，検証に
要するコストを減らすことが望ましく，商品・サービスに関する正確性を
欠く情報の発信自体を規制することが有効・適切である。

そこで，我が国では，「**不公正な取引方法**」（独占禁止法2条9項）の1
つとして「欺瞞的顧客誘因」が掲げられるとともに（不公正な取引方法・
一般指定8項），「優良誤認」や「有利誤認」が「**不当表示**」と位置付けら
れ（景品表示法4条1項），商品・サービスに関する正確性を欠く情報の
発信を行政規制の対象としている。

とりわけ，商品の品質に関する表示については，種々の法律で適正化を
図ろうとしており，品質を誤認させる広告等の情報発信が行政規制の対象
とされる（食品衛生法19条，JAS法19条の13等）とともに，「**不正競争**」
に該当するとして利害関係者による規制の途も用意されている（不正競争
防止法2条1項14号）。さらに，医薬品等の品質が人々の生命・身体に直
接影響するものについては，品質に関する情報の正確性を検証し，公的機
関の承認を得ない限り，市場に提供すること自体が許されない（医薬品医
療機器法14条等）。

145

また，商品・サービスの品質に対する判断が，それを提供主体に対する信用にもとづいて行われる傾向がある。そのため，商品・役務の提供主体（出所）を示す標章の使用も規律されている。具体的には，他者の表示として需要者の間で著名・周知な標章を無断で利用することが「不正競争」に該当するとして，民事・刑事規制の対象とされている（不正競争防止法2条1項1号・2号）。これに加え，著名・周知な標章でなくとも，商標登録（商標法18条）を受けることにより，その使用に関する独占・排他的権利である**商標権**（商標法25条）を取得する途が商標法を通じて用意され，商品・役務の出所を需要者が適切に判断できる環境を標章の使用者自らが主体的に構築することが可能となっている。

5　知的財産政策にもとづく法的枠組

情報はその有用性故に財産的価値を有することから，情報の財産的価値をめぐる利害対立が生じる。とりわけ，情報社会と称され，情報の積極的利用が一般化している現代社会では，情報の財産的価値が強く意識されていることから，上記利害対立が先鋭化し，社会問題となっている。

この問題に対し，我が国では，財産的価値ある情報を円滑に利用できるよう，利害対立を調整するための法制度が整備されている。一般に，財産的価値ある情報を「**知的財産**」と称し，それを規律する法制度であることから，「**知的財産法**」と呼ばれている。もっとも，知的財産は財産的価値を有するという点で共通するものの，社会的機能等に目を向けると大きく相違していることに気付く。そのため，知的財産を類型化し，その性質に合わせた法制度が用意されている。

5・1　技術情報

技術情報は，その利用を通じて，社会生活における負担の軽減を可能とする等，人々に種々の利益をもたらす。このことは，優れた技術に関する

情報を企業が競業他者に先駆けて保有することは，自己の提供する商品・サービスの機能・品質，生産性等の向上等を図り，企業活動における競争優位を得ることにつながる。そのため，企業は，研究・開発を行う等，技術情報の取得へ向けた努力を払っている。

　また，企業が優れた技術情報を取得し，利用することは，その国の産業を発展させるとともに，技術水準を向上させ，国際的産業競争力を高めるとの期待を生じさせる。それ故に，技術情報の取得へ向けた企業活動を促すことは国家の産業政策にも適うものとなる。

　我が国では，この点に着目して技術情報の利用を規律する種々の法令が設けられており，その代表的なものが特許法である。

　特許法は，「**産業の発達**」を目的として掲げ（特許法１条），その実現へ向けて，技術情報の利用を規律することとしている。

　具体的に見ていくと，まず，産業の発達には，その実現に寄与する技術情報（発明）の創作が不可欠となるから，それらの創作を奨励するため，いわゆる「新規性」や「進歩性」等の「**特許要件**」を充足する発明を創作した者（発明者）に対して**特許権**（特許法68条）を付与すること（特許法29条１項）により，当該発明の実施を通じて得られる経済的利益を独占する機会を法的に保障している（**発明者主義**）。

　さらに，この法的枠組を通じて，単に優れた発明の創作を奨励するのみならず，実際に企業活動の中で発明を実施することに対する意欲の向上を図るとともに，企業間で日常的に展開されている技術開発競争の秩序を確保することも目指している。

　もっとも，発明の性質上，一般に，企業はそれを秘匿しようとする傾向がある。産業の発達を目指すには，社会全体の技術水準の向上を図る必要もあることを視野に入れると，発明の創作とともに，その公開を促す制度を用意することが不可欠であることに気付く。そこで，次に，特許法は発明の公開の代償として特許権を付与することとし，発明の公開を確実に行うため，公的機関である特許庁への「出願」を端緒とする一連の法的手続

第1部　情報リテラシー入門

を経た後に特許権を付与するという「**出願制度**」を採用し（特許法36条），特許権付与の際に特許庁の責任において「特許公報」を通じて発明を公開する（特許法66条3項）こととしている。

　また，発明の公開をより一層促進するため，特許補は，特許法は最先の出願人のみに特許権を付与する「**先願主義**」を採用し（特許法39条），併せて，特許権の独占・排他的効力が及ぶ発明の「実施」（特許法68条）を発明の利用行為全般を網羅する概念として定めることにより（特許法2条3項），出願を通じて発明を公開することに対して積極的姿勢を有する者を優先的に保護する一方，消極的な者に対しては一定の不利益が及ぶものとしている。

　もとより，このような絶対的な独占・排他的効力性質を特許権に与えることは，社会における発明の自由な利用を阻害することにつながるであろうことは想像に難くない。この点に着目すると，1つの発明について特許権を永久に存続させることは，かえって産業を停滞させ，新たな発明を創作することに対する意欲も減殺するとの懸念を生じさせる。このような問題の発生を予防するため，特許法は，特許権に**存続期間**を定め（特許法67条1項），特許権にもとづく発明の実施の独占を一定期間に限定し，自由に利用可能な発明を拡大していくこととしている。

5・2　著作物

　小説や絵画，音楽，映画等の「著作物」の利用を通じて，人々は精神的な豊かさを享受できるため，人々は著作物の自由な利用を欲するとともに，その財産的価値を認識する。その結果，著作物を創作した者（著作者），とりわけ，著作物の創作を通じて経済的利益を得ている者と，他者の創作に係る著作物を利用しようとする者との間に利害対立が生じる。

　著作物が創作されない限りそれを利用することはできないこと，また，著作物の多様化による社会の文化的水準の向上が人々の精神的な豊かさにつながることを念頭に置くと，著作者の利益を保護し，著作物の創作活動

148

を促すべきとの結論が導かれる。このような視点から，著作物の利用を規律する著作権法では，その目的として「**文化の発展**」が掲げられる（著作権法1条）とともに，著作物の利用に関する独占・排他的権利である**著作権**を創設し（著作権法21条〜27条），これらの権利を著作者が享有する旨を定めることにより（著作権法17条），著作者が著作物を通じて得られる経済的利益を独占できる環境を整備している。

　しかし，著作物の創作が日常的に行われる事柄であることに鑑みると，著作物の創作活動が著作権により阻害されないよう配慮する必要性が認識される。また，自己の創作に係る著作物か他者の創作に係る著作物かを問わず，著作物の利用は社会生活を支えるものであり，著作物の創作自体が他の著作物の利用の上に成立しているという側面を有する。さらに，憲法が表現の自由を保障している趣旨も考慮に入れると，著作権にもとづく著作物の利用の独占に一定の制約を課すことが必要となる。

　このような観点から，著作権法は，著作権の効力が及ぶ行為を，複製や複製物の流通等，他者の創作に係る著作物への依拠を前提とする利用に限定するとともに（著作権法21条〜27条，113条1項〜3項・5項），著作権に存続期間を設け，同期間経過後には，著作物を自由に利用できるようにしている（著作権法51条〜54条）。さらに，社会生活を営む上で必要不可欠な著作物の利用であるにもかかわらず，それが著作権の存在により妨げられるおそれがある場合については，個別的に著作権を制限することとしている（著作権法30条〜50条）。

　また，著作物の利用に関する利害対立は，その財産的価値に起因するものだけではない。著作権法が著作物を著作者の「思想又は感情を創作的に表現したもの」と定義するところ（著作権法2条1項1号）から窺えるように，一般に，著作物は著作者の人格と深い結び付きがあるものとして認識されているおそれがある。そこで，これらの行為を規制するため，著作権法は**著作者人格権**を創設している（著作権法18条〜20条，113条6項）。

第1部　情報リテラシー入門

5・3　標章

　発明や著作物と同様，知的財産の1つに挙げられているものとして，標章がある。標章は，企業活動において，需要者をして自己の商品・役務と他者のそれとを区別させるために使用されていることからわかるように，自分を他者から識別させる機能を有する。これらの標章の機能に鑑みると，発明や著作物と異なり，標章一般に財産的価値が内在するとは言い難い。しかし，標章の使用者が社会において信用を取得し，その使用者の信用が標章に化体することとなる。この場合，企業活動においては，その標章の付された商品・役務の品質を保証する機能を備えるようになり，当該標章自体に価値が見出されることとなる。このような標章の使用は経済的利益と直結するため，ここに財産的価値が認識される。

　標章の財産的価値に由来する利害対立は，そこに信用を化体させた使用者および標章が示す出所を信頼する需要者と，他者の信用へのただ乗りを企図する者との間に生じる。前述のように，現代社会では，取引の安全の確保と，健全な取引秩序の形成が目指されており，このような観点から，後者が専ら規制する方向での法整備が進められている（本章**4**節参照）。

6　社会秩序維持のための法的枠組 ―法制度の限界―

　「表現の自由」との調整の方向性に関して，必ずしも充分な合意が形成されておらず，議論の俎上に載せられているものも存在する。その典型例が「**犯罪の煽動**」や「**性表現**」である。

　まず，前者について見ると，「犯罪の煽動」は，通常，犯罪行為を実行する決意を生じさせる，または，既に生じている決意を助長させる刺激を与える行為と理解される（最判昭和37年2月21日刑集16巻2号107頁）。この理解を前提とすると，犯罪の煽動の規制は犯罪の発生の予防につながることから，その規制に対して一定の合理性を見出すことができる。実際，破壊活動防止法（39条・40条）をはじめ，これを規制する法令が我が国に

150

は少なくない。

　最高裁もこの方向性を支持しており，現行憲法の施行後に示した判決において，憲法が「国民に保障する自由及び権利……を濫用してはならないのであつて，常に公共の福祉のためにこれを利用する責任を負ふ」と規定していること（憲法12条）を根拠に，犯罪の煽動は公共の福祉を害するもので表現の自由の保護を受けるに値しないと述べた（最判昭和24年5月18日刑集3巻6号839頁）。

　しかし，この方向性に対しては少なくない批判が示されている。それらの見解は，判決が示した基準は「公共の福祉を害する」との広範で曖昧であることから，過去の歴史に照らすと，犯罪行為を生じさせることを目的としない表現や，犯罪行為と直接結び付けられない表現等の，何ら社会に不利益を生じさせない表現も規制を受けるおそれがあることを指摘し，憲法が「表現の自由」を保障する趣旨を潜脱することにつながるという問題を生じさせることを懸念する。そして，この問題の発生を予防するため，「犯罪の煽動」として規制の対象とする表現を，その発信により犯罪行為がもたらされることが明白で，かつ，犯罪行為が発生する差し迫った危険が存在する場合に限定するという「明白かつ現在の危険」の原則を基調とした判断基準を導入し，この基準の下に「犯罪の煽動」を規制する規定を適用すべきと提案する。

　ところが，最高裁は，従前の最高裁判例を踏襲することを明らかにするに止まり（最判平成2年9月28日刑集44巻6号463頁），上記の批判に対する回答を未だ示していないという状況にある。

　次に，後者の「性表現」について見ると，安定した社会生活の実現には公序良俗を維持する必要があるとの認識から，「**猥褻**」とされる性表現を法的に規制している（刑法174条・175条）。「猥褻」の意味内容につき，最高裁は，「徒らに性欲を興奮又は刺戟せしめ，且つ普通人の正常な性的羞恥心を害し，善良な性的道義観念に反するもの」としており（最判昭和26年5月10日刑集5巻6号1026頁），現在の一般的な理解とされている。

もっとも，この理解に対しても批判は少なくない。そこでは，最高裁が判断基準とする「普通人の正常な性的羞恥心」や「善良な性的道義観念」は抽象的で，判断基準としておよそ明確と言い難いこと，また，現代社会においては価値観の多様化が進展しており，その内容を明確にすることが少なからず困難であることが主な問題点として指摘されている。さらに，現代社会では，価値観の多様化を受容することが求められることを念頭に置くと，「猥褻」の基準を法的に定めること自体を許容し得ないとして，その範囲をできる限り狭く捉えるべきとの考え方も成り立ち得る。

しかし，近年，青少年の保護・健全育成という目的の下に，「猥褻」に至らない性表現も「**有害図書**」と位置付け，規制する制度が用意されている。その目的に照らすと，「有害図書」とされる表現に青少年が触れる機会を制限すれば足りるところを，それに止まらず，表現活動自体を規制する制度として整備されているところに特徴がある。この特徴に着目すると，むしろ規制範囲を拡大する方向にあると言える。

このような「犯罪の煽動」や「性表現」の規制のあり方は，社会秩序の維持という観点から「表現の自由」を規制する種々の法制度が定められているものの，現在のところ必ずしも明確性ある規範が確立されているとは言い難いことを示している。この理由の1つとして，社会秩序のあり方に関して，具体的な方向性を持った社会的合意が形成できておらず，「公共の福祉」や「公序良俗」等の抽象的指針を示すに止まらざるを得ないことが挙げられる。そして，社会的合意が人々価値観に基礎付けられており，現代社会では価値観の多様化が受容されるべきこと，また，少なくとも，時代とともに変化するものであること，さらに，価値観の多様性に対応するために「表現の自由」が保障されていることに鑑みると，「表現の自由」の規制については，恒常的にその妥当性を検討するとともに，規制の目的に必要・充分な手段に止められているか等を精査しつつ，適切に修正を積み重ねていくことこそが自然であり，不可欠なことと認識される。

7　情報倫理・情報セキュリティ

　現代社会が「情報社会」へ進展し，情報の利用により様々な利益を享受できるようになった一方，不利益も被るようになっている。情報の利用が不可欠とされる中，この問題へどのように対応すべきかが検討課題として認識されることとなる。そして，現在では，紛争の背後にある情報の利用をめぐる利害対立を調整する法制度が整備されていることから，上記問題の解決へ向けて，これらに関する知識を習得し，遵守することが求められており，また，そのことが社会の構成員に課されている責任と言える。

　しかし，これまで述べてきたように，法令の中には必ずしも内容が明確と言い難いものも少なくない。そもそも，法令の性質上，内容の明確性に限界があることは否定できない。そのため，一般に，その適用に際しては解釈が必要となる。このことは法令を遵守する場面にも当てはまり，情報の利用に際しては，関連する法令の知識にもとづき，個々の具体的場面に則した適切な「解釈」を導き出せることも求められる。

　さらに，法制度が人の手により整備されるものである以上，その妥当性に疑問が生じることは避け難い。少なくとも，法制度は整備された当時の社会状況を前提とするものであり，必ずしも，以後の社会環境や価値観の変化に対応できない場合もあろうことは想像に難くない。とりわけ，情報の利用について見ると，情報通信技術の飛躍的な発展に伴い，従来予想されることのなかった利用態様が現在では一般的に用いられるようになる等，情報の利用をとりまく環境は著しく変化しており，情報の利用をめぐる価値観も大きく揺らいでいる。そのため，常に法制度のあり方を検討し，既存の法制度を漸次改善していく姿勢も必要となる。

　加えて，法制度の基本的役割は，実際に問題が発生した後，損害を被った者に対して救済を与えるところにある。したがって，意図的に法制度に違反しようとする者，遵法意識を持たない者に対して，法制度は一定の抑止力を保持するに止まり，情報の利用に伴う問題の発生を完全に予防する

ことは困難である。また，情報を利用する多くの場面で情報処理通信機器が使用されるところ，そうした機器の誤動作等により，法制度を遵守する意思の有無とは関係なく，結果的に適切さを欠く情報の利用となる可能性もある。これらの諸点に鑑みると，情報の利用に際して，自ずと法制度を遵守させる仕組みを内在させること，いわゆる「**情報セキュリティ**」の確保の重要性が認識される。とりわけ，情報の利用の前提となる情報システムの構築に際して，利便性の追求のみならず，この点を強く意識することが不可欠となる。

　そして，こうした要請に充分応えるには，情報の利用を規律する法制度の知識だけでなく，その趣旨を充分に理解した上で，「遵守すべき規範」を見通し，その実効性を確保するに充分な情報技術に関する知識・技能を身につけることが情報リテラシーの習得の一環として不可欠であり，それを自覚し，実践することが情報社会で必要とされる「**情報倫理**」と考える。

第2部

・・・

情報リテラシー

応用

第7章　コンピュータの仕組み—ハードウェア—

第8章　ソフトウェアの基礎知識

第9章　通信ネットワーク

第10章　より高度の情報リテラシー

第11章　計測と制御の基礎

第7章

コンピュータの仕組み—ハードウェア—

📖 この章で学ぶこと

入力装置，出力装置，補助記憶装置，ネットワーク関連機器，その他の周辺装置，インターフェース，論理演算，論理回路

1 コンピュータとは

1・1 情報システムにおけるコンピュータの役割

現代社会が「情報社会」と称されていることからわかるように，現在，情報は社会の様々な場面において利用されている。とりわけ，企業活動では情報を積極的に利用することが当然視されるのみならず，有用な情報を見出すことの重要性が認識されている。それ故に，情報を利用する一環として，データの収集，加工，分析をはじめとする**データ処理（情報処理）**が行われており，さらに，これらのデータ処理の効率化を図るための各種情報システムが構築されている。

情報システムには，その性質上，大量のデータを迅速・正確に処理することが求められることから，人的過誤の影響を回避することがその構築における課題の1つとなる。そこで，かねてより，データ処理を可能な限りコンピュータに委ねることが企図されており，現在は，コンピュータ関連技術が発達し，コンピュータの処理能力と信頼性が飛躍的に向上したことから，コンピュータが情報システムの中心的役割を担うに至っている。

例えば，小売業では，販売した商品の種類と数量，売上高や顧客データを収集・分析し，品揃えや発注に関する意思決定に必要な情報を得ること

第2部　情報リテラシー応用

が必要となるところ，既に見てきたように，コンピュータの採用により，レジスター（POS端末）で商品に印刷されているバーコードを読み取り，直ちに販売した商品の種類，数量と売上高を把握する「POSシステム」を構築することが可能となっている（第3章参照）。

　また，製造業では，製品の設計や製造装置の制御，製造に関わる物品の流通や生産計画の管理等もコンピュータ化され，それらの活動を有機的に統合したコンピュータ統合生産システム（CIMシステム）の構築を可能とし，市場の変化に柔軟に対応できるようになっている。

　もとより，コンピュータを活用するには，その仕組みを正しく理解し，コンピュータに委ねるべきデータ処理を定めることが不可欠となる。そこで，本章では，コンピュータの仕組みを概観していくこととする。

1・2　コンピュータ（データ処理システム）の基本構造

　一般に，コンピュータを使用してデータの収集，記録，蓄積，加工等を行うことを「**データ処理**（data processing）」と称しており，そのためのシステムを「**データ処理システム**」と呼ぶ。コンピュータが発達した現在では，コンピュータ自体がデータ処理システムに該当すると理解できる。データ処理システムの性質上，「**入力**」，「**処理**」，「**記憶**」，「**出力**」，「**制御**」の5つの機能が不可欠となる。これらの5つの機能は，しばしば，人体の機能と比較される。両者の異同は，次の通りとなる。

（1）入力

　データ処理の対象となるデータや，データ処理に必要となるプログラムをコンピュータに読み込ませることを指す。人体の場合は，目，耳，鼻，口，手等の感覚器官を通じて刺激（データ）を認識することに相当する。もっとも人体の場合，無意識に認識される場合もある一方で，データ処理システムの場合，明確な目的の下にデータやプログラムを入力しなければならず，この点に違いがある。

（2）処理

　入力されたデータに対してコンピュータが計算等を行うことをいう。人体では，刺激データに基づき計算や判断や思考を行うことに相当する。コンピュータはプログラムにもとづいて大量のデータを画一的に処理することに優れる一方，人間の場合はあいまいな処理が可能である。

（3）記憶

　入力されたデータや処理が行われた結果を，読み出しが可能な状態に格納，保持することをいう。人体では，脳で数値，文字，色彩等を記憶することに相当する。人間は，時間経過とともに記憶を喪失したり，正確性を欠いたりする傾向が認められるのに対し，データ処理システムの場合は正確に保持し続けることが可能である。

（4）出力

　処理されたデータを，文字や音，映像等の人間が判読可能な形で提示することを指す。人体の場合，言語や表情，身振り等を通じて表現することに該当する。データ処理システムの場合は，明示的に出力させる必要があるのに対して，人体では無意識のうちになされることも少なくない。

（5）制御

　データの入力，処理，記憶，出力の４つの機能が円滑に遂行されるように調整，管理することをいう。人体の場合，脳や中枢神経が神経網を使用したり，ホルモンを分泌したりして，身体機能の調整や管理がなされていることに当たる。しかし，データ処理システムと異なり，人体の場合は無意識のうちに行われていることが多い。

　コンピュータもデータ処理システムであることから，これらの機能を有する装置を備えており，それぞれ，「入力装置」，「演算装置」，「記憶装置」，「制御装置」と呼ばれている。以下では，これらの各装置の仕組みについて，日常生活において「コンピュータ」として広く一般に認知されている「パーソナルコンピュータ（パソコン）」を軸に見ていくこととする。

第2部　情報リテラシー応用

2　演算装置・制御装置

2·1　2進数・10進数・16進数

　コンピュータ（computer）は，「計算する（compute）」と「行う者（er）」という語を組み合わせた言葉であることから窺えるように，数値計算を行うための道具として位置付けることができる。このことは，「世界最初のコンピュータ」としての地位をめぐる争いがなされたことで著名な，「ABC：Atanasoff-Berry Computer」と「ENIAC：Electronic Numerical Integrator and Computer」がいずれも数値計算を目的として開発された点で共通していること，日本語訳として「電子計算機」の用語が使用されることにも見て取ることができる。

　もっとも，計算を行うための道具は，コンピュータ以外にも，そろばんや計算尺等，様々あることから，何をもって「コンピュータ」とするかが問題となる。そこで，現在「コンピュータ」とされているものを見ると，それらは「**デジタル計算機**」と呼ばれ，**2進数**を用いた計算を行う点に特徴がある。もとより，コンピュータによる計算において2進数を前提とする必然性はないものの，コンピュータは電気的に稼働することから，「ON」と「OFF」で「1」と「0」を表現できる等，2進数による計算に馴染みやすいことが理由と考えられる。

　2進数は，現代社会で人々が一般的に使用する0～9の10個の数字を用いて数値を表記する10進数と異なり，0と1の2つの数字のみを用いて数値を表記する方法である。具体的には，10進数の正の整数を見ていくと，次のように，小さい方から0から9までの1桁の数字で表記し，次に桁を上げていくことで，より大きな数値を表現する。

　　　0，1，2，3，4，5…9，10，11，12，13…99，100，101…

　2進数では，基本的にこれと同様の考え方を採りつつも，0と1の2つの数字のみを用いて数値を表記する。したがって，正の整数を順に見ていくと次のようになる。

0，1，10，11，100，101，110，111，1000，1001，1010，1011…

　もっとも，2進数の性質上，桁数が大きくなりやすいため，数値表記に困難が生じることが予想される。そのため，2進数に代え，これと桁が繰上がる時期を同じくする16進数を使用して表記することが多い。この場合，使用する数字は0～9にA～Fを加えた16文字を使用することが一般的である。

2・2　論理演算と計算・制御・データ処理

　コンピュータによる計算において2進数を前提とする必然はないものの，コンピュータが電気で稼働することを念頭に置くと，電気の「ON」と「OFF」を「1」と「0」と見立てることにより，2進数を用いた計算を想定しやすいことが理由にあると考えられる。このことは計算を行う回路の設計にも当てはまり，実際，2進数の4則演算等は単純な**論理演算**を組み合わせることで実現できる。

　例えば，代表的な論理演算である論理積（AND）および論理和（OR），否定（NOT），排他的論理和（XOR）の真理値表と回路図を示すと，図表7－1，7－2の通りである。

　これらを組み合わせ，「半加算回路（half adder）」を作成することで，一桁の足し算を実現することができる（図表7－3参照）。

　そして，桁の繰上がりへ対応するため，半加算回路を基礎とし，「全加算回路（full adder）」を組むことにより，複数桁の数値計算に対応するこ

図表7－1　真理値表

A	B	AND(A,B)	OR(A,B)	NOT(A)	NOT(B)	XOR(A,B)
0	0	0	0	1	1	0
0	1	0	1	1	0	1
1	0	0	1	0	1	1
1	1	1	1	0	0	0

図表7-2 基本回路図

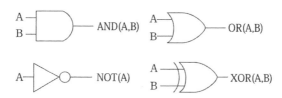

図表7-3 半加算回路

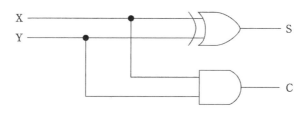

図表7-4 全加算回路

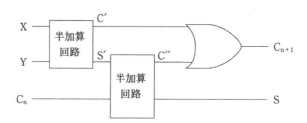

とができる(図表7-4参照)。

　さらに,上記のように論理演算回路によりコンピュータが構成されていることは,コンピュータが「計算」以外に,何かしらの「判断」を行えることを意味する。そのため,適切な回路を作成することにより,数値計算を行う「演算装置」だけでなく,各種装置の制御を行う「制御装置」の実現も可能となる。前述した生産システムのコンピュータ化は,これを応用したものといえる(第4章参照)。

　また,数値以外の文字や音声等のデータについても,数値化すること

で，コンピュータに処理を委ねることができる。このことがコンピュータをしてデータ処理システムと称される所以である。実際，文字は「文字コード」として，商品の分類は「バーコード」として数値化されている。特に，後者を基礎として流通情報システムが構築されていることは既に述べたところである（第3章参照）。

2・3　半導体集積回路

コンピュータによる計算は，2進数を前提としつつ，論理演算を組み合わせることで実現している。また，これにより演算装置だけではなく，制御装置も作成することができる。そうすると，次に，論理演算回路としてどのようなものを作成すればよいかが問題となる。この解決のため，従前，様々な電気回路が設計され，作成されてきたが，現在のコンピュータでは，半導体を使用した電子回路を用いることが一般的である。

半導体とは，銀や銅等の電気を通す「**導体**（良導体）」と，ゴムや紙等の電気を通さない「**絶縁体**」との中間的な性質を有すると位置付けられているものであり，珪素（Si：silicon シリコン）がその代表例である。半導体の特徴は，「ドーピング」と呼ばれる加工（具体的には，極めて高純度に精製された半導体にごく微量の不純物（ドーパント）を混入させる処理）を施すことにより，電気の流れ方を異にする「p 型半導体」と「n 型半導体」とのいずれかに変化させられる点にある。これらを適切に組み合わせることで電気の流れを制御できる部品（**半導体素子**）を作成できるため，論理演算回路の作成が容易に可能となる。

例えば，「p 型半導体」と「n 型半導体」とを組み合わせることで，代表的な半導体素子の1つである「ダイオード」を作成できる（図表7－5参照）。

図表7-5　PN接合ダイオード

・PN接合ダイオードの構造

・ダイオードの回路図

図表7-6　AND回路

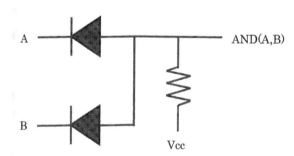

　そして,「p型半導体」から「n型半導体」への方向には電気が流れやすく,その反対方向へはほとんど流れないという性質となることを利用して回路を組むことによりAND回路とすることができる(図表7-6参照)。

　現在,日常的に使用されている論理演算回路は,このように半導体素子を使用して作成されており,一般に,これらを「プロセッサ(processor)」と呼ぶ。

もっとも，半導体素子をはじめとする回路の作成に必要な部品を1つずつ調達し，組み立てることは，コンピュータの機能を向上させようとする際，費用や大きさの増大を招くおそれがある。また，処理効率や稼働率を悪化させることにつながることから，コンピュータの信頼性の確保という点で好ましいとは言い難い。そこで，こうした問題を解決する手段として発展してきたのが集積回路技術である。

　集積回路（Integrated Circuit：**IC**）とはいくつもの半導体素子からなる回路をひとまとめにして作成した回路であり，数 mm^2 程度の大きさ（ダイサイズ）の「IC チップ」と呼ばれる小片の形で製品化されている。通常，このように作成されたプロセッサを「マイクロプロセッサ」という。特に，コンピュータにおいて中心的役割を担っているマイクロプロセッサは「中央処理装置（Central Processing Unit：CPU）」等と呼ばれる。

　集積回路の製造方法の概要は，次の通りである。まず，精製工程を経て作成される直径150〜300mm 程度の円柱状の半導体単結晶（インゴット）から厚さ1 mm ほどの円盤状の板（ウェハ）を切り出す。次に，ウェハ表面に光学写真技術を利用して回路を作成した上で，そこから必要な部分を切り出し（ダイシング），IC チップとする。最後に，IC チップが損傷しないように樹脂やセラミックス等で封止されることが一般的である。そのため，通常，IC チップ自体を目にすることは少ない。

　IC チップの製造方法の性質上，1枚のウェハから切り出せる IC チップ数の多寡がその単価を決定する主たる要素となる。そのため，集積回路の設計に際しては，いかに集積度を上げるかが重要な事柄となり，集積回路の配置の工夫や，回路の配線の幅（プロセスルール）を微細化する技術開発が進められている。例えば，現在，製品化されている集積回路のプロセスルールは小さいもので14nm 程度である。

　なお，伝統的に，回路の集積度に応じて，大規模集積回路（Large Scale Integration；LSI）等に分類されている（図表7－7参照）。

第2部　情報リテラシー応用

図表7－7　集積回路分類表

集積回路の名称	回路素子数	開発時期	用途や製品
小規模集積回路（SSI）	～50	1960年代前半	CPUの基本論理回路
中規模集積回路（MSI）	50～1000	1960年代後半	加算器等の演算回路
大規模集積回路（LSI）	1000～1万	1970年代	4・8ビットマイクロプロセッサー　64KDRAM
超大規模集積回路（VLSI）	1万～100万	1980年代	16・32ビットマイクロプロセッサー　253・1MDRAM
超久大規模集積回路（ULSI）	100万～	1990年代	64ビットマイクロプロセッサー　4M・16M・64KDRAM

3　入力装置—データ入力のための周辺機器—

3・1　キーボード

　キーボードとは文字の入力を主な目的とする装置であり，現在も入力装置の中核的な存在として，パソコンの利用に際しては必要不可欠なものと位置付けられている。「**キー**」（鍵）と呼ばれるボタンが設置されており，それらを押すことで，当該ボタンに対応する文字データを入力することができる。数字とそれに関連する文字を入力するキーが特定の箇所にまとめて設置されている専用キーボードも存在する。このように設けられているキーを特に「テンキー」と呼ぶ。

　多くの場合，文字を入力するためのキー以外にも，特定の指示（機能）を入力するためのキーが設けられている。例えば，位置の移動を指示するための「カーソルキー」や。利用者が任意の機能を割り当てることを前提として設けられている「ファンクションキー」がある。

　また，1つの文字・機能に1つのキーを対応させることが基本となるものの，あまりに多くのキーを設置することは現実的ではない。そこで，「修飾キー」と総称される「シフト（Shift）キー」や「オルト（Alt）キー」，「コントロール（Ctrl）キー」等を用意し，特定の文字・機能にはそれらのキーと他のキーとを同時に押すことを要求することで，キーの数を一定数に止めつつ，入力可能な文字・機能の数を増やす工夫がなされている。

3・2　ポインティングデバイス

ポインティングデバイスとは，出力装置であるディスプレイと対応して，ディスプレイ上の位置データを入力する装置である。入力できる位置情報の自由度が高い点で「カーソルキー」と異なる。現在，パソコンで利用されるソフトウェアの数多くがグラフィカルユーザインターフェイス（Graphical User Interface：GUI）を採用していることから，事実上，パソコンの利用に際して必要不可欠な入力装置となっている。

代表的なポインティングデバイスとして「**マウス**」が挙げられる。マウスは，マウス本体を動かし，本体下面に設けられている球体が回転させることで，それを位置変化のデータとして入力する。通常は，本体に数個のボタンが併設されている。また，近年は，球体の使用がマウスの故障の原因となることから，球体の動きの代わりに，発光ダイオード（Light Emitting Diode：LED）等の光源を本体に設置して，そこから出る光の反射の変化を利用するマウスが主流になっている。球体を利用したマウスと区別する場合は，それらを通常「光学式マウス」と呼ぶ。

マウスの性質上，その利用にある程度広い空間を必要とするが，常にそうした空間を確保できるわけではない。このような場合にも利用することができるポインティングデバイスとして，マウスの球体に相当するものを上面に設置し，それを直接手で動かすものがある。これらは，一般に「トラックボール」と呼ばれている。

また，位置データを平面上に置かれたセンサで読み取り，入力する板状のポインティングデバイスもある。「タッチパッド」や「タブレット」がこれに当たる。近年では，出力装置であるディスプレイと一体としていることも少なくない。これらは通常「**タッチパネル**」と呼ばれる。

3・3　スキャナ，デジタルカメラ

画像データを入力するための装置の代表的なものとして，**デジタルカメラ**や**スキャナ**がある。いずれも，対象物から反射してくる光をCCD

（Charge Coupled Device）等をセンサとして読み取り，画像データとする。両者の違いは画像をデータとして読み取る過程にあり，前者は，平面上にセンサを配置し，画像全体を読み取ることを前提とするのに対して，後者はセンサを用いて画像の一部を点または線のデータとして読み取り，センサを移動させつつそれらを蓄積した上で，1つの画像データとする「走査（scan）」を行うことを前提とする。

　もっとも，対象物を格子状に並べられた点に分解し，各点の位置・色等のデータの集合体として画像データを認識するという基本原理に違いはない。この他にも，映像データ（画像データの集まり）を取り扱う**デジタルビデオカメラ**や，バーコードを読み取る**バーコードリーダ**，マークシートのマークを読み取る**OMR**（Optical Mark Reading）装置，文字を読み取る**OCR**（Optical Character Recognition）装置も同じ原理で動作する。

4　出力装置—データ出力のための周辺機器—

4·1　ディスプレイ・プロジェクタ

　ディスプレイとは，コンピュータが処理したデータを，人間の視覚で捉えられる形で出力（表示）する装置であり，しばしば「モニタ」とも呼ばれている。現在，パソコンの基本的な出力装置といえる。かつては，ブラウン管（Cathode Ray Tube：CRT）を使用したものが主流であったものの，現在では，液晶を使用した液晶ディスプレイ（Liquid Crystal Display；LCD）がパソコン用ディスプレイの大半を占めている。ただし，現在では，携帯電話などを中心に，消費電力を低下させるため，有機物自発光体を使用した「有機EL（Electro Luminescence）ディスプレイ」が普及しつつあり，液晶ディスプレイに代替する兆しを見せている。

　また，**プロジェクタ**もディスプレイと同様の機能を果たす出力装置であるものの，装置とは別に設置されたスクリーンに投影する点でディスプレイと異なる。

4·2 プリンタ

プリンタとは，紙にデータを出力（印刷）する装置を指す。パソコンの周辺機器として現在主に使用されているものを見ると，出力（印刷）する方法の違いにもとづいて，「インクジェットプリンタ」と「レーザープリンタ」とに分類することができる。

インクジェットプリンタは，文字や画像を格子状に並べられた点の集まりのデータとして受け取った上で，「ヘッド」と呼ばれる部品から微粒子状にしたインクを各点の位置・色等のデータに従って紙に直接吹き付けて印刷することを特徴とする。他方で，レーザープリンタは，帯電させた円筒形の「感光ドラム」に光を照射することにより，原稿1頁分の静電気による画像を作成し，その静電気の像にトナーを吸着させた上で，そのトナーを用紙に転写，高温で定着させて，印刷を完了する。

両者を比較すると，ヘッドを動かしつつ印刷するインクジェットプリンタは，感光ドラムを使用するレーザープリンタより，印刷できる紙の大きさの制約が少ないという利点を有する。実際に，一般市場でも，インクジェットプリンタであれば，ロール紙といった看板に使用できるほどの大きさの紙への印刷に対応できるものを入手できる状態にある。また，比較的単純な構造となるため，プリンタ本体自体の大きさを小さくしやすいことも利点であり，「ノート型パソコン」等とともに持ち運べることを強調した商品も存在する。

その反面，インクジェットプリンタは，その構造上，印刷速度を上昇させにくいことや，印刷を継続的に行っていく上で必要となる費用（ランニングコスト）がレーザープリンタのそれと比較して高額になりやすいという欠点も有する。そのため，事務所での利用等，1台のプリンタを複数人で共用し，迅速な印刷が求められる場面では，レーザープリンタが好まれる傾向にある。

5 記憶装置

5・1 記憶階層

　記憶装置とは，処理装置（CPU）が処理すべきデータ，もしくは，処理したデータを，その求めに応じて書き込み・保持し，読み出す装置である。その性質上，処理装置が単位時間あたり処理可能なデータの量（処理速度）に見合ったデータの読み書き能力（**アクセス速度**）と保持能力（**記憶容量**）を持つことが理想的である。

　しかし，現在のところ，CPU の処理能力に対して充分なアクセス能力と記憶容量とを兼ね備える記憶装置は開発されていない。通常，高いアクセス速度を有する記憶装置は，製造に係る技術的制約や製造費用が高額となる等の理由から，充分な記憶容量を確保することができず，他方，充分な記憶容量を確保できる記憶装置は，CPU の処理能力に応えられる充分なアクセス速度を有していないというのが実情である。

　この問題に対して，伝統的に，複数の記憶装置を組み合わせることにより対応してきた。具体的には，CPU が使用する頻度の高いデータはアクセス速度の高い記憶装置に保持させつつ，使用頻度の低いデータはアクセス速度の低い記憶装置に保持させるとの考え方の下に，アクセス速度と記憶容量とが異なる記憶装置を階層的に配置することにより，技術的・経済的制約の中で，できる限り理想的な環境を整備しようとしてきたのである。このような記憶装置の配置を「**記憶階層**」という。

　例えば，パソコンについて見ると，CPU が常時使用する記憶装置として最も高いアクセス速度の半導体メモリ（SRAM）を用い，それと比較してアクセス速度の点で劣るものの，大容量化に向く半導体メモリ（DRAM）をより大きな記憶容量を賄うものとして使用する。そして，それほど高い頻度で利用されないデータは，コンピュータの処理能力に対してアクセス速度が高いと言い難いものの，非常に大きな記憶容量を有するハードディスク等の記憶装置に保持することが行われている。もっとも，

図表7－8　アクセス速度と記憶容量との関係

階層間のアクセス速度の差が大きくなり過ぎる場合も少なくないため，「キャッシュ（cache）」を利用してこれに対応している（図表7－8参照）。

5・2　半導体メモリ

　半導体メモリは，半導体素子から構成される記憶装置であり，半導体集積回路（IC）の1つである。動作原理によりいくつかに分類できる。

　論理回路であるフリップフロップ（flipflop）回路で構成されるものは，通常，「**SRAM（Static Random Access Memory）**」と呼ばれる。アクセス速度が高く低消費電力であるという利点を有する。そのため，CPUが常時直接利用する「レジスタ」等に使用する（通常は，CPUを構成する一部として組み込まれる）。しかし，半導体メモリの中では集積度を向上させにくいという欠点を有する。

　コンデンサ（capacitor）を中心に構成される「**DRAM（Dynamic Random Access Memory）**」は，SRAMと比較してアクセス速度は高くないものの，集積度を向上させやすく，SRAMと同じ費用で大容量のものが製造できる。半導体メモリという性質上，他の記憶装置の比較であれば，アクセス速度が高いといえるため，CPUが直接アクセスすることを予定している記憶装置である「**主記憶装置**」に使用されてきている。

また，SRAM や DRAM 等のように，電源を供給し続けない限りデータを保持することができない「**揮発性メモリ**」ではなく，後述のハードディスク等と同じく，データの保持を電源の供給に依存しない「**不揮発性メモリ**」に該当する半導体メモリも存在する。その代表的なものが「フラッシュメモリ（flash memory）」である。特に，近年では，単位容量あたりの価格が大幅に低下しているため，一部用途では，ハードディスクの代わりに使用されることも多く，これらを「**SSD**（Solid State Drive）」と称している。

5·3　ハードディスク（磁気ディスク）

　ハードディスク（ハードディスクドライブ）は，「プラッタ」と呼ばれる磁性体を塗付した平らな円盤（磁気ディスク）にデータを保持する記憶装置である。プラッタ上の磁性体の磁極の向き（S 極と N 極の向き）を変えることでデータを保持している。プラッタ面を同心円状に分割した上で，これに沿ってデータを記録しており，この同心円を「トラック（track）」という。トラックの密度は，現在，数十万 tpi（Track Per Inch）には達していると見積もられるが，ハードディスク関連技術の進歩が著しいため，今後も増大することが予想される。また，1 本のトラックを数個に分割したものを「セクタ（sector）」といい，データ管理する基本単位とされる。もっとも，ソフトウェア上では，数個のセクタをひとまとまりにしたものをデータ管理の基本単位としており，これを「クラスタ（cluster）」と呼ぶ。

　データは「（磁気）ヘッド」と呼ばれる部品でプラッタ面を操作することで読み書きされる。ヘッドは「アーム」の先端に取り付けられ，プラッタを回転させつつ，その面に沿ってアームを円弧状に動かすことにより，ヘッドがプラッタの面全体を走査できるようにする。また，プラッタ1枚（裏表）あたり2本のヘッドは同時に移動する構造であるため，各プラッタ面上のトラックでは同時にデータの出し入れが行われることとなり，こ

のトラック群を「シリンダ（cylinder）」という。

　その構造上，ハードディスクのアクセス速度を決定するのは，プラッタの回転速度となる。現在，市販されている標準的製品では，約5,000rpmから10,000rpm 程度とされているものの，これ以上の速度を有する製品もある。

　次に，記憶容量を決める要素はプラッタの大きさと枚数とになる。大きさについては，現在，直径1.8in から3.5in のプラッタを使用するものが主流である。上記のプラッタの回転速度とプラッタの強度との関係で定まるものと推測される。プラッタの枚数は１枚から３枚程度を用いたものが数多く見受けられる。

　ハードディスクは，現在，記録装置の中で，記憶容量が大きく，記憶容量に比して安価であり，適度なアクセス速度を有することから，コンピュータシステム上，長時間データを保管する際に使用する記録装置の中心的役割を担っている。それ故に，アクセス速度と記憶容量を増加させること，さらに信頼性を確保する（故障率を低下させる）ことに対する要請が高い。これに対応するため，ハードディスク自体の性能を向上させる努力が払われているとともに，運用上の工夫も模索されている。例えば，複数のハードディスクを仮想的に１つのハードディスクとして取り扱う方法（ディスクアレイ：disk array）があり，その典型例が「**レイド**（Redundant Arrays of Independent / Inexpensive Disks：**RAID**）」といえる。

　RAID にはいくつかの使用態様が提示されており（RAID レベル），その中から使用目的に応じて選択されるのが一般的である。代表的なものに，次のようなレベルがある。

　RAID 0は，複数のハードディスクに１つのデータを分散させて保有する方式（ストライピング）である。構成するハードディスクの数を増やすことで，記憶容量とともに，アクセス速度の向上が期待できる。しかし，構成するハードディスクの１つが故障すると，他のハードディスクが故障していない場合でも，データ全体を喪失するという危険を伴う。

第2部　情報リテラシー応用

　RAID 1は，複数のハードディスクのそれぞれに同じデータを保有させる方式（ミラーリング）である。構成するハードディスクの1つが故障した場合であっても，他のハードディスクにそれと同じデータを保有させているため，構成するハードディスクの数を増やすことにより，データを喪失する危険性を低下させる（信頼性を向上させる）ことができる。しかし，ハードディスク数の増加が記憶容量の増加に結びつかないという問題がある。

　この他は，RAID 0と RAID 1の特徴を念頭に置きつつ，アクセス速度と記憶容量，信頼性の調和を図りつつ，全体の性能向上を図ろうとするレベルといえ，現在は主に RAID 5と呼ばれるもの，もしくは，これを基調としたレベルが使用されている。

5・4　CD・DVD

　CD（Compact Disk）は，円形のプラスチック板（ディスク）の表面にレーザー光を反射する膜を塗布した記録媒体である。ディスク表面に設けた凹凸により反射するレーザー光の強さが変化することを利用する。その性質上，CD の作成後，新たにデータを書き込むことは事実上不可能となることから，通常は，データを読み出すだけの記録媒体（Read Only Memory：ROM）と位置付けられる。また，DVD（Digital Versatile Disk）も CD と同様の考え方にもとつく記録媒体であり，記憶容量（記録密度）の向上を図るべく規格化されたものといえる。

　もっとも，現在，ディスク表面に設けた凹凸と同様の効果を，レーザー光により反射膜を変化させることで実現できるようになり，言わば「書き込み可能な CD・DVD」も規格化され，普及している。例えば，データを追加して記録することのみが可能なものに，CD-R（CD-Recordable）や DVD-R（DVD-Recordable），自由に記録・削除できるものとして，CD-RW（CD-ReWritable），DVD-RW（DVD-ReWritable），DVD-RAM（DVD-Random Access Memory）がある。

174

6 インターフェイス

6·1 インターフェイスとは

コンピュータ（データ処理システム）は，それを構成する各装置が協働してはじめて機能する。それ故に，各装置は相互にデータの受け渡し（通信）を行えることが不可欠となる。このような装置間の通信が行われる領域を「**インターフェイス**（interface）」という。複数の装置が接続され，相互のデータ通信が行われるため，規格やプロトコル（protocol：規約）が定められている。

6·2 Ethernet

Ethernet とは，コンピュータネットワークの物理的な側面を中心とした規格である。かねてから，LAN（Local Area Network）に分類される比較的小規模のコンピュータネットワークを構築する際に広く利用されている。現在では，ソフトウェアに関するプロトコルとして TCP/IP を選択し，これと組み合わせて利用することが一般的である。

6·3 USB

USB（**Universal Serial Bus**）は，コンピュータ（本体）と各種周辺機器とを接続するための規格の1つである。「universal」の名が用いられていることからも窺えるように，様々な周辺機器に対応するために規格化された。現在市販されているパソコンには標準的に備えられており，接続可能な周辺機器も，キーボード，ハードディスク，プリンタ等，多岐にわたっている。

規格が定められて以来，機能向上のための修正が漸次施されており，規格内容の違いにより，「USB 2.0」や「USB 3.0」等と区別される。もっとも，いわゆる下位互換性を有する規格群として定められており，例えば，「USB 2.0」にもとづいて作成された機器を「USB 3.0」に対応する機器と

第2部 情報リテラシー応用

して使用することはできないものの,「USB 3.0」に対応する機器は,「USB 2.0」に対応する機器としても利用することができる。

6・4 IEEE1394

IEEE1394は,USB と同様に,コンピュータと各種周辺機器を接続するための規格として位置付けられる。他の名称で呼ばれることもあり,それらの中には商標登録されているものもある。デジタルビデオカメラ等の家庭用電化製品の接続を中心に少なからず使用されているものの,特許上の障壁もあるためか,USB ほどには普及した様子は窺われない。

6・5 DVI（Digital Visual Interface）

DVI は,ディスプレイ等の映像出力装置とコンピュータとを接続するための規格である。デジタル伝送にも対応している点で,従前使用されてきた VGA 規格と大きく異なり,液晶ディスプレイ等と相性がよいため,現在では,ディスプレイ用の規格として広く普及している。

映像出力装置との接続するための規格として機能するという点で類似する **HDMI**（High Definition Multimedia Interface）規格と部分的に互換性を有する。

また,この規格の後継として,**DisplayPort**（ディスプレイポート）規格が策定され,現在普及しつつある。

6・6 Bluetooth

Bluetooth は,無線による通信を前提として策定された,コンピュータと各種周辺機器を接続するための規格である。使用する電波強度の違いにより「class（クラス）」に細分化されている。その規格において,「ペアリング（ボンディング）」と呼ばれる比較的簡便な方法で機器を接続できるようにされているため,携帯電話や,有線接続が好まれないヘッドセット等で採用され,普及している。

なお，現在普及している無線 LAN の規格の一部と使用する電波の周波
数を同じくするため，相互に干渉するという問題が生じるが，既に対応策
が盛り込まれた規格に修正されており，新たに市販される機器については
問題が解消されていると見てよい。

6·7　PCI · PCI Express

PCI バス（peripheral components interconnect bus）は，コンピュー
タと各種周辺機器を接続するための規格である。パソコン本体の内部に設
ける部品を接続するために使用されている。ただし，現在，パソコンの多
機能化が進んだことから，一般家庭でパソコンを使用する限りにおいて
は，あまり意識されなくなりつつある。

　現在，コンピュータが処理するデータ量に対して，PCI 規格にもとづく
データ転送速度が不足してきたことから，この後継に位置付けられる規格
として，「**PCI Express**」が策定され，普及が目指されており，パソコ
ン市場では両者が併用されている。

第8章

ソフトウェアの基礎知識

📖 **この章で学ぶこと**

基本ソフトウェア，応用ソフトウェア，ファームウェア，OS，言語プロセッサ，プログラム言語，低水準言語，高水準言語，ワープロソフト，表計算ソフト，データベースソフト，プレゼンテーションソフト，メールソフト，ブラウザ，ワクチンソフト，アプリケーションとデータ利用，人工知能（AI），機械学習，ディープラーニング

1　ソフトウェアのあらまし

1・1　ソフトウェアとは

　コンピュータは，人間が行う仕事を迅速に正確に自動的に処理できるようにつくられたものである。人間が指示した仕事をコンピュータが処理する上で必要なデータを利用し仕事を完了させるためには，コンピュータのもっている物理的な機械・電子装置，すなわちハードウェア（hardware）をその処理目的に沿って有機的に各機械・電子装置を動作しなければならない。そこで，それらのハードウェアを目的に沿って動作させるための命令群が必要となる。例えば，キーボードから入力したデータを主記憶装置のどこに格納し，どのデータを演算装置に取り込んで計算して，その結果をどこに格納するのか，その結果をどのように出力するのか，といった一連の処理手順を論理的に記述したものがプログラム（program）である。このような**プログラム**，またはプログラムの集まりを総称して，**ソフトウェア**（software）または，「ソフト」と呼んでいる。

1・2　ソフトウェアの働き

　コンピュータは電源を入れると，利用可能な状態まで自動的に進行していく。これは，電源を入れてからその状態まで進めるためのハード的な処理手順が，プログラムという形式でコンピュータの中に事前に用意されているからである。コンピュータの機械の部分であるハードウェアを，目的に沿って有機的に動かしていくのはプログラムである。そのため，プログラムは人が容易に作成することができなければならない。他方，そのプログラムを最終的にコンピュータが理解できる「0」と「1」のコード（符号）に**変換**するプログラムも必要となる。目的とする処理を実行させるために記述されたソフトウェアは，最終的にハードウェアを動かすものとなる。したがって，ソフトウェアはハードウェアとともにコンピュータシステムを支える必須の両輪の1つである。

1・3　ソフトウェアの種類

　ソフトウェアはその働きによって，コンピュータを利用する際にユーザが処理目的を達成するために必要とする処理を行うプログラムと，そのプログラムを効率よく実行するためにハードウェアを動かすプログラムとに大別される。前者を**応用ソフトウェア**（application software），または**アプリケーション**といい，携帯情報端末では「アプリ」ともいわれる。後者を**基本ソフトウェア**，または**システムソフトウェア**（system software）という。

　創成期のコンピュータでは，応用ソフトウェアの中にハードウェアを動かす処理手順も含まれており，コンピュータメーカーによって異なっていたハードウェアに応じた処理プログラムを用意しなければならなかった。その後，各々のアプリケーションで共通に利用されるハードウェアを統一的に管理するプログラムと，それを利用して目的とする仕事を処理するアプリケーションに処理プログラムを分離し，処理プログラムの負担を軽減していくようになった。こうして，同じ基本ソフトウェアをもつハード

第8章　ソフトウェアの基礎知識

図表8－1　ソフトウェアの変遷

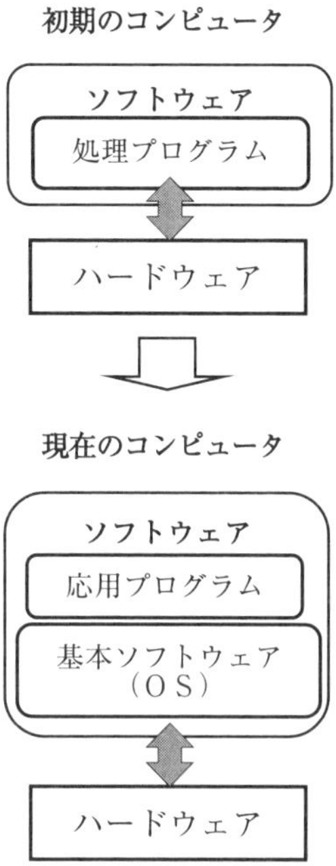

初期のコンピュータ

```
┌─────────────────────────┐
│      ソフトウェア          │
│  ┌───────────────────┐  │
│  │   処理プログラム      │  │
│  └───────────────────┘  │
└─────────────────────────┘
            ⇕
┌─────────────────────────┐
│      ハードウェア          │
└─────────────────────────┘
            ⇓
```

現在のコンピュータ

```
┌─────────────────────────┐
│      ソフトウェア          │
│  ┌───────────────────┐  │
│  │   応用プログラム      │  │
│  └───────────────────┘  │
│  ┌───────────────────┐  │
│  │  基本ソフトウェア     │  │
│  │    （ＯＳ）          │  │
│  └───────────────────┘  │
└─────────────────────────┘
            ⇕
┌─────────────────────────┐
│      ハードウェア          │
└─────────────────────────┘
```

ウェアであれば，メーカーに関係なくその基本ソフトウェア用に開発され
たどのようなアプリケーションも利用できるようになってきた（図表8－
1）。

1・3・1　基本ソフトウェア

　基本ソフトウェアは，多種多様なアプリケーションが共通に利用する周
辺装置や記憶装置などのハードウェアを制御し，コンピュータシステム全
体を効率よく運用・管理するソフトウェアであり，コンピュータシステム
のソフトウェアの中核をなしている。パソコンではこのような基本ソフト
ウェアを**オペレーティングシステム**（Operating System：**OS**：オーエ
ス）という。OS の提供する機能によって，OS の下で動作する応用ソフ
トウェアの開発をハードウェアから独立して行うことができ，また応用ソ

181

フトウェア自体の大きさも縮小できる。さらに，操作性をそれぞれの応用ソフトウェアで統一することもできる。ユーザにとってもハードウェアに依存することなく応用ソフトウェアを利用できる。同じ OS で動作するハードウェアであれば，その OS 向けに開発された様々な応用ソフトウェアが利用できる。

　汎用コンピュータ（メインフレーム）では，プログラムを作成する際にプログラムを**機械語**に翻訳するための言語プロセッサ（**3・2**節参照）や，コンピュータの利用を便利にするサービスプログラムあるいはユーティリティプログラムも OS とともに基本ソフトウェアに含まれる。また，コンピュータ関連で用いられる**プラットホーム**（platform）という言葉は，ハードウェアシステムとともにこの基本ソフトウェアを指していう。

1・3・2　応用ソフトウェア

　ユーザがコンピュータ上で実行したい処理作業を行う機能を直接担うプログラムが，**応用ソフトウェア**である。基本ソフトウェアの機能を利用しなければならないので，単独では実行できない。すなわち，応用ソフトウェアは基本ソフトウェアの下で動作する。パソコンの応用ソフトウェアには，ワープロソフトや表計算ソフト，プレゼンテーションソフト，ゲームソフト，ウェブブラウザ，電子メールソフト，画像編集ソフトなど，利用目的に応じて様々ある。また，企業でも一般事務で利用される上述のソフトウェア以外にも，業務関連のデータベースソフト，財務会計，人事管理，在庫管理などの管理関連ソフトなどが使われており，工場で使われるCAD，CAM，CAE などの自動化のエンジニアリングソフトウェアも応用ソフトウェアである。インターネットの高速化に伴い，ウェブサーバにアクセスし，そこにあるアプリケーションをダウンロードして利用するという形態も多くなってきている。このようにウェブの技術を利用して構築されたアプリケーションを，**ウェブアプリケーション**という。ウェブアプリケーションには，ウェブメールやオンラインショップ，オンラインバン

キングなどの業務ソフトなどがあり，最近ではワープロソフトなどにもその利用が広がっている。

1·3·3　ファームウェア

コンピュータに電源を入れからOSが起動するまでの処理手順を，ブート（boot）という。この処理手順をプログラム化したのが，**バイオス**（Basic Input/Output System；BIOS）である。コンピュータの基板上に装着されたROMなどにプログラムが記憶されている。BIOSはコンピュータの電源を入れたときに起動し，ハードディスクに保存されているOSのプログラムを主記憶装置に呼び出し，キーボード，マウス，プリンタ，ハードディスク等の基本的な周辺装置の初期設定を行う。ハードウェアの一部として本体に組み込んだこのようなソフトウェアをソフトウェアよりハードウェア寄りのソフトウェアということから，**ファームウェア**（firmware）といっている。近年，ファームウェアはデジタル家電製品や携帯情報端末などにも組み込まれている。

2　OSのあらまし

OSは，コンピュータを利用する際に目的の処理を効率よく行うようにハードウェアを動かす基本的なプログラムである。OSはハードウェアに依存するため，パソコンをはじめ，メインフレーム（汎用コンピュータ），ワークステーションなど，コンピュータの機種によって様々なものがある。

2·1　OSの目的と働き

OSには，主に次のような目的がある。
①ハードウェア資源の有効利用
②多様な処理への対応
③応用ソフトウェアの負担の軽減

④コンピュータ操作の向上
⑤ネットワーク接続の簡便化

2・1・1　ハードウェア資源の有効利用

　コンピュータには，ユーザがコンピュータに求める仕事を迅速・効率的に処理することが求められる。そのためには，コンピュータのもつ処理装置や周辺装置のようなハードウェア資源を効率よく活用していかなければならない。

(1) マルチプログラミング

　本来，1つのCPUは1つの時間単位では1つの命令しか処理できない。そこで，CPUを効率よく有効に利用するために，入出力動作などCPUが使用されない時間帯に他のプログラム処理の一部分（**タスク**：task）を割り当て，見かけ上複数のプログラムが同時に処理できるようにした機能であり，**マルチタスク**ともいわれる。現行のコンピュータはほとんどすべてマルチタスクOSである（図表8－2）。

(2) 仮想記憶方式

　今日のコンピュータのほとんどは，プログラムを主記憶装置に置いて命令を逐次実行していくというプログラム内蔵方式を採用している。そこ

図表8－2　マルチプログラミング

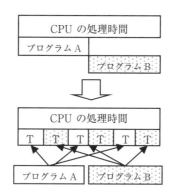

で，本来，プログラムの大きさは主記憶装置の大きさに制限される。他方，操作性などを重視するとプログラムは大きくなる。この問題を克服したのが，仮想記憶（virtual memory）方式である。実行すべきプログラムを，ページという小さな一定単位の大きさに分解して，OS が創り出す仮想的な記憶場所（**仮想記憶**）に保存し，必要に応じて実行に必要なページを主記憶装置（**実記憶**）に取り込み，実記憶で不要になったページは仮想記憶に戻すページング（paging）と呼ばれる方法でこの問題を解決している（図表 8 - 3）。このため，実記憶とは別に，実記憶の未使用の領域や補助記憶装置に仮想的な記憶を創り出して，実記憶の容量よりも大き

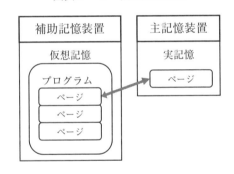

図表 8 - 3　仮想記憶方式

なプログラムが処理できるようにしている。

(3) ファイル管理

ファイル（file）とは，補助記憶装置に格納すべきデータやプログラム等をソフトウェア上で取り扱うための論理的な単位である。ファイル操作には，アプリケーションの起動，終了，新規ファイル作成，編集・処理後のファイルの補助記憶装置などへのコピー（ファイルの保存），補助記憶装置などに保存された既存ファイルの主記憶装置へのコピー（ファイルを開く），主記憶装置にあるファイルの消去（ファイルを閉じる），アプリケーション自体の補助記憶装置への保存（**インストール**：install）などがある。

第2部　情報リテラシー応用

　これらの操作は，最終的に記憶装置で機械的に処理される。また，関連する複数のファイルをまとめた**フォルダ**（folder）に階層構造をもたせ，効率的に記憶装置を管理したり，データの記録方式や管理領域の場所，ファイル利用を制限するアクセス権の管理などを定めたりできる。

（4）コンピュータの処理能力の尺度

　コンピュータの処理能力の尺度として，**スループット**（through put），**レスポンスタイム**（response time），**ターンアラウンドタイム**（turn around time）がある。スループット（through put）とは一定時間で処理できる仕事の量をいい，単位時間当たりの命令の数やデータ処理量，通信転送量などで表される。レスポンスタイム（response time）は応答時間ともいい，ユーザがコンピュータに指示やデータを入力してからその結果が出力されはじめるまでに要する時間である。すなわち，レスポンスタイムが短いほどコンピュータの「処理待ち時間」が短いことになる。ターンアラウンドタイムは，後述するバッチ処理などの場合に，仕事の処理を要求してからその処理結果を受け取るまでの時間である。すなわち，レスポンスタイムに入力時間と出力時間を加えた時間となる。

　コンピュータ自体の性能としてはスループットやレスポンスタイムが重要であるが，情報システム全体で考えればターンアラウンドタイムが重要な尺度となる。

2・1・2　多様な処理形態への対応

　情報システムにおけるコンピュータシステムの処理形態を大きく分けると，**バッチ処理**と**リアルタイム処理**がある。バッチ（batch）処理は一括処理ともいい，処理すべきデータを一定期間または一定量になるまで蓄積し，適切な時期に一括して処理する方式である。スループットの向上，ターンアラウンドタイムの短縮，運用性や信頼性の向上を目的としており，定型業務の処理に向いている。通信回線を介して，遠隔地の端末から中央にあるホストコンピュータに一括処理を実行させる**リモートバッチ**

（remote batch）**処理**もある。メインフレームを利用した旧来型の処理形態である。

　一方，リアルタイム（real time）処理は実時間処理ともいい，データ処理が即時に行われる方式である。通常は，**オンラインリアルタイム**（online real time）**処理**という形で行われている。「オンライン」とは回線につながれているという意味で，通信ネットワークを介してデータのやり取りが行われることを示す。この処理はオンライントランザクション処理が一般的で，通信ネットワークに接続された複数の端末がデータと処理要求をホストコンピュータに送信し，即時にデータ処理され，その結果が端末に送り返される。OS は，このような多様な処理に対応しなければならない。

2・1・3　応用ソフトウェアの負担の軽減

　応用ソフトウェアを実行する際，それぞれの応用ソフトウェアが入力方法，主記憶装置の記憶領域の割当て，ハードディスクに対するデータの読み書きの方法，あるいはプリンタへの出力などというハードウェアの各装置の設定や指定を直接行うのではなく，すべての応用ソフトウェアで共用する各装置の準備や実行についての諸々の処理を OS が統一的に担うことによって，応用ソフトウェアの負担が軽減され，その大きさも減らすことができる。

2・1・4　コンピュータ操作と運用の支援

　今日のコンピュータはプログラムの実行を容易にしたり，処理状況を表示したりするなど，ユーザのコンピュータ操作が容易になるように支援し，運用の円滑化を図っている。パソコンでは，画面上に，ウィンドウ，アイコン，ボタンなどの図柄が表示され，ユーザは目的の動作を表す図柄をマウスなどのポインティングデバイスでクリックしたり，タッチパネルで直接触れたりすることによって操作できる。このような操作環境を**グラ**

第2部　情報リテラシー応用

フィカルユーザインタフェース（Graphical User Interface；GUI：グイ）といい，基本的なプログラムをOSが提供している。初心者にもパソコンを簡単に利用できる操作環境を提供し，多種多様な応用ソフトウェアの操作性を統一化し，ソフトウェアの開発負担をも軽減している。

GUIの思想は，パソコンだけでなくコンピュータ全体のマンマシンインタフェースを考える上で重要性を増している。一般的に実現されている例では，プログラム，コマンドなどを表す図や絵柄をいう**アイコン**（icon），ウィンドウを上下左右に移動させる**スクロールバー**（scroll bar），必要となる判断や設定を要求する小さいウィンドウの**ダイアログボックス**（dialog box），処理の時々でどのような作業ができ，どのような装置やファイルが使用できるかを示す**メニュー**（menu）などがある。

GUIによって，応用ソフトウェアを視覚的直感的に操作できるようになる。また，例えば，ファイルのコピー操作についても，ハードディスクやUSBといった記憶装置や媒体に関係なく1つの統一的な簡単な操作で実行できるのもOSの機能による。

さらに，パソコンにプリンタなどの周辺機器（**デバイス**）を接続するときには，その機器がパソコンに認識されなければ動作しない。現在のパソコンは，周辺機器を接続しただけで自動的に認識する機能である**プラグアンドプレイ**をもつ。これは，OSが，その周辺機器を動作させる**デバイスドライバ**（device driver）というプログラムを用意しているからである。キーボード，マウス，USBなどの広く共通化が進んだ周辺機器については，OS内部に標準ドライバとして用意されている。

2·1·5　ネットワーク接続の簡便化

ネットワークとは，コンピュータ同士を結びつけるものである。インターネットの発展とともに，例えば，ウェブサイト（web site）上にあるウェブページ（web page）を見る際も自分のコンピュータとウェブサーバが接続されていることになる。このとき，OSはネットワークに接続す

る処理を行っている。ネットワークにつながったコンピュータのファイル
を共有したり，プリンタなどの周辺機器を共同利用したり，家庭内の
LAN が簡単に構築できたりする機能をサポートしている。

2·2　OS とコンピュータの機種

OS はコンピュータの用途やメーカーによって異なっている。パソコン
で使用される OS を中心に，メインフレーム，ワークステーション，さら
に携帯情報端末についても取り上げる。

2·2·1　パソコンの OS

パソコンの OS は，初心者が簡単に利用できるように様々な機能をも
ち，情報の共有のためのローカルエリアネットワークの構築化も容易にし
ている。現在のパソコンは，マイクロソフト（Microsoft）社が開発した
ウィンドウズ（Microsoft-Windows または MS Windows）という OS が
動くパソコン（**ウィンドウズマシン**という）とアップル（Apple）社製の
パソコン（**マックマシン**という）に大別される。

ウィンドウズは，アイコンとマウスによって視覚的直感的に操作できる
GUI を採用し，実行中の応用ソフトウェアをウィンドウで表示し，複数
のウィンドウをいつでも自由に切り替えることができるウィンドウシステ
ムを提供している。複数のアプリケーションを起動できるマルチタスク，
1 つのパソコンを複数のユーザが自分のパソコンのように利用できる**マル
チユーザ**に対応し，パソコンの標準的な OS として世界中で広く利用され
ている。

マックマシンの OS は**マック OS**（mac OS）といい，マックマシンの
みで動作する。ウィンドウズ同様に，マック OS は早くから，ユーザ中心
の操作性を重視した直感的な操作ができる独特の GUI を採用し，グラ
フィックデザイン，音楽，DTP などに関する高品質のアプリケーション
を豊富に揃えており，一定の支持を得ている。近年，CPU をウィンドウ

第2部　情報リテラシー応用

ズマシンと同じインテル（Intel）製に替えたことにより，そのためのアプリケーションを導入すればウィンドウズもマックマシンで動作可能となった。

　米国グーグル（Google）社が開発しオープンソースの OS である**グーグルクローム**（Google Chrome）**OS** も注目されている。この OS はウェブの閲覧とウェブアプリケーションの利用に特徴があり，ブラウザのグーグルクロームを通してすべてのアプリケーションがウェブからインストールされ，データをネット上に保存し，インターネットを通してどこででも編集・参照できる。

2・2・2　携帯情報端末の OS

　アップル社の開発したアイフォン（iPhone）の OS は**アイ OS**（iOS）といい，マック OS の一部分を搭載し，ディスプレイ画面の複数箇所を同時に触れて操作するマルチタッチの入力方式をもつ点が特徴である。アップル社製の iPod touch，タブレット端末の iPad，iPad mini にも搭載されている。アイフォン OS 向けのソフトウェア開発キット iPhone SDK（iPhone Software Development Kit）を公開し，多くの企業がアプリを開発する仕組みを作っており，ユーザはアップルが運営する**アップストア**（AppStore）からアプリを直接ダウンロードできる。

　グーグル社の**アンドロイド**（Android）は，スマートフォンやタブレットパソコンなどの携帯情報端末用の OS として開発され，グーグル社がインターネットで提供している各種機能とのデータの連携をしやすくしている。アップストアと同様，アプリを提供する**グーグルプレイ**（Google Play）がある。

　マイクロソフト社の**ウィンドウズフォン**（Windows Phone）は，初期のスマートフォンで採用していたウィンドウズモバイルの後継として開発した OS で，ウィンドウズマシンと連携しやすく，マイクロソフトオフィスともデータ交換しやすい。

190

2・2・3 その他の OS

一般のパソコンより高性能で大容量のワークステーションで有名な OS は**ユニックス**（UNIX）である。マルチユーザ・マルチタスク機能をもつユニックスはハードウェアに依存せず，C 言語というプログラム言語で記述されたソースコードがコンパクトであったことから，多くのコンピュータに移植されている。ネットワーク機能や安定性に優れ，高いセキュリティをもち，サーバや企業の基幹業務システム，学術機関のシステムなどに幅広く利用されている。

プログラムの処理手順やソースコードを公開するというオープンソースの考え方で公開され，世界中のボランティア開発者によって改良されている**リナックス**（Linux）も，最近広く使われはじめている。リナックスはユーザフレンドリーな GUI と低性能のパソコンで動作可能という特徴をもち，ネットワーク機能やセキュリティにも優れている。

また，近年，ネットワークサーバの普及によって，ホームサーバ向けの OS が登場し，マイクロソフト社のマイクロソフトウィンドウズサーバ（Microsoft Windows Server）の利用も多くなっている。

3　プログラム言語のあらまし

3・1　プログラム言語の役割

人間に代わってコンピュータに仕事をさせるためには，その仕事の手順をコンピュータに指示し，コンピュータが自動的に動作しなければならない。このときの命令書がプログラムである。そのときコンピュータが直接理解し処理できる言語はその CPU が理解できる固有の**機械語**で，その命令は「0」と「1」のコードで表される。それを人間が理解し記述するのは非常に難しいので，人間が日常使用している自然言語に近い形でプログラムを記述できる人工的な言語体系をつくり，**機械語**に**変換**してくれるソフトウェアを開発した。そのような言語体系のソフトウェアが，**プログラ**

ム言語（**プログラミング言語**ともいう）である。コンピュータを動作させる命令を記述するものなので，自然言語のような曖昧性はなく厳密で正確な文法規則をもつ。最終的に**機械語**に**変換**するソフトウェアが，言語プロセッサである。

　このように，プログラム言語は人間が自分の思い通りにコンピュータを動作させるための命令書を容易に記述するための人工的な言語であり，人間とコンピュータとの橋渡しを行う。

3・2　プログラム言語と言語プロセッサ

　プログラム言語に従って，人間がコンピュータにさせたい仕事の処理手順を記述したプログラム（**原始プログラム**，**ソースプログラム**またはソースコードという）を，最終的に**機械語**で表されるプログラム（**目的プログラム**，オブジェクトプログラムまたはオブジェクトコードという）に自動的に**変換**したり，翻訳したりするソフトウェアを**言語プロセッサ**という（図表8－4）。**変換**の仕方によって，アセンブラ（assembler），コンパイラ（compiler），インタプリタ（interpreter）と呼ばれるものがある。

　機械語（マシン語）は，コンピュータが直接理解できる言語で，「0」と「1」の2進コードで記述される。このコードを短いアルファベットの文字列や単語に記号化した言語が**アセンブリ言語**（またはアセンブラ言語）である。アセンブリ言語を**機械語**に**変換**する言語プロセッサを**アセンブラ**というが，基本的には**機械語**と1対1に対応している。

　コンパイラ言語は，英語のような自然言語に近い単語や数式を用いてプログラムを記述できる。この言語で記述されたプログラムを**機械語**に翻訳・**変換**する言語プロセッサを**コンパイラ**といい，目的プログラムを生成する。この過程をコンパイルという。コンパイラはその1つの命令が複数の**機械語**命令に置き換わるため，アセンブリ言語で記述されたものに比べ，処理効率が劣るといわれる。

　インタプリタ言語は，原始プログラムを実行するときに命令を1つずつ

図表8−4 プログラム言語

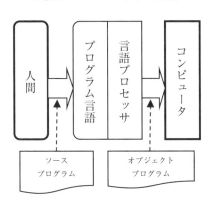

翻訳して**機械語**の命令に置き換え直ちに実行する**インタプリタ**という言語プロセッサをもつ。インタプリタはプログラムの実行時にプログラムエラーをすぐ修正できるという利点があるが，アセンブラやコンパイラのように目的プログラムを作成しないので，反復な処理があると同じ**機械語変換**が繰り返され，コンパイラに比べて処理速度が遅いといわれる。

3·3 プログラム言語の分類

(1) 低水準言語と高水準言語

プログラム言語は，**低水準言語**（または低級言語）と**高水準言語**（または高級言語）に分類される。高水準言語とは，人間の使う言語に近いという意味で水準が高く，低水準言語はコンピュータに依存し，**機械語**に近いという意味で水準が低いと表現される。

人間がプログラムを開発するには高水準言語の方が有利であるが，処理効率が高いのは低水準言語である。低水準言語は，コンピュータ固有の命令を用いてプログラムを記述するので，ハードウェアに依存した言語構成になっている。このため，**機械向き言語**（または計算機向き言語）とも呼ばれることもある。低水準言語には**機械語**とそれと同等のアセンブリ言語がある。

第2部　情報リテラシー応用

　一方，高水準言語は，ハードウェアを意識することなく，仕事の処理手順を日常の言語表現に近い表現でプログラムの作成ができる。このことから，**問題向き言語**とも呼ばれている。**機械語**やアセンブリ言語以外のコンパイラ言語やインタプリタ言語が高水準言語である（図表8－5）。

(2) 手続き型言語と非手続き型言語

　手続き型言語は，処理の手順，すなわち手続きを記述していく言語で，プログラムに記述された命令を順番に実行し，処理の結果に応じて変数の内容を変化させていく。代表的な手続き型言語にはC，COBOLなどがある。処理速度が速いが，プログラムの開発や保守等で処理の流れを検証するには手間がかかるという欠点がある。

　一方，**非手続き型言語**は，処理手順を意識せずに処理目的と操作対象となる一連のデータを指定し，何のために何を処理するかをプログラムとして記述していく言語である。関連するデータ集合とそれらを操作する手続

図表8－5　プログラム言語の種類

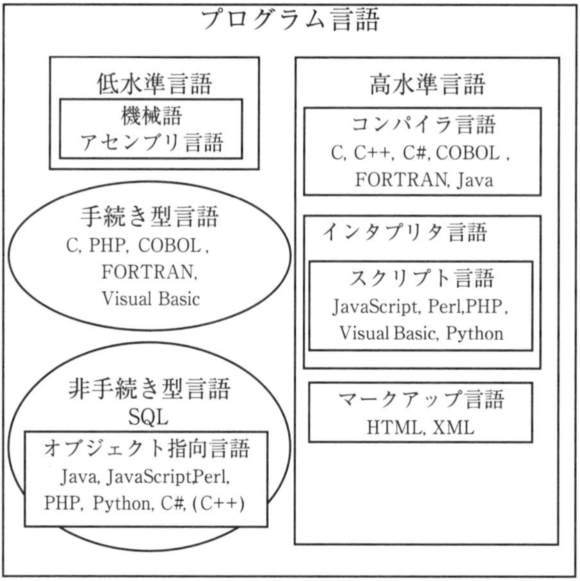

き（メソッド）をひとまとまりに組み合わせてプログラムを作成していくオブジェクト指向言語や，リレーショナル（関係）データベースに対する命令言語の SQL（構造化問合せ言語：structured query language）などがある。

(3) スクリプト言語

スクリプト言語は，多くの場合，インタプリタを用いて**機械語**への**変換**過程を簡単に実行できる簡易プログラム（**スクリプト**（script）という）を記述するための言語で，ほとんどがブラウザ上で動作する簡易プログラムを記述するためのものである。ウェブページにスクリプトを組み込むことで，単純な文書情報の静的なページに双方向的で様々な動的な機能を与えることができる。一般のプログラム言語に比べて機能は少ないが，プログラミングの習得が容易で記述も簡便である。代表的なものには，Perl や JavaScript などがある。

(4) マークアップ言語

マークアップ（markup）とは一定の規則の下に文書情報に注釈記号（tag：タグ）を付けることであり，**マークアップ言語**は文章の構造（段落など）や文字の大きさ・色などの修飾情報をタグによって指定する言語である。デジタル文書の標準的な保存や交換のための文書情報を定義するために開発され，現在はウェブページの記述言語として有名で，HTML，XML などが代表的である。

3・4　プログラム言語の種類

(1) 機械語

機械（マシン）**語**のプログラムはコンピュータを動作する 2 進コードで記述され，そのまま実行できるので言語プロセッサはない。一般的に**機械語**はハードウェアに依存し，プログラムは他のコンピュータでは動作しない。

(2) アセンブリ言語

アセンブリ言語は，**機械語**を 1 対 1 で記号化した言語であり，アセンブ

リ言語の1つの命令に対し，1つの**機械語**の命令が生成されることになる。

(3) C言語

C（シー）**言語**は．現在もっとも普及している言語の1つである。システムプログラムの開発用に開発され，ハードウェアを動かす低水準な処理を記述できることから，システム記述言語ともいわれる。サーバなどのOSで有名な UNIX は C 言語で記述されている。特定のコンピュータに依存する部分とは独立して言語を構成しているので，プログラムを他のコンピュータで動作するように書き換えるのが容易である。

C言語の拡張版として，C＋＋（シープラスプラス）がある。C#（シーシャープ）は C＋＋と Java をもとに作られた言語であり，C 言語や C＋＋と互換性はない。

(4) COBOL

COBOL（コボル）は，COmmon Business Oriented Language の略で，事務処理向きに開発され，企業や公共団体のメインフレームなどの事務処理や会計処理に広く利用されている。開発後50年以上も経つが，COBOL で処理されるシステムはまだ多く，その保守・維持の改良のためにいまだに需要がある。スーパーコンピュータの科学技術計算に利用されている科学技術計算用の言語である **FORTRAN** とともに，メインフレーム創成期の代表的な高級言語である。

(5) Java

Java（ジャバ）は米国サンマイクロシステムズ社（Sun Microsystems）が開発したオブジェクト指向言語であり，Java 仮想マシンと呼ばれる動作環境をもつコンピュータであれば，ハードウェアや OS の違いによらず Java アプリケーションが動作する。セキュリティやネットワーク関連の機能が充実しているので，ネットワーク環境下のシステムに導入されている。Java の技術は，携帯情報端末から企業の情報システムを担う大規模なサーバやスーパーコンピュータまで広く活用され，最近のプログラム言語の主流となっている。ウェブシステムから組み込みシステムまで，幅広

く利用できる。

また，Javaで記述された小さなアプリケーションを**Javaアプレット**という。ウェブサーバから自動的にダウンロード，実行され，ウェブページ内でアニメーションを動かしたり，マウスによる双方向的な操作を可能にしたりする機能をブラウザ（ウェブのクライアント側）にもたせ，動的なウェブページを実現させている。

一方，ウェブサイトのサーバ側では，ウェブページなどを動的にしたりデータ処理をしたりするJavaアプリケーションである**Javaサーブレット**の技術が利用されている。

(6) Visual Basic

Visual Basic（ビジュアルベーシック；VB：ブイビー）は，マイクロソフト社がGUIの機能を生かしてウィンドウズ用に開発した言語である。基本となるウィンドウにボタンやテキストボックス，スクロールバーなどのGUIの部品を配置し，その操作や入力されるデータなどの処理を記述してプログラムを作成していく。GUIを実現するときに付随する定型的な画面処理が部品の内部で行われるため，GUIを利用したプログラムを簡単に作成することができる。

(7) HTML

HTML（エイチティーエムエル）はHyper Text Markup Languageの略で，ウェブページを記述するための基本的なマークアップ言語である。ウェブページの構造を記述する言語で，ページ上の文書の論理構造を記述したり，文書の中に画像や音声，動画などを埋め込んだり，文書にある特定の語句に関連する文献を呼び出す機能（ハイパーリンク）を埋め込んだりできる。

(8) JavaScript

JavaScript（ジャバスクリプト）はウェブページを単なるテキストの表示という静的な表現から動的で双方向の表現を可能にするための簡易プログラム言語として開発され，ウェブブラウザに搭載されている場合が

第2部　情報リテラシー応用

多い。Java 言語をベースに開発されているが，Java 言語とは互換性は
ない。

（9）PHP

　PHP（ピーエイチピー）は HTML に埋め込むことができるオープン
ソースの汎用スクリプト言語であり，短いプログラムでウェブサイトを作
成できる。ブラウザでプログラムを受け取り実行される JavaScript と異
なり，PHP ではサーバサイドでプログラムが実行されるので，クライア
ントはどのようなプログラムの結果なのかわからないというメリットがあ
る。Facebook などに用いられている。

（10）Python

　Python（パイソン）は，Google の他にも，Yahoo や MSN などの Web
サービスに使われているオープンソースのプログラミング言語である。習
得しやすく使いやすいので，Web アプリケーション開発，機械学習，統
計処理など，様々な分野で使われている。

4　パソコンでのソフトウェアの活用

　企業内で業務処理の支援のためにパソコンを活用するときや，個人の知
的活動でパソコンを情報処理ツールとして考えたとき，書く，計算する，
情報を記憶する，情報を伝達し表現する，などの作業を支援する代表的な
ソフトウェアについて述べる。

4・1　文章作成のためのソフト

（1）ワープロソフト

　ワープロソフトは，文書を「電子的な文章」として，編集，印刷，保存
するためのソフトである。文書の電子化は，文書の再利用という観点から
非常に重要であり有効である。その特徴は，語句の追加，削除，訂正や文
章の順序の入れ替えが容易であり，手書き文章の清書ができることであ

第8章　ソフトウェアの基礎知識

る。また，文章のアイデアをまとめ，文章や内容そのものを練り上げてい
くことも簡単にできる。画面で見ている文書そのものが印刷されるとい
う，**WYSIWYG**（What You See Is What You Get：ウイジーウイグ）
方式により，文書作成途中でも印刷イメージを意識した編集ができ，複雑
なレイアウトの文書作成もできる。パソコンを利用したワードプロセッシ
ングは知的生産を支援するもっとも基礎的なツールの1つである。マイク
ロソフト社のワード（Microsoft Word）やジャストシステム社の「一太
郎」が有名である。

(2) 日本語入力ソフト

　日本語入力ソフトはパソコンに漢字やひらがなを入力するための仮名漢
字変換ソフトである。仮名漢字変換では，ローマ字や仮名文字で入力され
た漢字の読みが，文字列と仮名漢字の対応表からなる「辞書」を使って対
応する仮名漢字に**変換**される。1つの IM ソフトを組み込んでおけば，複
数のアプリケーション間で同じ仮名漢字変換操作の入力方法がとれる。マ
イクロソフト社の IME（Microsoft Input Method Editor），ジャストシス
テム社のエイトック（ATOK）などがある。

4・2　表計算とグラフ作成のためのソフト

　表計算ソフト（スプレッドシートともいう）は，数値計算やグラフ作成
のためのソフトである。セルというマス目が格子状に配列している行列の
データ表（ワークシートという）でセルに計算式や関数を入力することに
よって簡単に数値計算ができる。表中のセルの数値を変更すると，そのセ
ルに関連するセルの数値も自動計算されるという再計算機能をもつ。表計
算ソフトを利用すれば，プログラミングの知識なしで一般的な事務計算処
理ができる。

　繰り返し処理作業をする場合には，処理のための一連の操作手順を前
もって登録しておくと，簡単な操作でその作業が自動的に実行できるマク
ロ機能がある。操作手順を記録するレコード機能を用いれば，マクロを自

動的に作成できる。また，表計算ソフトには棒グラフや折れ線グラフなどの各種のグラフを簡単に作成するグラフ作成機能，データの並べ替えや特定のデータの抽出といったデータベース機能，統計分析や What-if 分析の機能がある。マイクロソフト社のエクセル（Microsoft Excel）が有名である。

4・3　データ整理と情報獲得のためのソフト

データベース（Data Base；DB）は，多目的に利用するためにお互いに関連のあるデータが統合的にまとめられたファイルである。これを作成，管理するのが**データベースソフト**である。表計算ソフトがあくまでも集計表内の行と列の計算が中心であるのに対して，データベースソフトでは望む集計表を 1 つの操作で新たに作成できる。表計算ソフトのもつ機能では不十分で，より高度なデータ管理の処理や大量のデータを扱うためには，データベースソフトが必要となる。

多くのデータベースソフトは，**リレーショナル型データベース**（Relational Data Base；RDB）の考えにもとづいており，データ項目の間の関係に着目していくつかの表形式のデータベースが作成される。このデータベースに対して，表中のいくつかのデータ項目の中から必要な項目を抜き出したり，あるデータ項目の中から特定の条件に合うデータを抜き出したり，複数の表に共通のデータ項目をキーとして結合したりして，新しい表を簡単に作成できる。マイクロソフト社のアクセス（Microsoft Access）が代表的である。

4・4　発表のためのソフト

プレゼンテーション（口頭発表）を効果的に行うための図表や報告資料などの準備を助けるソフトが，**プレゼンテーションソフト**である。マイクロソフト社のパワーポイント（Microsoft PowerPoint）が有名である。発表のための資料や説明内容をスライド形式に整理する機能，発表すべき内

容を構成する機能（アウトライン機能），発表に用いる資料を作成する機能などがある。

このように，パソコンを使ってプレゼンテーション用のスライド，ビデオなどを作成し，パソコン画面をプロジェクタに接続してスクリーン画面に投射しながら発表するという**DTPR**（Desk Top Presentation）がプレゼンテーションの常識となってきている。

4·5　インターネット利用のためのソフト

(1) メールソフト

インターネットで画像や音声などを含んだメッセージを交換する電子メール（electronic mail；e-mail：イーメール）を送信・受信するためのソフトをメールソフト（mailer：メーラー）という。マイクロソフト社のアウトルック（Outlook）などが有名であるが，近年のインターネット環境の進展にともに，Yahoo メール，Gmail，Outlook.com のようなウェブ上でメール交換するウェブメールの利用が一般化しつつある。

メールは文書や画像のファイルを添付して送信・受信できるが，添付ファイルが大きいと送信・受信の効率が悪くなる。このとき，**ファイル圧縮解凍ソフト**を用いるとファイルの大きさを小さくできる。ファイルの大きさをデータの意味を残しながら縮小することを圧縮，圧縮されたファイルを元の状態に戻すことを解凍という。圧縮されたファイルは通常のアプリケーションで内容を閲覧・編集はできない。圧縮されたファイルの拡張子に「zip」がつくジップファイルは WinZip（ウィンジップ），拡張子に「lzh」がつくファイルは LHA（エルエイチエー）という無料配布ソフトで解凍できる。

(2) ブラウザ

インターネットの WWW（World Wide Web）のウェブサイトに蓄積されているウェブページにアクセスし，その情報を閲覧するためのソフトウェアを**ブラウザ**（browser）という。この種のソフトとして，マイクロ

201

ソフト社のインターネットエクスプローラ（Internet Explorer）やエッジ（Microsoft Edge），グーグル社のグーグルクローム（Google Chrome），アップル社のサファリ（Safari）などがある。

　ブラウザには，**ストリーミング**（streaming）方式というインターネットから映像や音声などのマルチメディアデータをダウンロードしながら同時に再生できる機能をもつメディアプレーヤ（media player）というオーディオビジュアル用のソフトが組み込まれている。例えば，クイックタイムプレーヤ（QuickTime player），ウィンドウズメディアプレイヤ（Windows Media Player）などである。

（3）コンテンツを豊かにするソフト

　ウェブページはワープロソフトやブラウザなどを用い，HTML 言語で作成される。しかし，洗練したウェブサイトを簡単に作成するためには**ホームページ作成ソフト**を利用するとよい。サイト全体の構成，フレームやフォーム，他の文書や画像とリンクしたハイパーリンクの設定やアクセス数を数えるヒットカウンタの設定も簡単にできる。

　書籍並みの高品質の文字情報をウェブに掲載するときに用いられるのが，**PDF**（Portable Document Format：ピーディーエフ）ファイルであり，アドビシステムズ（Adobe Systems）社のアクロバット（Acrobat）により作成できる。PDF ファイルは，同社から無料で配布されるアドビリーダー（Adobe Reader）で閲覧できる。

　ウェブページに画像などを埋め込むことより，魅力的で効果的になるので，デジタルカメラやスキャナなどの画像入力装置によって取り込んだ画像データについて，色調や色濃度の変更，必要な画像を切り取るトリミング，合成画像や特殊効果などの画像処理ができる**フォトレタッチソフト**（写真編集ソフト）も有効である。この分野の代表的なソフトとして，アドビシステムズ社のフォトショップ（Adobe Photoshop）が有名である。イラストやロゴタイプなどをデザインできる描画ソフトとしてイラストレータ（Adobe Illustrator）も広く利用されている。

アドビシステムズ社のプレミア（Adobe Premiere）や，マイクロソフト社のウィンドウズムービーメーカー（Windows Movie Maker）などのソフトは，デジタルビデオカメラやビデオキャプチャなどの動画入力装置によって取り込んだ動画データを編集・加工できる。さらに，簡単なアニメーション，ゲーム，広告などのコンテンツを作るためのソフトとしてアドビフラッシュプレーヤ（Adobe Flash Player）があり，このコンテンツを**フラッシュ**（flash）といっている。ユーチューブ（YouTube）のような動画配信サイトなどに利用され，携帯情報端末にも普及しはじめている。

（4）ネットワークや個人情報を守るソフト

パソコンに被害を与えるコンピュータウイルスに感染したとき，ファイルを修復し，感染前の状態に回復してくれるソフトがある。そのようなウイルスを駆除するためのソフトを，**ワクチンソフト**または**アンチウイルスソフト**という。また，インターネットを通じて外部から侵入してくるウイルスや不正侵入から自分のパソコンを防御するための**パーソナルファイヤーウォール**の重要性も高まっている。

この対策として，シマンテック（Symantec）社，トレンドマイクロ（Trend Micro）社，マカフィー（McAfee）社などのインターネットセキュリティのためのソフトがある。

4·6　アプリケーションとデータ利用

アプリケーションでは，**カット**（切り取り）**アンドペースト**（貼り付け）や**コピー**（複写）**アンドペースト**という機能によって，必要な文字列や画像などをクリップボードという記憶場所に一時的に保存して他の場所に貼り付けることができる。ウィンドウズのマルチウィンドウ機能によって，起動している複数のアプリケーションの間でもテキスト形式でデータの切り貼り・複写ができる（図表8－6）。マイクロソフト社のマイクロソフトオフィス（Microsoft Office）のような複数のアプリケーションがパッケージとして同梱されたアプリケーションスイート（application

図表8-6　カット／コピーアンドペーストとデータ互換

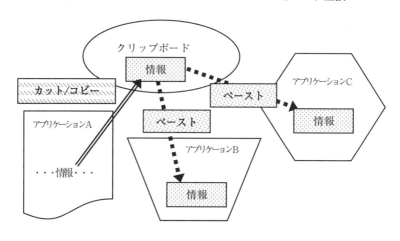

suite) では，各アプリケーションのデータの連携が簡単にできる。

5　人工知能の進展

　レイ・カーツワイルは，**人工知能**（Artificial Intelligence；**AI**：エーアイ）が人間の能力を超える「シンギュラリティ（singularity）：技術的特異点」という状況が2045年に起こり，今までの直線的に発展した科学技術が指数関数的に発展し，それまでとは異なる世界となることを予想している。

　2017年に将棋の名人がコンピュータ将棋ソフトのポナンザ（Ponanza）に負け，その前年には世界的なプロ囲碁棋士がGoogle DeepMind社のコンピュータ囲碁ソフトのアルファ碁（AlphaGo）に敗れるというニュースが衝撃を与えた。その衝撃の大きさは，それ以前にIBMのディープブルー（Deep Blue）というコンピュータが当時のチェス世界チャンピオンを負かしたというニュース以上であった。

　他方，実生活ではグーグルがハンドル，アクセルペダルやブレーキペダ

ルもない完全自動運転の自動車を開発して話題を集め，日産やメルセデスベンツなどの自動車メーカーは既存の自動車にAI技術を応用して自動運転の開発を進めている。最近のこれらのソフトや技術には，ICTの発展を背景としてここ数年で革新的に進展したAIが応用されている。

　AIという言葉は1956年にダートマス会議で命名されたが，機械（コンピュータ）と知性に関しては，1950年に英国の情報科学者のアラン・チューリングが機械と人間とを判別するための「チューリングテスト」を提案している。1980年代に入り，エキスパート（専門家）のもつ知識を「if then」の型式でデータベース化（知識ベース）し，それを用いて新しいルールを造り出す推論によって，コンピュータに複雑な問題を解かせるというエキスパートシステムという技術を生んだ。しかし，専門家の知識をルール化するのが難しく，また網羅することができないので，その効果が限定的であった。このとき課題となったのが，コンピュータに人間のもつ豊富な経験的専門知識をいかに簡単に獲得させるかという問題であった。

　そして，再びAIが脚光を浴びているのが現在であり，その革新的なAI技術のキーワードとなっているのが，ビッグデータ，機械学習，ディープラーニングである。

5・1　ビッグデータ

　ビッグデータ（big data）の定義は明確ではないが，ITC技術の普及と進化によって生まれ，従来用いられているデータベース管理ソフトでは扱えることができないほどの膨大なデータの量（volume）と発生頻度（velocity）と多様性（variety）（3Vといわれる）をもつデータといわれる。データベースで用いられる形式の整ったデータではなく，非構造化データであるマルチメディアデータなども含まれる。オンラインショッピングで蓄積される購入履歴，乗車履歴，インターネットの通信ログ，SNSで毎日発信されるコメントや口コミの情報，スマートフォンのGPS情報，あらゆる機械がインターネットに結合されるというIoTによって収集さ

第2部　情報リテラシー応用

れる各種センサーや監視カメラなどのデータが例となる。

5・2　機械学習

機械学習（machine learning）とは，人間と同等の分類・認識の機能を
コンピュータで実現し，さらに，その分類・認識機能を，人間を介さず自
動的に高めていく技術や手法のことである。従来，コンピュータには，統
計的手法を用いて自動的に認識，分類する技術があった。機械学習の1つ
の手法である**ディープラーニング**（deep learning：**深層学習**）では，人
間が行う学習と異なり，数値やテキスト，画像，音声データなど膨大な
データの中から，特徴量（対象を特徴付ける変数の組み合わせ）の抽出
（学習のための入力データの数量化）を自動的に行い，推論を行うモデル
を造り出していく。この過程が「学習」となり，これにより，新規データ
が入力されるとコンピュータが自動的に分類や認識を行うことができる。

　機械学習のアルゴリズムには，大きく分けて「教師あり学習」，「教師な
し学習」，「強化学習」がある。教師あり学習は，入力データとして人間が
つけたラベル（正解）付きのデータ（正解データ）を使って対象の特徴量
を自動的に抽出し学習させていく方法である。教師なし学習は，正解デー
タを与えず，膨大なデータから自動的に抽出した特徴量から構造や傾向，
規則などを発見していく学習方法である。強化学習は，未知の領域の問題
に対して報酬（得点）を得るために試行錯誤的に経験を積んでいき，自律
的に自分の行動を修正し最適な行動を探し出していく学習方法である。

5・3　ディープラーニング

ディープラーニングは，2012年グーグルがユーチューブの膨大な猫の画
像データからコンピュータが「猫」を自動的に認識した（「Google の猫」
といわれる）ときに用いられ，音声・画像・自然言語を対象とする認識問
題に対し高い性能を示し広く普及している。

　ディープラーニングで用いられる代表的な数理モデルは，多層構造の

206

ニューラルネットワーク（neural network）を用いた機械学習である。人間の脳は多数のニューロン（神経細胞）のネットワークで構成され，1つのニューロンは他の多数のニューロンから刺激（信号）を受け取り，あるレベルを超えると他の多数のニューロンに刺激を伝達しながら様々な情報の処理を行っている。この仕組みをコンピュータ上で実現しようとした数理モデルが，ニューラルネットワークである（図表8－7）。

ディープラーニングで用いられるニューラルネットワークは入力層，中間層，出力層の3つの種類の層から構成され，中間層は「隠れ層」ともいい，多数の層をもち，これが「深層」の意味である。入力層の膨大なデータが，要素間の結合の強さを示す重み係数を経て次の層の一つひとつの要素に受け渡され，出力層に至る。出力層に正解を与える教師あり学習では，正解の教師データに近づけるように各層間の重み係数を自動的に繰り返し調整していくことがディープラーニングの本質的な手順であり，ディープラーニングでの「学習」となる。正解のタグ（「猫」）が付いた膨大な入力データ（猫の画像）による学習によって，新たな入力データ（あ

図表8－7　ディープラーニングにおけるニューラルネットワーク

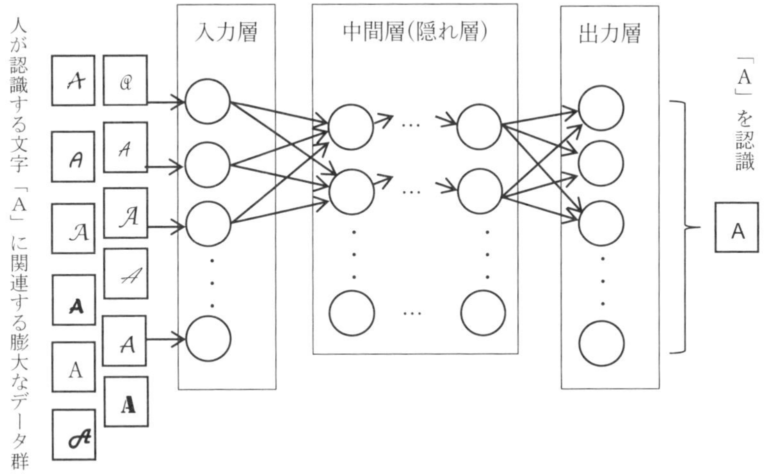

る動物の画像）に対するタグの判断（「猫」かどうか）を行うことができる。

　このようなディープラーニングを適用して高い精度の結果を得るには，良質で膨大なデータ（ビッグデータ）が必要であり，そのためのデータ収集するためのビッグデータシステム，比較的安価で高速・高性能な並列処理を行う GPU（Graphics Processing Unit），高速大容量のデータに対応したストレージ技術といったハードウェアやソフトウェアの技術の進展も重要な要素となっている。

　現在，ディープラーニングの応用分野として，以下のようなものがある。

①画像認識：静止画や動画を入力して，文字や顔などの特徴を認識したり検出したりして，顔認識，写真の顔表情からの感情分析，自動運転，CT や MRI などの医療画像データからの診断，センサーデータからの監視（故障や異常動作の検知），不良品の検出などを行う。

②音声認識：音声を認識し，音声入力や声の発声による人物識別，機械通訳などを行う。

③自然言語処理：文脈を理解し普段使っている自然言語（書き言葉・話し言葉）を理解して，機械翻訳，記事要約，コールセンターで問合せ応答，スパム判定，医療関連論文からの新薬開発などを行う。

④ロボット制御：ロボットが環境の変化に対応して自律的行動（自己学習）をする。

第9章

通信ネットワーク

📖 **この章で学ぶこと**

インターネット，通信ネットワーク，通信規約，ローカルエリアネットワーク，クライアントサーバシステム，Ethernet，LAN，無線，Bluetooth，クラウドコンピューティング

インターネットに代表される通信ネットワークは，高度情報社会の基盤である。今日ではインターネット技術の他にも，様々な有線通信・無線通信技術が使われている。本章では，これらの通信ネットワーク技術の基礎を概説する。

1 通信ネットワークの役割

1・1 社会における通信ネットワーク

現代社会は高度情報社会である。高度情報社会の基盤を形成するのがデジタル通信ネットワークである。ここで**通信ネットワーク**（communication network）とは，多数の通信主体すなわち**ノード**（node）が，複雑な網状の通信経路すなわち**チャネル**（channel）あるいは**リンク**（link）によって結び付いている状態を指す。パソコンやサーバがノードであり，インターネット回線や無線がチャネルである。

今日，通信ネットワークが社会生活において非常に重要なので，現代社会はネットワーク社会とも呼ばれる。また，情報技術の普及速度が速く，ＩＴ（情報通信技術）革命とも呼ばれる。

209

第2部　情報リテラシー応用

　世界中に多様な通信ネットワークがある。後述する Ethernet 技術を
ベースに，多様なネットワーク技術を統合した世界的ネットワークがイン
ターネット（Internet）である。インターネットとは元来「ネットワーク
のネットワーク」の意味であるが，このようにして形成された世界的ネッ
トワークもインターネットという。

1・2　組織内の通信ネットワーク

　組織は外部とのコミュニケーションのために多様な通信ネットワークを
利用しているだけでなく，組織内でのコミュニケーションや情報共有のた
めに組織内通信網を持っている。この利用によって，組織全体での業務調
整・意思統一や意思決定ができる。

　組織のネットワークはその規模に応じて，図表9－1のように，様々な
呼び方をされる。そしてこれらのネットワークを組み合わせて，様々な情
報システムが構築される，これらの情報システムは図表9－2のように，
業務系システム，情報系システム，そしてコミュニケーションシステムに
大別できる。

図表9－1　通信ネットワークの規模による呼び名

GAN（Global Area Network）　　　　　：各国にまたがる世界規模のネットワーク
WAN（Wide Area Network）　　　　　 ：都市間にまたがる大規模ネットワーク
MAN（Metropolitan Area Network）：都市内を網羅するネットワーク
LAN（Local Area Network）　　　　　：敷地内に限定されたネットワーク

図表9－2　組織内の情報システム分類

業務系システム：日常取引や日常業務の遂行に不可欠な情報システム
情報系システム：組織の管理情報や意思決定資料を収集する情報システム
コミュニケーションシステム：組織内のコミュニケーションのシステム

2 主要な通信技術

2・1 公衆電話回線網

電話による音声通話を実現している**公衆電話回線網**（固定電話網ともいう：**PSTN**）は，社会のネットワーク基盤を構成する代表的な通信基盤である。東西NTT（元日本電信電話公社）が，公衆電話回線網を敷設し中継設備を設置している。当初はアナログ回線による回線交換方式で構築されたが，今日では東西NTT内はほとんどが光ケーブルで，デジタル化されている。ただし，屋内配線は単芯2線の銅ケーブルである。

交換機のシステムは階層的な構造で日本全国を網羅している。交換機群の階層的配置に基づいて，電話番号は北から南へ1〜9のブロックに割り振られ，これを細分化して市外局番が決められている。電話番号はさらに，市内局番，加入者番号で構成され，市外局番・市内局番・加入者番号で，全部で数字10桁という形式になっている。

東西NTTが運用する交換機網が2025年に維持限界となる。そこで，2024年までに，これに接続する電話機等をIP網（Next Generation Network：**NGN**）での**IP-IP接続**に移行させる。既存の固定電話はメタル回線で接続するが，基地局で変換装置を介してIP網に接続する**メタルIP電話**として利用を継続する。ただし，固定電話で契約したキャッチホンやマイライン等の付帯的な機能はサービス終了になる。

2・2 光ケーブルとケーブルテレビの回線網

光ファイバーケーブル（単に光ケーブルともいう）は光信号を伝達する。光ケーブルは高価で固いケーブルだが，高速で信号減衰が少ないので，伝達距離が長く，高速の回線で利用される。政府や電話回線事業者（東西NTT等）は，電話回線網もデータ通信網も全て光ケーブル化することを目指し，まだ銅ケーブルのままの家庭への配線を光ケーブルに置き換えようとしている。このことおよび電話回線事業者によるこのサービス

を，**FTTH**（Fiber To The Home）という。

　ケーブルテレビ（Cable Television：**CATV**）事業者は，家庭の屋内配線にテレビ信号用の**同軸ケーブル**（Coaxial cable）を利用している。同軸ケーブルは外部への電磁波の漏れが少なく，伝送速度も比較的速い。ケーブルテレビ事業者は，この信号帯の一部を使って，インターネット接続サービスを提供している。

2·3　LAN

　LANでは，上記の光ケーブル，同軸ケーブルの他，**より対線（ツイストペアケーブル**，twisted pair cable）や無線が利用される。今日のLANでは有線接続において，インターネット標準の**Ethernet**を使う。Ethernetでは8芯のモジュラ式コネクタ（**RJ45**）を付けたより対線ケーブル（**100BASE-TX**など）を使い，多様なネットワーク機器と接続する。

　代表的なネットワーク機器には，リピータ，ブリッジ，ハブ，スイッチ，ルータがある。**リピータ**（repeater）はネットワーク間の電気信号を増幅・再生し，単にネットワークを延長する機器である。**ブリッジ**（bridge）はレイヤ2のフレーム交換をする。ブロードキャストや受信ポートを学習して，送信先ポート（より対線ケーブルの接続口）を選択する機能を持つ。**ハブ**（hub）は複数のより対線ケーブルを集線して**スター型**配線を構成し，電気信号の復元・増幅を行い，他ポートに流す。**スイッチ**（switch，スイッチングハブ）は送出先のポートを選択・限定する。

　ルータ（router）はLANのゲートウェイとなり，LAN外部（インターネット）とのグローバルIPパケットの交換を行う。LAN内部のクライアントに対しては**DHCP**（Dynamic Host Configuration Protocol）サーバでプライベートIPアドレスを提供し，ルータが**グローバルIPアドレス**と**プライベートIPアドレス**および**ポート（port）番号**の相互変換を行うことで，LAN内部のクライアントがインターネットにアクセスできるようにしている。インターネットではグローバルIPアドレスでLANのゲート

ウェイとなるルータを識別し，LAN内部のクライアントおよびその各種アプリケーションはポート番号で識別している。有線LANでは有線ルータ，無線LANでは無線ルータが使われる。両方のルータ機能を持つ機器もある。

LANでは上記の物理環境で，**CSMA/CD**（Carrier Sense Multiple Access/Collusion Detection）プロトコルによるデジタルデータ伝送を行う。データを送出したサーバは送出時に**信号衝突**（collusion）を検出し，もし衝突していた場合には，適当な時間間隔を置いて再送する。パソコンやサーバは常に信号を受信し，自分宛でないパケットフレームは廃棄する。

2·4　電力線通信

既設住宅のように新たにLAN配線を敷設できない場所では，電力線通信（Power Line Communication：PLCまたはPower Line Telecommunication：PLT）を使ってLANを実現する。通信に既存の電力線を使えるのは利点であるが，通信速度が遅いこと，電波漏洩および無線通信への影響があることが欠点である。

2·5　無線通信

無線通信は電波による信号伝達である。家電製品のリモコンに使われている**赤外線通信**が広く知られている。赤外線は直進性が強いので，リモコンを受信機の方向に向けなければ受信できない。このため混信の可能性が低く，今日でも広く利用されている。

今日ではさらに，無線LANやBluetoothが代表的な近接用データ通信である。**電波法**では小電力データ通信システムの無線局に該当する。これを利用するのに免許は不要であるが，機器の販売会社による**技術基準適合証明**が必要である。

無線LANはIEEE 802.11シリーズとして国際標準化されている。規格には，図表9－3のようなものが含まれており，周波数帯が同じで

図表9－3　IEEE 802.11シリーズの規格

規　　格	周波数帯	公称速度
IEEE 802.11a	5.15-5.35GHz 5.47-5.725GHz	54Mbps
IEEE 802.11b	2.4-2.5GHz	11Mbps/22Mbps
IEEE 802.11g	2.4-2.5GHz	54Mbps
IEEE 802.11j	4.9-5.0GHz 5.03-5.091GHz	54Mbps
IEEE 802.11n	2.4-2.5GHz 5.15-5.35GHz 5.47-5.725GHz	65Mbps-600Mbps
IEEE 802.11ac	5.15-5.35GHz 5.47-5.725GHz	292.5Mbps-6.93Gbps
IEEE 802.11ad	57-66GHz	4.6Gbps-6.8Gbps

も，二次変調方式が異なる場合，異なる規格となっている。規格が異なる
と通信することができないが，最近の無線機器は，複数の規格を自動的に
切り換えるようになっている。実際の通信速度は表の公称速度の半分から
3分の1である。

　無線の場合には，受信機があれば誰でも電波を受信できる。そこで通信
内容を秘匿するために，暗号技術を使ったセキュリティ方式が採用されて
いる。携帯電話では，米国の標準暗号規格である**AES**（Advanced
Encryption Standard）やKASUMIなどの暗号技術を使って通信が暗号
化されている。

　無線LANで使われる代表的なセキュリティ方式には，**WEP**（Wired
Equivalent Privacy），**WPA**（Wi-Fi Protected Access）そしてこれを強
化した**WPA2**（Wi-Fi Protected Access2）がある。今日ではこれら全て
に脆弱性が発見され，対応を求められている。

　BluetoothはIEEE 802.15標準に含まれる，モバイル機器向けの低速・
近距離・小電力のデータ通信規格である。無線LANでも使われている
ISMバンド（2.4GHz帯）の電波を使用する。機器が安価で小型なので，
パソコンのマウスやキーボード，ヘッドセットなどの至近距離デジタル

第9章　通信ネットワーク

図表9－4　Bluetooth の主要なプロファイル

プロファイル	説　明
HID（Human Interface Device Profile）	（マウス・キーボード用）入力機器用
HSP（Headset Profile）	（通話用）ヘッドセットとの通信用
HFP（Hands-Free Profile）	（通話用）ハンズフリー通話用
A2DP（Advanced Audio Distribution Profile）	（音楽用）ステレオ音声を伝送用
AVRCP（Audio/Video Remote Control Profile）	（音楽用）AV 機器のコントロール用
ANP（Alert Notification Profile）	（通知用）電話やメール等着信通知用
3DSP（3D Synchronization Profile）	（画像用）3DHUD とテレビの接続用

HUD＝Head Up Display

データ伝送に利用される。

　Bluetooth を使うためには，親機と子機に Bluetooth 機能がある他に，図表9－4にあるような両者のプロファイルが一致していることが必要である。

2·6　衛星通信

　宇宙空間に打ち上げられた人工衛星を経由し，マイクロ波帯の電波を用いてデータを伝送する通信技術である。地上の送信局から**通信衛星**（communications satellite：CS）に送信することを**アップリンク**（uplink），通信衛星から地上の受信局に送信することを**ダウンリンク**（downlink）という。衛星通信には，①広域の受信局に一斉放送できるという広域・同報性，②送信局も受信局も自由に設定・移動できるという柔軟性，③大容量の通信ができるという大容量性，④地上の災害に影響されないという耐災害性等の特長がある。ただし，その運用には大きなコストがかかるので，利用は高価格になるという欠点がある。

　また，出力が大きく，使用目的が衛星からの直接放送であるものを特に放送衛星（Broadcasting Satellite：BS）という。

第2部 情報リテラシー応用

3 通信サービスの利用

3·1 インターネットの仕組み

　前記の LAN をゲートウェイ（ルータ）で相互に接続して，今日のインターネットが構築されている。インターネットは分散協調システムであり，インターネット全体を統一的に管理している組織はない。ただし，インターネットに接続する機器には **IP**（Internet Protocol）アドレスという固有番号を与え，Ethernet カードには **MAC**（Media Access Control）アドレスという固有識別番号を付けている。世界の IP アドレスは，**ICANN**（Internet Corporation for Assigned Names and Numbers）が管理している。MAC アドレスは，**IEEE**（Institute of Electrical and Electronics Engineers）が管理している。これらにより，任意のクライアントやサーバを識別する。

　IPv4は，8bit の数値をピリオドで区切って10進表記で4つ並べる32bitのアドレスである。8 bit は10進表記すると0から255までになるので，例えば次のようになる。

　192.168.255.255

　IPv4は2011年2月3日に枯渇したので，**IPv6**という128bit（16bit が8つ）の IP アドレスが導入された。

　数字の羅列である IP アドレスは人間にはわかりにくい。そこで，人間によりわかりやすい情報資源識別方法である **URL**（Universal Resource Locator，**URI**（Universal Resource Indicator）ともいう）を規定し，これと IP アドレスとを対応させる仕組みを提供することで，情報資源の一意性とユーザへのわかりやすさとを両立させている。URL と IP アドレスの対応付け（**名前解決**）は，DNS（Domain Name System）サーバにより実現される。

　URL はプロトコル名にドメイン名以下をつなげた形式で，例えば，URL（http://www.tku.ac.jp/tku/index.html）のように，記憶しやすい，

階層的な構造になっている。

3·2　インターネットの利用

　インターネットでは，様々なサービスが提供される。図表9－5は，代表的なサービスプロトコルを列挙している。

図表9－5　代表的なインターネットサービス

http	：ウェブサーバ，WWW（World Wide Web）
https	：暗号化ウェブサーバ
ftp	：ファイル転送（File Transfer Protocol）
mailto	：電子メール
telnet	：リモートログイン

　インターネットの代表的なサービスである電子メールでは，メールサーバに **SMTP**（Simple Mail Transfer Protocol）で送信した電子メールがサーバ間で転送される。受信者は POP3（Post Office Protocol version 3）または **IMAP4**（Internet Message Access Protocol 4）という通信規格で，自分あて電子メールをパソコンにダウンロードして読む。今日の電子メールでは，**MIME**（Multipurpose Internet Mail Extension）という国際通信規格の採用により，テキストだけでなく，音声，画像なども送受信できる。MIME を発展させた **S/MIME**（Secure/Multipurpose Internet Mail Extensions）では，公開鍵暗号とデジタル署名で情報秘匿・認証ができるようになっている。

　もう1つの代表的なサービスである **WWW**（World Wide Web）では，ブラウザ（browser）というパソコン用ソフトウェアからウェブサーバにアクセスして，ウェブページをダウンロードして閲覧することができる。ウェブページは，**HTML**（Hyper Text Markup Language）というタグ付き書式で作成された文書ファイルである。ファイルの交換には，http という通信規約（プロトコル）を用いる。

　HTML などで書かれた文書ファイルの内容を秘匿して通信する方法と

217

しては，**SSL**（Secure Socket Layer）や**TLS**（Transport Layer Security）がある。公開鍵暗号や秘密鍵暗号などのセキュリティ技術を使い，インターネット上でセキュリティを確保するために情報を暗号化して送受信する通信規約として開発された。しかし，SSLと1.2未満のTLSには脆弱性があり，非推奨となっている。

3·3　クラウドコンピューティング

インターネットで典型的な仕組みは，**クライアントサーバシステム**（Client Server System：**CSS**）である。クライアント，すなわちユーザのパソコンが，インターネットの先のサーバにデータを要求（request）し，要求されたサーバが該当のデータを送り返す（response）という仕組みである。

今日ではサーバ技術が進歩して，多様なサーバが協調して動くようになっている。**仮想化**ソフトにより，サーバ上に自在に仮想サーバを構築することもできる。任意のサーバの資源が不足する場合には，サーバ同士がクライアントの要求に応えるために必要な資源（ハードウェアなど）を相互に融通し合う。この結果，どこの物理サーバでも自在に仮想サーバに組み込んだり切り離したりすることができる。今，アクセスしているサーバがどこにあるどれなのかを，ユーザは知る必要がない。インターネットサービス事業者（Internet Service Provider：ISP）は，多数の物理サーバを事前に設定しておき，顧客の要求に応じて，自動的に組み合わせて提供する。

このような環境を**クラウドコンピューティング**（cloud computing）といい，そのサーバを**クラウドサーバ**（cloud server）という。インターネットの先にあるサーバが実際にどこにあるのかユーザにはわからず，雲の中を探すようなものなので，このように呼ばれる。

今日のISPは，クラウドサーバ上で稼働するソフトウェアをユーザに使わせて，使用量に応じて課金（使用料金を請求）する。特定のユーザが

要求するそのユーザ限定のソフトウェアサービスの場合には **ASP**（Application Service Provider），不特定のユーザに同じソフトウェアサービスを提供する場合を **SaaS**（Software as a Service）という。SaaS は多数のユーザで共用するので利用料金が安くなり，既に開発済みのソフトウェアを利用するので，すぐに利用を開始できる。ユーザが求める性能に満たない場合には簡単に能力を付け足したり，多過ぎる場合には減らしたりすることができる。この性能を，**スケーラビリティ**（scalability）という。

SaaS と同じようにしてハードウェア資源だけを提供するものを **IaaS**（Infrastructure as a Service），OS やミドルウェアまでを提供するものを **PaaS**（Platform as a Service）という。また，ユーザにパソコンサービスだけを提供するものを **DaaS**（Desktop as a Service）という。DaaS を使えば，インターネットに接続しているユーザは，サーバから自由にパソコン用ソフトウェアを使うことができる。

3・4　無線の利用

無線は携帯電話，無線 LAN，伝統的な無線機（トランシーバまたはインカムなど），そしてラジオなどで利用されている。

代表的な無線通信は**携帯電話**である。有線電話回線に無線で端末接続することにより，電話として機能する。この時，有線回線と無線とをつなぐ設備を**基地局**という。今日ではスマホ（スマートフォン，smart phone）に携帯電話機能が組み込まれている。初期の第 1 世代の携帯電話はアナログ通信で，暗号化もされていなかった。しかし，携帯電話がその便利さから普及していくに従い，第 2 世代以降ではデジタル通信に切り換えられ，暗号化により通信秘匿され，利用される電波帯域も拡大してきた。今日では，第 3 世代（3G）を経て第 4 世代（4G）となり，通信方式の国際標準化，通信の高速化が進んだ。4G では**国際電気通信連合**（International Telecommunication Union；**ITU**）が定める IMT-Advanced 規格に準拠

第２部　情報リテラシー応用

する**LTE-Advanced**方式および Wireless MAN-Advanced（**WiMAX2**）
の２つの通信方式がある。さらに第５世代（5G）の実用化も決まった。

　無線 LAN には，携帯電話の基地局に相当する親機（アクセスポイン
ト）を中継して行う**インフラストラクチャモード**と，子機（端末）同士で
直接通信する**アドホックモード**とがある。

　無線 LAN を利用するには，利用可能な無線データの中からアクセスポ
イントを識別するための **SSID**（Service Set ID）を設定し，さらに上記
のアクセスモード設定，セキュリティ方式の設定の他，アクセス制御の設
定をする必要がある。

　主要な無線機には，図表９－６のようなものがある。

図表９－６　無線機の種類

種　類	通信範囲	免　許
特定小電力トランシーバ	数百 m 以内	不　要
デジタル簡易無線局（3R 登録局）	約１～３km 程度	不　要
デジタル・アナログ簡易無線局（3B 免許局）	約１～３km 程度	必　要

第10章

より高度の情報リテラシー

📖 **この章で学ぶこと**

問題解決とコンピュータ活用，数量化，データ，グラフ化，データ要約，仮説，仮説検証，仮説検定，システム，問題，問題の構造化，問題発見・解決手法，モデル，シミュレーション，最適化，モデル分析，代替案の評価，問題解決の思考法，情報処理技術者試験

1　問題解決能力の必要性

　企業名にソリューション（solution）という語が入る企業も珍しくなくなってきたが，この言葉は，企業の諸問題を主に ICT などを用いて解決していくことを意味している。情報関連企業が，ICT を用いてハードウェア・ソフトウェア・ネットワーク・人からなる情報システムやサービスを提案し構築することで，顧客企業のビジネスやサービスにおける諸問題を解決していこうとすることである。また，システムインテグレーション（system integration）という言葉もよく聞かれる。これは，「システムの統合」を意味するが，企業の問題を解決するために，ICT の多種多様のハードウェア・ソフトウェア・ネットワークなどを最適に選択し，それらを組み合わせて，新たな情報システムを構築することである。ソリューションと同じ意味合いと考えてよい。

　このようなソリューションやシステムインテグレーションでは，現在の状況を正確に把握・理解して，問題を発見し，解決する能力が必要となる。

第2部　情報リテラシー応用

　また，問題の情報収集・獲得，問題分析，解決案の考察・評価などをコンピュータベースで行うのは今や常識的で，コンピュータの活用なしでは，複雑な現代的諸問題を明確に把握し，解決案を考え出すことはできない。企業の意思決定問題に対しても，いろいろな状況を考慮した上で多くの関連する要因を分析し，最適な解決案を導き出すために，表計算ソフトより高度な意思決定支援用のソフトウェアが開発されている。

　このような状況に対して，コンピュータリテラシー能力はもちろん，問題解決や意思決定のための基礎的な理論とともに，その核となる数理的な思考や仕組みを理解することも重要である。今日では数理的な手法を基礎とする，より高度な情報リテラシー能力や問題解決能力が要求されている。

1・1　企業における統計的手法の応用

　企業がもっとも関心をもつことの1つは，自社が提供する製品やサービスに対する顧客や消費者の満足度，CS（Customer Satisfaction；顧客満足度）の向上である。例えば，コンビニエンスストアのPOSデータやオンラインショップの顧客情報は膨大で多種多様なデータである。SNSなどに流れる膨大な口コミ情報も，近年ますます重要なものとなってきている。このような膨大で多種多様なデータ，いわゆるビッグデータを経営やマーケティングなどにおける必要な戦略を考え出すときの現状把握や知見を得るために活用することが重要になってきている。

　そのような手法の1つとして，データマイニング（Data Mining：DM）という技術がある。この言葉はまだ発見されていない鉱脈を掘り当てる作業に似ていることに由来するが，統計的手法を活用したデータ分析手法を活用して，膨大なデータから戦略に有用な傾向，規則性などを発見することである。POSデータや顧客情報から，市場分析や優良顧客の識別などを行い，顧客ニーズに応じた新しい商品やサービスの開発に役立てている。

　このように，情報獲得のための統計的手法を用いる統計的アプローチは

企業における種々の問題解決や意思決定を支援するための有効かつ重要な手段となっている。

1・2　企業におけるシステムズアプローチ

　意思決定支援システムには，企業内の状況や環境の分析，将来動向の予測，問題解決のための数理的な手法が組み込まれており，コンピュータを活用して意思決定を行うために必要な情報を提供している。また，マーケティング・リサーチの分野では，消費者が商品をどのように購買していくか，広告がどのような効果をもつのか，新製品がどのように普及していくかなどの消費者行動や広告効果のより深い理解を得るためにモデルを構築して，その性質を分析することが行われている。このとき，システムのモデリング手法が用いられている。

　こうして，問題対象をシステムとしてとらえ，種々の数理的な手法を活用してその構成要素やそれらの関係を考えることによって問題を構造的に考え解決していこうとするシステムズアプローチも利用されている。

2　統計的アプローチによる情報獲得

2・1　データとは

　解決すべき現象や事柄の実態（**問題対象**という）を的確に把握することを現状分析という。そのためには，問題対象をできるだけ客観的かつ正確に表す事実（**データ**：data）を収集する必要がある。このとき，もっとも望ましいデータは，問題対象を観察し，数値によって測定・記録した定量データである。

　しかし，必ずしもこれが直接得られない場合も多い。そこで，工夫が必要になる。例えば，アンケートの選択肢として「満足」，「普通」，「不満」があった場合，それぞれを選んだ数をそのまま集計するのではなく，選択肢を5，3，1といった数値に置き換え集計することもできる。数値データ

が直接得られない場合でも，言語的に「程度」を表すものを数量で表すこと（**数量化**という）によって**定量データ**として把握できるのである。この数値化は，数値の付け方が恣意的になり事実を歪める可能性もあるが，定量的にデータを把握する1つの方法である。さらに，メッセージ，記事，写真などの数値化できない**定性データ**も，現状分析する際には重要な情報になる。

　問題対象に関する定量データは，統計的手法を利用することによって理論的な裏付けをもって獲得することができる（図表10－1）。しかし，問題対象の全体像をすべて完全に数値データで表現することはできないので，問題対象をどのような目的や観点で観測し測定するかを明確にすることが重要である。

　なお，ここで想定しているデータは，ビッグデータといわれる多種多様で膨大な数値データではなく，アンケート等などある目的に従って集められた小規模なデータを念頭におくことにする。もちろん，ビッグデータにも高度の様々な統計的手法が大いに適用されている。

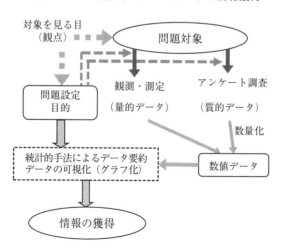

図表10－1　統計的アプローチによる情報獲得

一般的にデータを収集する目的には，以下のようなものがある。

①問題発見のため：対象となる現象のどこに問題点があるかを調べる。

②要因間の関係理解のため：ある結果や現象に対して要因（考察のために取り上げた原因をいう）がどのように関係しているか（例えば，因果関係）を分析する。

③評価のため：ある判定基準を設けて現在の対象を比較し評価する。

④管理のため：あらかじめ設定した目標を達成するために，常に活動の状態や成果をチェックする。

問題対象をできるかぎり正確に反映させるために，その対象に大きく影響を及ぼす要因や関連する要因を表す**データ項目**（**変数**ともいう）を注意深く選ばなければならない。例えば，患者を診断する医師は患者の症状を反映する検査項目を慎重に選んで検査し，その結果から患者の病気を特定している。適切なデータ項目を選ぶためには，専門知識を基礎にして理論的立場から対象を克明に観察したり，得られたデータを注意深く解析したり，今までの知識や経験を利用したりすることが重要である。医師の問診のように，数値化できない言語的な定性データを参考にすることも重要である。

2・2　統計的アプローチとデータ

数値データ（定量データ）から問題対象の特徴や性質，傾向などに関する情報を得るためにもっとも有効な方法は，統計的手法を用いる**統計的アプローチ**である。統計的手法を用いることにより，多くのデータを要約し，グラフでは見えない傾向や関係，データがもっている特徴などを把握できる。また，データが少ない場合や特徴が明瞭でない場合でも，対象に対する仮説や推論の妥当性を調べたりして，対象や意思決定に関する情報を得ることができる。

統計的手法で扱われる数値データは，一般的にサンプルデータである。1つのデータ項目に関する全てのデータを採取することはできないので，

全てのデータを含む仮想的なデータ集合である母集団というものを考え，手元にあるデータはその母集団からたまたま選ばれた**サンプル**（試料ともいう）を測定して得られたものと考える（図表10-2）。

母集団の特徴を規定する定数を**母数**という。これから判断を行う意思決定者にとって価値があるのは，手元にあるサンプルデータに関する情報ではなく，これからアクションをする対象，すなわちサンプルの源である母集団に関する情報である。サンプルデータから計算される量（**統計量**という）から対象（母数）のおおよその「姿」を推測し，意思決定の上で重要な手掛りを得ることができるのである。

統計的アプローチで重要なのは，得られたサンプルデータがその母集団の性質や特徴を正しく反映することである。そこで，母集団からのサンプルを採るときには，偏りがなく作為的でない（無作為）ように，でたらめ（ランダム）に採って観測・測定するという**ランダムサンプリング**が大前提となる。

図表10-2　母集団とサンプル

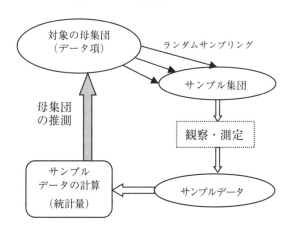

第10章　より高度の情報リテラシー

2・3　データのまとめ方
2・3・1　グラフによるデータ表現

　得られた数値データを図（グラフ）にする（**グラフ化**）ことは，データ全体を概観したり，問題発見の手掛りにしたり，分析結果を効果的に表現するために非常に有用である。このとき，数値データをそのまま図に打点するだけではなく，元のデータの履歴から共通の特徴（例えば，性別，地域，年齢など）で分類（**層別**という）して打点してみると有効な場合がある。図はデータ群内の差異や傾向だけでなく，データ群間の差や相互関係などを簡潔かつ直感的に理解させてくれる。また，文章データのグラフ化も，問題の分析や解決の見通しを示してくれる場合がある。一方，グラフ化には正確さや客観性を失わせ，誤った結論を導き出すという特有の欠点があることも忘れてはいけない。

　代表的な図としては，1つのデータ項目に関するサンプルデータの中心や散らばり具合を見る**ヒストグラム**，1つのデータ項目における個々の大小の差を見る棒グラフ，個々の割合を見る円グラフや帯グラフ，2つ以上のデータ項目間の差や1つのデータ項目の時間的な傾向を見る折れ線グラフ，2つのデータ項目間でのサンプルデータの相関関係などを見る**散布図**などがある。統計的な意味で図を見るには，単に平均値だけでなく，データの散らばり具合を見たり，分布の様子を対比したり，差があるかどうかを見ることが重要である。

2・3・2　データの統計的な要約

（1）平均とバラツキ

　　平均は1つのデータ項目におけるデータ集団の中心位置を示し，**バラツキ**はデータの散らばり具合を示す。バラツキは，**標準偏差**や**分散**という統計的な指標で数量化される。統計的アプローチで用いるデータは，一般に**正規分布**という確率分布に従う母集団から出現すると仮定されている。この分布に従うデータは，平均値付近の値のデータが多く出現

227

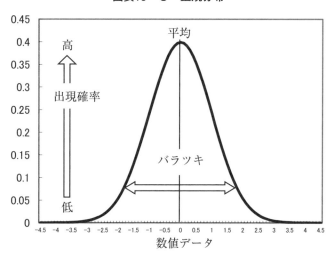

図表10−3　正規分布

し，平均値から離れた値のデータは出現しにくいという傾向をもつ（図表10−3）。データの平均値への集中度合いや平均値を頂上とする山のすそ野の広がりはバラツキの大きさによる。その値が小さいと分布のすそ野が狭くデータの散らばりが小さく，データが平均値近くに集中していることを示している。

(2) 相関係数

　　相関係数は，2つのデータ項目のデータ群の間にある相関関係の強さを表す尺度である。**相関関係**とは一方の変数の値が増加したときに他方の変数の値が増加したり，または減少したりする傾向を表し，相関係数はその程度を数量的に示す。原因と結果を表す因果関係があると，この相関関係が現れる。ただし，相関関係があるからといって因果関係があるとはいえない。

(3) 多変量解析法

　　問題対象を観測・測定するとき，1つの側面からではなく多面的に見る場合がある。1つの対象を多面的に観測・測定したデータ項目からな

るデータ群を，**多変量データ**（または多変数データ）といい，これらを
解析する高度な統計的手法を**多変量解析法**という。もっとも代表的なも
のは，1つの説明すべき変数をいくつかの関連する変数で説明する予測
式を求める重回帰分析である。この他にも，多種類の特徴や性質をもつ
対象をより少ない総合的な指標にまとめる主成分分析，多くの変数間の
相関関係を規定する潜在的な因子を探索する因子分析，類似したサンプ
ル同士をその類似性にもとづいたクラスタ（塊）に分類するクラスタ分
析，新しいサンプルの所属を判別するための規則を構成する判別分析な
ど様々な手法がある。これらの手法を用いるには高度の数学的知識を必
要とするが，SAS Institute 社の SAS（Statistical Analysis System：サ
ス）や IBM 社の SPSS（エスピーエスエス）のような統計パッケージ
として用意されている。データマイニングするときは，これらのアプリ
ケーションが用いられる。最近，パソコンで簡単に利用できる無料統計
ソフト R も普及している。

2・4　情報の獲得

2・4・1　仮説検証と情報獲得

　得られた情報にもとづいて意思決定し行動しても，期待された結果が得
られない場合がある。それは，問題対象についての知識不足や環境変化に
よるのかもしれない。では，そのような場合にどのように対処したらよい
であろうか。行動案を決定するときに，今までの情報にもとづいて「この
ように行動すればこのような結果が得られる」という**仮説**（まだ確証され
ていない仮に定めた説）を立て，その仮説が正しいかどうかを実際の結果
として得られるデータを用いて確かめる（**検証**する）ことである（図表
10－4）。これを**仮説検証**といい，問題対象に関する知見を得る学習の1
つの方法としてよく用いられている。

　仮説がなくとも意思決定はできるが，なぜそうなったのか，なぜ他の結
果にならなかったのかを結果のデータから読み取ることはできない。期待

第2部　情報リテラシー応用

図表10－4　仮説検証

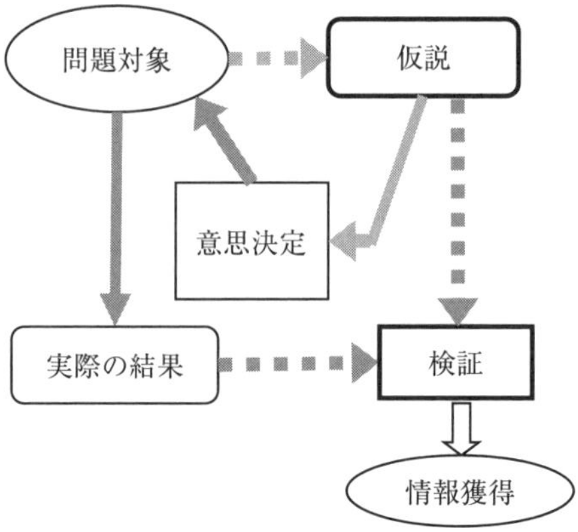

通りの結果が出れば，仮説が正しいと考えられるが，期待通りの結果が得られなかった場合は，その理由を考え，別の仮説を立てて行動してみる。このような仮説と検証というプロセスを繰り返すことによって，問題対象のメカニズムについての情報を得ることができる。

2・4・2　仮説の立て方

　仮説を考えるためには，仮説で何を知りたいのか，何をしたいのかという仮説設定の目的を明確にすべきである。その目的に沿ったよりよい仮説を構築するには，その対象に関する幅広い専門知識を活用する必要がある。しかし，専門知識から得られる仮説は常識的なものになりがちで，仮説が正しいと検証されても陳腐な知見しか得られない場合もある。そのため，専門知識だけではなく，経験や勘から得られる暗黙的な知識を用いることも必要となる。1つだけでなく可能性のある仮説をいくつも考え出し，妥当と思われるものに絞り込むことも重要である。定説や常識を知った上でそれらと異なる仮説を構築することにも意味がある。このとき，販売実績や顧客購買実績などの定量データだけでなく，インタビューで得られるような定性データの活用も重要である。

2・4・3　仮説検定の考え方

　仮説検証の考え方を統計理論でまとめたのが**仮説検定**であり，統計的判断の基礎となる（図表10－5）。例えば，新製品の飲料水の販売動向を見るために，試験的に20の店舗で1ヵ月間販売したとき，従来品より売れているかどうかを判断するにはどうしたらよいであろうか。このとき，サンプルデータ（この例では，20店舗で1ヵ月間に販売された新商品の販売量データ）と今まで20店舗で売られた従来品の1ヵ月平均販売量（真の平均販売量と考える（母平均））とを比較し，母集団に関する仮説（「新商品の真の平均販売量は従来品の真の平均販売量より多い」）が成り立つかどうかを統計的に判断するのである。20個という少ないデータでも，統計理論に裏付けされた手法によって，1つの統計的な判断が可能となる。

　しかしながら，仮説検定のような統計的判断には，2つの誤りが起こる可能性がある。1つは，「仮説が正しいのに正しくない」と判断してしまう誤り（**第1種の誤り**という）であり，もう1つは，「仮説が正しくない

図表10－5　仮説検定

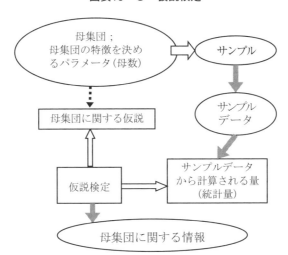

のに正しい」と判断してしまう誤り（**第2種の誤り**という）である。統計的判断は100％正しい判断を求めるのではなく，第1種の誤りを明確に認め，その確率を小さく設定して，仮説が正しいかどうかの判断を下していこうと考えるものである。

3 システム思考による問題解決

3・1 システムとシステム思考

システム（system）とは，「全体の目的を達成するために，関連のあるいくつかの要素が集まって有機的に機能するもの」と一般的に定義される。システムは，ある機能をもつ構成要素の集合体であり，それらは相互に関連や作用をもち，目的を実現するために存在している。また，システムを1つの**全体システム**と考え，それがいくつかの小さな**サブシステム**（部分システム）からなるという見方がある。システムの外にあり，あらかじめ制約として与えられ，操作できないものを**システム環境**という。

システムはその目的に従って構成要素を結合させているが，この構成要素間の関連や作用における結合の仕方をシステム構造という（図表10-6）。システムが受ける作用や影響を**入力**（**インプット**：input），システムが環境や他のシステムに与える作用や影響を**出力**（**アウトプット**：

図表10-6　システムの構造

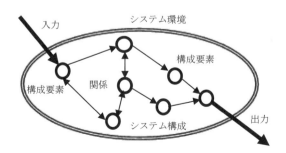

output）という。一般に，システムの目的に沿って入力が与えられ，システム構造の内部で何らかの**変換**を受けて，結果として出力が外部に出ていく。これは意思決定問題における目標追求システムに対応し，意思決定者は，入力によってシステムを所定の目標に向けて操作しようとする。この目標追求システムの概念は，経営管理などの意思決定問題では重要である。

　問題対象の目的，検討すべき要因，要因間の関係などが明確であれば，その対象を「システム」と考えることができる。「システム」についての考え方を「問題：problem」の理解や解決に適用し，その要因間の相互関係やそれらと結果の関係，全体と部分の関係に着目して，「問題」をシステム的に構造化して問題の解決をしていこうとするのが**システム思考**であり，このような方法論を**システムズアプローチ**という。

3·2　問題解決のステップ

3·2·1　問題と問題解決アプローチ

　一般的に「**問題**」とは，いま注目している対象の望ましい状態（目標）と現在の対象の状態（現状）の間にあるギャップであり，解決すべきものを指す。「問題」は，その関係者たちには明確なものであり，問題意識や目的も共有されていなければならない。関係者たちが「問題」に関連する要因，その相互関係，問題解決の目的を明確化でき，その解決案を見出すことができる「問題」を「**構造化された問題**」という。工学分野の多くの「問題」がこの種のものであるが，経営分野でも定型業務などに見られ，数理的手法を用いる経営科学的な手法が適用できる。一方，構造化していない「問題」は問題自体や目的が不明確であるので，「何が問題であるか」という問いから出発して解決の糸口を探していく。このような「問題」には，問題解決のための議論の過程で問題の定義を明らかにしていくシステムズアプローチの適用が考えられる。

3・2・2 問題解決のプロセス

　問題解決の最初のステップは，現状分析による問題設定である。これは，解決すべき問題対象を明確にすることである。何が問題であり，問題解決の目的は何かを明確にする。このために，どのような立場・観点で問題解決するのかを明確にしなければならない。

　現状分析は，現在の問題対象を正確に調査し，把握することである。さらに，分析から得られた問題の構造的な関係を説明するために，仮説を設定したり，問題に影響する主要な原因を選択したり（要因となる）して，それらの相互関係を把握する。こうして，問題対象を構造化して全体像を把握し，いくつかの解決につながる案（**代替案**）を立案していく。

　このとき数理的アプローチでは，数学的なモデルをつくり，そのモデルに対して最適化手法やシミュレーションなどを通して，もっとも望ましい解を求める。これらが問題の代替案となる。さらに，いくつかの代替案を現実のデータを用いて評価する。そして，1つの代替案を選んで，実施案

図表10－7　問題解決のプロセス

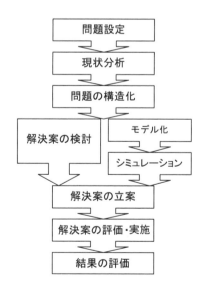

とし問題対象に適用する。代替案を評価する際に，もっとも望ましい案を選ぶのか，またはある程度満足できる案を選択するかという選択基準も明確化しておく必要がある。最後に，適用した後の問題対象の結果を再度評価する（図表10－7）。

3・2・3　問題の構造化のための手法

問題を構造化するための手法には，次のようなものがある。

(1) ブレインストーミング（Brain Storming：**BS**）

複数の関係者が参加して自由にアイデアを創出する会議方式の1つであり，問題発見・解決のための集団発想法の代表である。質より量を重視し，できるだけ多くのアイデアを出すために，批判や評価をせず，判断や結論も出さないで，自由奔放なアイデアやユニークなアイデアを多く出したり，他人のアイデアを結合したり，発展させたりすることが推奨される。

(2) **KJ法**

アイデアを整理し，順序付けしていくための方法である。ブレインストーミングなどで創出された1つのアイデアを1枚のカードに書きまとめ，メンバー間で協議しながら，類似したもの同士を小さなグループに分ける。次に，いくつかの小グループ間の関係を考慮しながら，中グループ，大グループにまとめ，小グループを部品としてアイデア全体の構造を組み立て図解していく。こうして，取り組むべき問題の全体像を把握し，メンバーの多くの知見を集約して，共通の認識を得ることができる。

(3) 特性要因図

図の右端に問題を表す指標や特性を「魚の頭」として，それに関連したり，影響したりする要因を図の左側に（魚の小骨の先に）記入して，特性と要因の関係を系統的に線で結んで表した図である（図表10－8）。特性に関係する要因を網羅することができる。

図表10－8　特性要因図

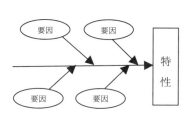

(4) パレート分析（pareto analysis）

　対象を構成する多くの要素を量や金額の大きい順に並べるとともに，上位の一部の要素が全体にどの程度寄与しているかをみる分析方法で，重点分析あるいはABC分析ともいう。これを棒グラフで表したものを，パレート図という。この分析から構成要素を構成比率の大きさ順に並べ，累積の構成比率が70％〜80％になる要素をA区分，80％〜90％をB区分，90％〜100％をC区分と3種類に分けて効率的に重点管理を行うことを，ABC管理という。パレート分析は，重要なものや改善効果の大きいものから着手していくために優先順位を付ける方法である。

3・3　モデルとモデル化

　分析や改善または問題解決のために，問題対象に対して試行的にアクションや働きかけを直接行うことで，問題対象自体を変化させてしまう場合がある。そのとき，実際にアクションや働きかけを問題対象に行うのと同様なことが試験的にできるように，問題対象を投影した架空の分析対象が設定される。これが**モデル**（model）である（図表10－9）。

　いいかえれば，モデルはいま注目している実際の問題対象を特定の視点から抽象化，理想化，簡単化したものである。したがって，同じ問題対象でも観点が異なればモデルも異なる。このモデルをつくる過程を，**モデル化**（モデリング：modeling）という。

図表10-9　現象を要約するモデル

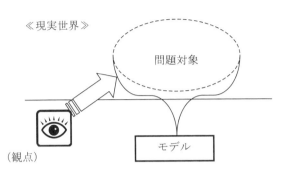

　モデル化で重要なことは，目的，観点，立場を明確にし，そのモデルが実際の問題対象を必要十分に表現していることを実際のデータを用いて検証することである。また，モデルを用いて得られた案を現実的に解釈し，現実の行動に結びつけて考えることも重要である。モデル化する過程で，何がわかり何がわからないかが明確になる，新たな仮説を設定しやすくなる，意思決定のシステム化を促進するなどの効果も期待できる。

　モデル化では数理的知識を用いて問題対象の数学的モデルを考えることが一般的であるが，経営分野では，業務改善を考えるために，現状分析をもとに業務の手順やデータの流れを概念的に構造化した図式（フロー図）を作成することもモデル化の一例であり，これをよりよいものにしていくことが問題解決の過程となる。

3・4　シミュレーションと最適化

　問題対象に対するモデルが得られたならば，このモデルを用いて解決案（代替案）を考えるステップに入る。例えば，目標追求システムでは意思決定者がどのような値を入力するか，選択すべきアクションをどうするかなどを考える段階である。工学分野でモデルにもとづいた解決案を考える際によく用いられる方法として，シミュレーションと最適化がある。

3・4・1　シミュレーション

シミュレーション（simulation）は「模擬実験」ともいわれ，問題の解決案の効果を，現実の対象に実際に操作して確かめるのではなく，現実の対象を忠実に表すモデルに対して，コンピュータを用いて調べることである。実際に解決案を実施して効果を確かめることが，経済的，時間的，地理的に，または安全面で問題があるとか，対象に大きな影響を与えてしまうとか，効果の測定が困難である場合などに適用される。シミュレーションを通して，問題対象の性質や特徴を調べたり，モデル化を行ったりすることもある。

その適用範囲は，天気予報，建造物や自動車の構造計算，環境予測，生産計画，操縦訓練，ビジネスゲームなど多岐にわたる。大規模で複雑な社会システムのモデル構築の手法として有名なシステムダイナミックス（System Dynamics：SD）は，経済・環境問題の分析にも用いられている。

3・4・2　最適化

最適化は，解決すべき問題が完全に構造化されている場合に，数学的解法を用いて設定した評価関数（解の良し悪しを決める評価尺度を解の値に応じて評価値を示す関数）の下でもっとも望ましい解を見つけることである。得られた解は最適解といわれ，数学的には合理的な解であるが，現実的には厳密すぎて実行できない場合がしばしばある。

最適化の手法として，**数理計画法**がよく知られている。与えられた制約条件の下で，評価尺度を数量化した目的関数を最小または最大にする操作変数の値（最適解）を求める問題（**最適化問題**）として定式化し，数学的に解く方法である。

3・4・3　モデルを用いた分析

モデルの特徴や性質についてシミュレーションを用いて調べるために，以下のような分析法があり，表計算ソフトなどでできる（図表10−10）。

図表10-10　モデルを用いた分析

① What-if 分析
　u を u' にしたら y は？

② 目的追求分析
　y を y' にするために u は？

③ 感度分析
　u を $u \pm \Delta u$ にしたらモデルパラメータは？　y は？

① **What-if 分析**は，あるモデルに対して，「もしもこうしたらどうなるか」というように，モデルの入力の値を変更したら結果がどのようになるかを調べるものである。
② **目標追求**（goal-seeking）**分析**とは，What-if 分析とは逆に，「もしこうなるためにはどうしたらよいか」というように，目標となる結果の値にするためには原因系の変数の値がどのような値になるかを調べるものである。
③ **感度**（sensitivity）**分析**は，複数の変数間の量的な関係について，ある変数の値を少し増加または減少させて，関連する他の変数がどのように変化するかを調べるものである。

3・5　解決案（代替案）の評価と実施

問題対象に適用するいくつかの代替案が提案された後に，それらの代替案が現実に適合しているか，実際に実行できるかどうかを評価し，最終的に実施案を1つに絞るステップが必要である。

評価とは「比較する」ことであり，①比較の基準，②比較される対象，

第2部　情報リテラシー応用

③基準となる対象が必要である。コストと効用の観点から代替案を比較するための代表的な基準として，コストを一定としたときに効用を最大にする代替案を選ぶ最適化基準と，満足すべき一定の効用を最小のコストで達成できる代替案を選ぶ満足化基準とがある。

さらに，代替案を現実の問題対象に適用する場合には，

・代替案の有効性（efficacy）：実際に効果を生み出すことができるか
・代替案の有用性（usability）：長期的に社会に役立つ効果を生むことができるか
・代替案の効率性（efficiency）：無駄なく資源を使用できるか
・ニーズの充足度：顧客のニーズを満たすことができるか

という点を吟味する必要もある。いくつかの評価項目を同時に考慮し，代替案を総合的・多面的に評価することが求められる。

こうして，複数の代替案の中から選ばれた1つの案を実施しても問題が解決しなければ，再度，問題設定からはじめて以上のプロセスを繰り返す必要がある。

3・6　問題解決のための基本的な思考法

3・6・1　推論

自然科学などの分野で起こる現象や事象を説明する際に，今までの知見から考えられる仮説から再現性をもつ実験や観測を行い，その現象や事象を説明する仮説を選び出す過程がある。現象や事象の観察・解釈・仮説・実証（データで確かめる）は，仮説検証という形で物事の知見を得るためのアプローチとしてよく用いられる。

現象や事象を説明する新たな仮説を考えるときに，既に知っている事柄から未知の新しい事柄を導き出すという**推論**が必要となる。この推論の仕方として，帰納法と演繹法がある。**帰納法**は観察から得られたいくつかの事象に共通性を見出して，一般的に通用する新たな事柄を得ていく。一方，**演繹法**は「AならばB，BならばC，ゆえにAならばC」という三段

論法を用いて，知られている一般的な事柄から必然的に導かれる新たな事柄を見出していくことである。問題解決のためには，いずれの方法も適用していく必要がある。

3·6·2　その他の観点

（1）PDCA サイクル

　管理のサイクル（PDCA サイクル）という継続的な維持と改善を図るための品質管理の考え方が多方面に広がっている。まず，問題解決のための計画（Plan）をして，その計画を実施（Do）し，その結果を評価（Check）して，計画通りでなければ，その原因を考え，対策（Act/Action）をとり，計画通りに達成したならば，さらに高い水準の計画を立てて管理のサイクルを回し，管理の質を上げていく考え方である。

（2）因果関係

　問題解決において重要な考え方の１つに，因果関係がある。これは「いかなる事象も，過去に起きた事が原因となって起きる」という科学的な見方である。これにもとづき，現在起きている問題には必ず原因があり，その原因を特定し，対処して問題解決しようとする考え方である。

（3）類推

　類推（アナロジー：analogy）という考え方も重要な推論である。これは，いくつかの類似点にもとづいて，一方の事象がもっている特徴を，その類似性に着目して他方の事象に適用しようとする考え方である。

（4）問題解決に必要な能力

　問題解決には，①物事の比較ができる，②物事の差，同一性，特徴を見つけることができる，③物事の分類ができる，④物事の順序付けができる，⑤物事を要約することができる，などの能力が必要である。これらの能力を高めるためには，知識や経験も必要である。

4 情報処理技術に関する資格

　情報技術に関する知識や技能を認定するためのいくつかの試験がある。もっとも有名な試験は「情報処理技術者試験」で，認定のレベルや分野がいろいろあるが，ここでは初学者向きの試験を簡単に紹介する。詳細は，IPA（Information-technology Promotion Agency；独立行政法人情報処理推進機構）のサイトなどを見てほしい。

　さらに，一般的に利用されているソフトウェアを開発販売している企業が独自に認定する試験もいくつか紹介する。

4・1　情報処理技術者試験と内容

　情報処理技術者試験は，「情報処理の促進に関する法律」にもとづいて，情報処理技術者としての「知識・技能」の水準を経済産業省が認定する国家試験として，情報処理推進機構が実施している。

（1）ITパスポート試験

　情報技術実務者や業務で情報技術を活用しているエンドユーザを対象に，情報技術に関する基礎的な知識を問う試験で，情報機器やシステムの把握，コンピュータシステムやネットワーク，問題分析や問題解決手法，情報セキュリティ，情報システムの開発や運用に関する知識など多岐にわたる分野から出題される。情報処理技術者試験の中では，もっとも初級的な試験である。

（2）基本情報処理技術者試験

　情報技術の実践的な活用能力を身につけた者を対象にした試験で，ITパスポート試験よりさらに高度で幅広い知識に加え，経営管理や経営戦略に関する知識も問われる。実務者を対象としているので，プログラミングに関する能力も問われる。試験用の疑似言語やC言語などの一般的なプログラム言語によるプログラミングの出題がある。

4・2 ベンダー認定試験と内容

マイクロソフトオフィススペシャリスト（Microsoft Office Specialist：**MOS）試験**は，マイクロソフト社が認定するマイクロソフトオフィスの操作技術に関する国際資格である。オデッセイコミュニケーションズが運営・実施している。オフィスのバージョンやワードやエクセルという各種アプリケーションごとに試験科目が分かれている。各アプリケーションを使う上で最低限必要な操作方法を出題するスペシャリストレベルと，ワードとエクセルにはさらに応用的な操作方法を問うエキスパートレベルがある。

また，アドビ認定エキスパート（Adobe Certified Expert：ACE）はアドビシステムズ社のイラストレータ，フォトショップ，プレミアなどのソフトウェア製品に対する専門的な知識や操作技術を証明する資格である。アップル社でも，マックのOSであるMac OS X認定資格がある。

第11章

計測と制御の基礎

📖 **この章で学ぶこと** ──────

計測，制御，センサー，マイコンロボット，プログラム制御

1　コンピュータの役割

1・1　ユビキタス社会

　各章で取り上げてきたように，我々は，社会生活や日常生活の様々な場面で，コンピュータと深く関わっている。このように，その存在を意識しないで，コンピュータを利用する社会を**ユビキタス**社会という。ちなみに，ユビキタス（ubiquitous）とはラテン語で「いたる所にある」という意味である。

　さて，コンピュータは，それ自身を直接操作してレポートを作成したりシミュレーションしたりする場合もあるが，コンピュータに接続した周辺装置やシステムを利用する場合もある。例えば，会社や大学では，コンピュータに，プリンタ，スキャナ，ハードディスク，バーコードリーダ等を接続して利用する。家庭では，コンピュータに接続（内蔵）した電子レンジや炊飯器そして**ネット家電**（**情報家電**）がある。一方，第4章で述べた生産情報システムでは，FMSやアーム型ロボットがコンピュータ制御され，医療分野では，MRI（Magnetic Resonance Imaging：核磁気共鳴画像装置）や医療用ロボット，そして，社会では，**ITS**（Intelligent Transport System：高度道路交通システム）や，**ISS**（International Space Station：国際宇宙ステーション）等，実に様々な装置やシステム

第2部　情報リテラシー応用

がコンピュータで制御されている。制御対象の装置やシステムが大規模で複雑になるほど高度な制御が必要になるため，高性能のコンピュータが必要になる。

1・2　コンピュータと周辺装置の関係

さて，コンピュータは，これら周辺装置やシステムをどのように制御しているのだろうか。身近な例として，文書作成ソフトで作ったファイルを，プリンタで印刷する事例で説明する。まず，パソコン画面上の印刷ボタンをマウスでクリックすると，パソコンがプリンタに対して，文書ファイルのデータとともに印刷開始信号を送信する。すると，プリンタが印刷を開始する。印刷が完了すると，今度は，プリンタが印刷完了信号をパソコンに送信し，パソコンはこれを受信して印刷完了を知り，次の処理を開始する。その際，紙詰まりやインク切れなどのトラブルが発生して，正しく印刷できなかった場合は，プリンタ内のセンサーがその状況を検出して，パソコン画面上にメッセージを表示し警告する。メッセージに従って人間が問題を解決すると，そのページから印刷を再開する。

与えた指示に従って順番に動作する一連の仕組みは，後述するシーケンス制御であり，また，その途中経過をモニターして，不具合が生じれば，これを人間に知らせて調整する仕組みは，後述するフィードバック制御である。そして，インク切れによる印刷の失敗を未然に防ぐために，印刷前にインクの残量を確認して，人間にメッセージを表示し警告してくれる仕組みは，後述のフィードフォワード制御である。このように，プリンタによる文書印刷は，パソコンを利用した計測と制御の身近な事例である。

本章では，コンピュータによる計測と制御の基本を説明する。そのためにまず，計測と制御に関する基礎知識を解説し，その後，パソコンでロボットを制御する場合の，制御プログラムの作り方まで解説する。

第11章　計測と制御の基礎

2　計測と制御

2・1　身近な計測と制御

　単純作業の繰り返しや，複雑すぎて，あるいは，速すぎて困難な仕事，危険を伴う仕事は，できるだけ機械に置き換えたい，という発想は誰もが持つであろう。例えば，お風呂に入るために，蛇口をひねって水を浴槽に溜める場合，目標水位になるまで水面の上昇を連続して監視することは，単純作業だが手間と時間がかかり面倒である。そんな時，現在の水位を常に計測し，予め設定した目標水位と一致した時点で，蛇口を止める器具があれば便利である。現在，このような仕組みは一般的な給湯システムで見ることができる。

　また，電気コタツでは，予め，目標温度（1と2）を設定しておけば，目標温度（1）になるまで電気ヒータがコタツ内部を加熱して暖め，コタツ内部の温度が目標温度（1）になると，サーモスタット（thermostat）により電気ヒータがOFFになり，一旦，加熱を終える。その後，寒い外気温のために，こたつ内部の温度が低下し始め目標温度（2）に下がると，サーモスタットにより電気ヒータがONになり，目標温度（1）まで再加熱する。この仕組みの繰り返しにより，コタツの内部温度は，目標温度（1）と目標温度（2）の間で維持される。

　風呂の例では，浴槽にはヒビが入っておらず，水が漏れることはないという前提条件があるので，現在の水位が目標水位に一致した時点で蛇口を止めるという一度限りの制御で十分である。しかし，コタツの例では，一度，電気ヒータで加熱した後も，内部温度が低下する度に再加熱しなければならず，制御を繰り返す必要がある。

　以上の2つの例では人間を含まないが，自動車を運転する仕組みでは人間（運転手）が含まれる。自動車の運転では，前方に障害物や駐車している車があれば，それに接触しないようにハンドルを操作する。この操作では，運転手が前方の様子を目視しながら，タイヤが通過する軌道を前方の

247

第２部　情報リテラシー応用

道路上にイメージし，その軌道に沿って自動車が走行するようにハンドル
を操作している。

　自動車を運転していると，様々な状況に遭遇する。例えば，横風により
自動車が風下側に流されたり，突然，歩行者が路地から飛び出してきた
り。こんな時，運転手は，状況に合わせて適時適切に判断し対応しなけれ
ばならない。横風で自動車が左へ流される場合は，道路上に描かれた走行
車線や，周囲の風景を基準にして，本来の走行位置からどれだけ流されて
いるかを確認し，自動車を元の位置に戻すために，ハンドルを緩やかに右
へ操作する。また，歩行者が飛び出してきた場合は，直ちに，歩行者と周
囲の状況を確認して，急ブレーキや急ハンドルにより衝突を回避する。

　このように，自動車の運転では，イメージした軌道に沿ってハンドル操
作をするだけではなく，常に視覚と聴覚を駆使して周囲の状況を把握（計
測）し，事態の急変があれば，速やかに適切な判断と操作（制御）が必要
となる。この操作は，前述の２例に比べれば格段に難しい制御なので，制
御を担当するのは人間である。ところが，現在，この難しい制御をコン
ピュータが担当する，無人のバスやタクシーの導入が進んでいる。

　さて，我々人間の身体の中では，無意識下で，多くの制御システムが動
いている。例えば，体温が上がれば血管を拡張し汗腺から汗を出して気化
熱により体温を下げる。また，塩辛いものを食べれば体内の塩分濃度を下
げるために水を飲む。そして，体内に病原体が侵入すれば白血球がこれを
撃退する。

2·2　制御

　前節では，身近な例で制御について触れたが，**制御**（control）はいく
つかの観点で分類できる。まず，人の介在の有無で見ると，人が介在せず
に自動的に制御が行われる**自動制御**と，人が制御する**手動制御**に分類でき
る。次に，目標値（目標温度や目標速度など）の特性で見ると，目標値が
一定の**定値制御**と，目標値が時間経過とともに変化する**追値制御**に分類で

きる。さらに，情報処理の方法で見ると，システムの状況を連続時間で計測し制御する**アナログ制御**と，一定時間ごとに計測し制御する**デジタル制御**に分類できる。そのため，アナログ回路を利用すればアナログ制御であり，コンピュータを利用すればデジタル制御である。その他に，制御量の種類で見ると，制御量が圧力や温度などの状態量である**プロセス制御**と，制御量が物体の回転角度や位置である**サーボ制御**，そして，制御量が電圧や周波数である**自動調整**に分類できる。次に，代表的な３つの制御方式について解説する。

2・2・1　フィードバック制御

　はじめに，**フィードバック制御**（feedback control）について，自動車を一定速度で運転する事例で解説する。図表11－1は**ブロック線図**と呼ばれる図で，フィードバック制御の仕組みを示している。各部の名称と機能について説明する。まず，**制御対象**は自動車である。この自動車の実際速度（これを**制御量**という）を直接制御するのがアクセルペダル操作であり，これを**操作部**という。また，**外乱**とは，外部から制御対象に影響を与えるもので，ここでは，自動車の実際速度を増減させる要因，例えば，上り坂，風，路面の状況などを指す。そして，この外乱の影響で変化してくる実際速度（制御量）をスピードメータ（図中の**検出部**に当たる）で検出する。この量を**フィードバック量**という。次に，検出した実際速度と目標としている速度（これを**目標値**という）を比較して，アクセルペダル操作の可否を判断する。この部分が**調節部**である。また，調節部と操作部，検出部をあわせて**制御装置**という。

　例えば，自動車が平坦な道路から上り坂に差し掛かると，次第に実際速度が落ちてくる。すると，スピードメータでこれを検出して，実際速度が目標速度になるようにアクセルペダルを操作する。これがフィードバック制御である。

図表11−1　フィードバック制御のブロック線図

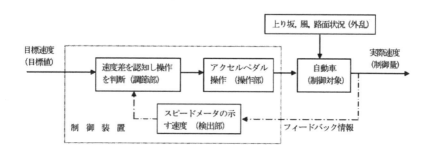

2·2·2　フィードフォワード制御

　フィードバック制御が外乱から影響を受けた制御量を検出して制御するのに対して，外乱から制御量が影響を受ける前に外乱に関する情報を検出して外乱による制御量への影響を予測し制御を行うのが**フィードフォワード制御**（feedforward control）である。そのブロック線図を図表11−2に示す。

　これを，前節の自動車の例で説明する。フィードフォワード制御では，フィードバック制御のように実際速度（制御量）が落ちてきてからアクセルを踏み込むのではなく，外乱に関する情報として，例えば，運転席から見える「上り坂の勾配を示す標識」や「上り坂と判断できる景色」を手掛かりとして，自動車が上り坂に差し掛かる前からアクセルを少しずつ踏み込むことにより目標速度を維持する操作に相当する。

　別の例として，真冬の凍結した道路で自動車のタイヤが滑る現象で説明する。この時，高スピードで凍結道路に侵入しタイヤが滑り始めたことに運転手が気付いてから危険回避のために減速するのがフィードバック制御である。一方，運転手が目視で前方の凍結道路を発見し，凍結区間に入る前からタイヤが滑らないスピードまで十分に減速して凍結道路を安全に走行するのがフィードフォワード制御である。

　この「タイヤが滑る」現象は，スリップ事故につながる危険な事案であ

図表11－2　フィードフォワード制御のブロック線図

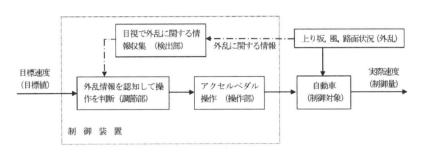

り，これを回避できる点でフィードフォワード制御がフィードバック制御よりも優れている。しかし，前述した「上り坂を示す情報」や「道路の凍結状況」等，フィードフォワード制御の鍵となる「外乱に関する情報」を検出するのが困難であったり，「上り坂を示す情報」に対してどの程度アクセルを踏み込めば目標速度を維持できるか，また，「道路の凍結状況」に対してどの程度まで減速すればタイヤが滑らないかについて予測する処理が別途必要になったりする。そのため，フィードフォワード制御の利用に際してはフィードバック制御を併用することもある。

2・2・3　シーケンス制御

この他に，**シーケンス制御**（sequence control）がある。シーケンス制御のブロック線図を図表11－3に示す。これは，制御対象を構成する諸要素が不変で，かつ，外乱の影響を全く受けない場合に，予め決めた手順通りに作業を行えば必ず目標を達成できるような処理に利用する制御方式である。

その仕組みを説明する。まず，検出部では，制御対象から直前の作業の完了信号（オンオフ信号）を検出する。次に，検出部は，受け取った信号を次の作業の開始の可否を判断する調節部へ送る。その後，調節部は，操作部に対して次の作業の開始を指示し，操作部は次の作業を開始する。

これを，全自動洗濯機の例で説明する。まず，洗濯する衣類の特性や状

図表11-3 シーケンス制御のブロック線図

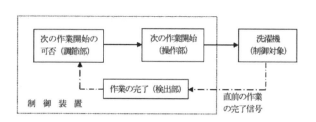

態(色物,絹製品,汚れの程度など)に合わせて洗濯ボタンを押すと,給水から始まり,洗い,排水,中間脱水,給水,すすぎ,脱水,乾燥,という一連の処理を順番に行う。そして,その一つひとつの処理において,検出部が,制御対象である洗濯機から直前の処理の完了信号を検出すると,その情報を受け取った調節部が次の処理の開始信号を操作部に送り,操作部が次の処理を開始する。

なお,最近の洗濯機では,衣類の汚れ具合や乾燥状態を検出するセンサーを搭載し,汚れの落ち具合や乾燥の程度を検出しながら,洗濯槽の回転の強弱や洗濯時間そして乾燥時間を調節するフィードバック制御を搭載した機種もみられる。

2・3 計測
2・3・1 センサーの種類

フィードバック制御では検出部において制御量を検出するため,また,フィードフォワード制御では検出部において外乱に関する情報を検出するため,各種の**センサー**(sensor)を用いてその情報を**計測**(instrumentation)する。センサーには多くの種類があるが,ここでは代表的なセンサーを紹介する。

まずは,加えた力やトルク(回転力とか仕事力を示す概念)を検出する力覚センサー,対象物にかかる圧力や圧力分布を検出する圧力センサー,対象物との距離や対象物の傾きを検出する近接覚センサー,対象物が滑っ

第11章　計測と制御の基礎

た長さを検出するすべり覚センサー，対象物との接触の有無や位置そして接触パターンを検出する接触覚センサー，その他にも，電流センサー，光センサー，温度センサー，放射能センサー，味覚センサー，聴覚センサー，嗅覚センサー，流量センサー，レーダーセンサー，磁気方位センサーなどがある。

　現在は，センサー技術が進展し，形状記憶素材や超伝導素材などの特殊素材を活用したセンサーや，刺激を与えると熱や光を発する微生物や酵素，細胞などが持つユニークな特徴を利用したバイオセンサー，さらには，検出したデータを送信するための配線が不要な無線チップを搭載したセンサーや，人工知能を搭載したセンサー，超小型センサー，インターネットに接続したセンサー（**IoT**：Internet of Things）なども使われている。

2・3・2　センサーの利用

　これらセンサーを利用するには以下の点に注意が必要である。まず，センサーを選ぶ際には，その検出性能が設置場所に影響されないことや，環境条件が変化しても安定した検出性能が保証されること，センサー自身から出るノイズが小さいこと，センサーが外部からのノイズに強いこと，さらに，低価格・小型・長寿命であることなどが重要である。

　次に，センサーを設置する際には，対象物に対するセンサーの実際感度やセンサーの取り付け角度，そして配線方法（並列か直列か）に注意する。また，センサーの検出性能に影響するノイズについては，予め，その周波数成分や侵入経路を調査して対策を講じておくことも大切である。最後に，センサーを利用する際には，センサーが情報を検出するまでの時間と検出情報を処理して制御を開始するまでの時間，制御を開始してから効果が出るまでの時間がいずれも短いこと，並びに，センサーを含んだ制御システム全体が高い応答特性を持っていることが重要である。

　なお，複数のセンサーを組み合わせて利用する際には，それぞれのセンサーが発する電磁波や温度等の影響により他のセンサーの検出性能が不安

第2部　情報リテラシー応用

定になる時がある。その場合は，別の周波数を使うセンサーに変更したり，電磁波や温度を遮断したり，センサー同士の距離を離したり，干渉防止アダプタなどで対応する。

2・4　代表的なセンサー

　次に，代表的なセンサーの仕組みを説明する。まず，**温度センサー**には，①密閉した気体や液体が温度変化により膨張したり収縮したりする特徴を利用して容積の変化によって片方の電極を動かす仕組みでスイッチをオンオフするもの，②熱による伸縮（膨張）性能が異なる2枚の金属板を貼り合わせたバイメタル（bimetal）では温度を上げると伸縮しにくい金属板を内側にするように反り返り温度を下げると元の形状に戻る。この特徴を利用してバイメタルの形状変化によって片方の電極を動かす仕組みでスイッチをオンオフするもの，③温度により電気抵抗値が変化する半導体を利用して電気的にスイッチをオンオフするもの，等がある。

　次に，**湿度センサー**には，①毛髪やナイロンが湿度により伸縮する特徴を利用してこれを片方の電極に結び付け電極を引っ張る仕組みによりスイッチをオンオフするもの，②湿度により電気抵抗値が変化する高分子感湿材を利用して電気的にスイッチをオンオフするもの，等がある。

　そして，**光センサー**には，①光の強弱により導電率が変化する硫化カドミウム（Cadmium Sulfide：CdS）膜を利用して電気的にスイッチをオンオフするもの，②光の強弱により電流のオンオフを制御できるフォトトランジスタ（phototransistor）を利用して電気的にスイッチをオンオフするもの，③光の強弱により電位差や電子（電流）が発生するフォトダイオード（photodiode）を利用して電気的にスイッチをオンオフするもの，等がある。

　最後に，**圧力センサー**には，①風船につながった管に加圧したり減圧すると風船は膨張したり収縮する。この特徴を利用して風船の形状変化によって片方の電極を動かす仕組みでスイッチをオンオフするもの，②圧力

第11章　計測と制御の基礎

の強弱により電気抵抗値が変化する拡散型半導体圧力センサーを利用して電気的にスイッチをオンオフするもの，等がある。

2·5　AD 変換と DA 変換

　ここでは，2·2節で説明した制御装置の部分にコンピュータを利用した，いわゆるデジタル制御について基礎的な知識を説明する。既に述べたように，制御装置はフィードバック量などを検出する検出部を含むが，この検出部で検出する情報がアナログ信号の場合，これをコンピュータへ入力するにはデジタル信号に**変換**しなければならない。また反対に，コンピュータからの出力はデジタル信号なので，必要に応じて，これをアナログ信号に**変換**してから制御対象に送信しなければならない。

　このような，アナログ信号とデジタル信号との間での信号の変換処理は，生演奏（アナログ信号）をデジタル信号に**変換**してコンパクトディスク（CD）や IC レコーダに記録後，IC プレーヤ等を利用して元のアナログ信号に**変換**し直して再生し演奏を楽しむという事例でも見ることができる。この時に行う変換処理が AD 変換と DA 変換である。

2·5·1　AD 変換

　まず，図表11 − 4は任意のアナログ信号を曲線で表したものである。曲線の隣り合った1組の山と谷にみる横幅を**波長**，縦幅を**振幅**と呼び，波長が長いと「低い音」，波長が短いと「高い音」，また，振幅が大きいと「大きな音」，振幅が小さいと「小さな音」を表している。したがって，普段，我々が耳にする音は横軸（時間軸）と縦軸（音の強さ）のグラフで描けば連続した波（曲線）で表せる。

　さて，**AD 変換**（Analog-to-Digital conversion：アナログ - デジタル変換）は，アナログ信号を，標本化，量子化，符号化，の3段階の手続きを経てデジタル信号に**変換**する処理のことである。以下，順に説明する。

　まず，第1段階の**標本化**（sampling）は，図表11 − 4上に示すように，

255

第２部　情報リテラシー応用

グラフの横軸を**標本化周波数**（これを**サンプリング周波数**ともいう）と呼ぶ短い時間間隔で区切り，区切ったそれぞれの時刻におけるアナログ信号の振幅（これを**サンプル値**といい図表中の●で示す）を取り出す処理のことである。図表11－４を見ると，右図の標本化周波数は左図の４倍細かいので，元のアナログ信号の曲線に近い形で振幅がサンプリングできている。

　この図を見ると，標本化では，アナログ信号に含まれる多数の信号（図中の複数の山や谷）の中で，隣り合った１組の山と谷の横幅（波長）が最も短い信号について，その波長の半分よりも短い時間間隔でサンプリングしなければ，元のアナログ信号に復元できないことがわかる。別の表現をすれば，周波数が最も高い信号について，その周波数の２倍を超える周波数でサンプリングしなければ，元のアナログ信号に復元できないのである。ここで，周波数とは，音波や衝撃波などが気体や液体あるいは物体を伝わる伝播速度を波長で割った値である。したがって，波長が半分になることと周波数が２倍になることは同じ意味である。

　第２段階の**量子化**（quantization）は，標本化により取り出した振幅について，その最大値と最小値の幅を N（$= 2^n$：n を**量子化ビット**という）個に分割した等間隔の目盛りを縦軸上に用意して，標本化で取り出した振幅をそれぞれ最も近い目盛りに当てはめる処理のことである。図表11－４下は，端数を切上げるルールの下で量子化を行った結果である。右図の分割数 N は左図の４倍細かいので，元のアナログ信号の曲線に近い形で量子化できている。

　第３段階の**符号化**（coding）は，量子化したそれぞれの振幅を２進数で表現する処理のことである。図表11－４の左下図のように量子化した場合には，縦軸の目盛り数（N）が８（$= 2^3$）なので，一番下の目盛りから上に向って順番に，$(0)_{10} = (000)_2$，$(1)_{10} = (001)_2$，$(2)_{10} = (010)_2$，$(3)_{10} = (011)_2$，$(4)_{10} = (100)_2$，$(5)_{10} = (101)_2$，$(6)_{10} = (110)_2$，$(7)_{10} = (111)_2$という具合に縦軸の目盛りをそれぞれ３桁（n ＝3）の２進数に対応させる。ここで，$(xxx)_m$ は m 進数で表した数値である。これにより，

図表11-4　AD変換～標本化周波数の違い（上左右），量子化ビット数の違い（下左右）

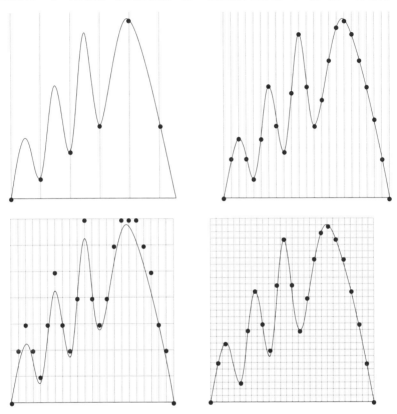

図表11-4の左下図の●印を左から辿ったデータ $(0)_{10}$ $(2)_{10}$ $(3)_{10}$ $(2)_{10}$ $(1)_{10}$ $(3)_{10}$ $(5)_{10}$…は，$(000)_2$ $(010)_2$ $(011)_2$ $(010)_2$ $(001)_2$ $(011)_2$ $(101)_2$…，即ち，000010011010001011101…のように**変換**される。

　以上の3段階の処理を経て，アナログ信号は0と1の並びで表したデジタル信号に**変換**できる。

2·5·2　DA変換

　AD変換とは反対に，デジタル信号をアナログ信号に**変換**するのが**DA**

図表11-5　DA変換〜デジタル信号（左）と階段波形アナログ信号（右）

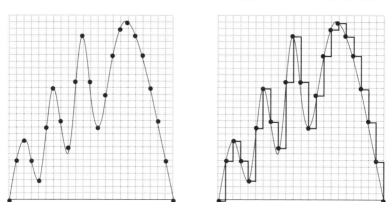

変換（Digital-to-Analog conversion：デジタル―アナログ変換）である。今度は，飛び飛びの離散化データ（グラフ中の●印）であるデジタル信号（図表11-5左）の各値について，それぞれの振幅を高さとして，さらに，標本化周波数に相当する時間幅を持った階段波形のアナログ信号を作成する（図表11-5右）。ここで得られた階段波形は，元のアナログ信号（曲線）に高周波数の信号（ギザギザ波形）を加えた波形とも見なすことができる。すると，この高周波数部分を高次のアナログフィルタ（例えば，ローパスフィルタ：lowpass filter）を利用して除去すれば元のアナログ信号を得ることができる。なお，比較的単純なシステムの場合には，階段波形のアナログ信号をそのまま利用する場合もある。このような処理を経てデジタル信号をアナログ信号に**変換**する。なお，図表11-5のアナログ信号（曲線）は参考として記載した。

2·5·3　アナログ画像のデジタル化

　アナログ画像をデジタル化する場合においても前節と同様の処理を行う。まず標本化では，画像を有限個のマス目（これを**画素**という）に分割して，画素ごとにその画素を代表する明るさ（これをサンプル値という）

を求める。例えば，マス目の4隅の明るさの平均を利用する。

　次の量子化では，それぞれの画素ごとに求めた明るさから，その最低値（＝暗い）と最高値（＝明るい），そして階調数（前述の分割数Nに相当する）を決めることで等間隔の離散的な明るさを決める。その後，一つひとつの画素のサンプル値を最も近い離散的な明るさに当てはめる。例えば，階調数が8の場合には，明るさの最低値■から最高値□までを8区分した■■■■■■■□のいずれかの明るさに当てはめていく。

　最後に，離散値化した各画素の明るさを2進数で表す符号化を行いデジタル画像が完成する。8階調の場合で示せば，「明るさの最低値」＝■＝$(0)_{10}＝(000)_2$，■＝$(1)_{10}＝(001)_2$，■＝$(2)_{10}＝(010)_2$…（途中省略）…■＝$(6)_{10}＝(110)_2$，□＝$(7)_{10}＝(111)_2$＝「明るさの最高値」という具合である。カラー画像の場合は，1つの色を発色するために赤（R）緑（G）青（B）の3色を使うので色ごとに上記の処理を行うことになる。そのため，階調数が8の場合は色ごとに8階調あるので，$8^3＝512$種類の色を発色することができる。

2・5・4　アナログとデジタル

　ここではアナログ信号とデジタル信号の特徴について説明する。まず，アナログ信号は，伝送距離が長くなるほど信号を伝送する際の減衰やノイズ（雑音）の影響を強く受けるため，受信した信号を元の信号に復元するのが困難になる。これを**伝送信号の変質**という。これに対してデジタル信号では，0と1による**パルス波信号**（「山部が1」で「谷部が0」に対応した凸凹波形信号のこと）で送信するので，仮に伝送信号の一部が変質してもパルスの数（＝イチの数＝山部の数）さえわかればよいので元の信号に復元しやすく，これがデジタル信号の利点となっている。

　しかし反対に，AD変換やDA変換の仕組みのところで説明したように，標本化と量子化の各処理では，元のアナログ波形を無理やり横軸と縦軸の目盛りに当てはめるため，そこには，端数の切り上げや切り捨てによ

る誤差が入ってくる。これにより，正確に元のアナログ信号の波形に復元するのは難しい。

　そこで，これを解決するために，AD変換では，標本化周波数を細かくしてサンプリングレートを上げたり，量子化ビット数を大きくして分割数Nを増やすことにより，元のアナログ信号に近い形状に復元する方法を採用する。画像の場合も同様で，例えば，夕焼け空等で見られる色の連続的な変化（グラデーション）をデジタル化する際も，画素数と階調数を大きくすることで滑らかな色の変化を表現できるようになる。

　しかし，この場合，サンプリングレートを上げるほど元の曲線を表すデータの数（図表11−4の●印の数）が増大し，分割数を増やすほど1個のデータを表す桁数が増大するため，全体の情報量が増大するとともに，**変換**に要する時間が増大する。とはいえ，コンピュータの性能が飛躍的に向上している現在，この処理時間は十分に小さくできる可能性がある。

3　計測と制御の応用

　多彩なセンサーにより周囲の状況を検出（計測）し，その情報を用いてコンピュータにより機械を制御する仕組みの集大成がロボットである。ロボットの歴史は古く，紀元前1世紀頃の古代ギリシャで祭壇の炎により神殿の扉を自動的に開閉する仕組みが作られた。日本でも江戸時代に盆に湯呑みを置くと歩き出し湯飲みを取り上げると停止する「からくり人形」が登場した。これら自動で動く機械がロボットの始まりとされている。

　現在では，多くの分野でロボットが活躍し，テレビやインターネットでも紹介されお馴染みである。人間のように二足歩行するヒューマノイド・ロボット，人間の生活を支援してくれるロボット，微妙な顔の表情と自然な音声で人間の代わりをするアンドロイド，医療現場で使われるロボット，災害現場や原子力発電所で活躍するロボット，そして，地雷撤去や軍事兵器として使われるロボット，などがある。

ここでは，計測と制御の応用として，センサーを搭載したマイコンロ
ボットをコンピュータ制御する方法について解説する。

3·1 マイコンロボットを用いた計測と制御

2節で述べたフィードバック制御とフィードフォワード制御をマイコン
ロボットに組み込むのに必要な基礎知識として，マイコンロボットの概
要，マイコンロボット制御用ソフトウェアの解説，センサーの利用方法，
2つの制御方式を組み込んだプログラムの開発方法，について順に解説す
る。

3·1·1 マイコンロボット

ここでは，㈱イーケイジャパン製の自律型走行ロボット「KOROBO[1]」
を用いてマイコンロボットの概要を解説する（図表11-6）。KOROBO
は，フラッシュメモリ内蔵の **RISC**（Reduced Instruction Set
Computer：縮小命令セットコンピュータ）型マイコンを搭載し，専用ソ
フトウェア上で開発したプログラムを USB ケーブルでロボットのマイコ
ン部（メイン基板）に送信して自律走行する。本体には，左右にそれぞれ
独立したモーター（タイヤ）があり直進（前後）と右左折（前後）に加え
て旋回もこなす。なお，KOROBO は付属部品を利用して自由な形にでき
るが，ここでは図表11-6に示す形状，すなわち，前面にタッチセンサー
と光センサーを配置した構造とする。

KOROBO に搭載できるセンサーは，タッチセンサー2個，光センサー
2個，コンパスセンサー1個の3種類である。タッチセンサーにはマイク
ロスイッチを採用し，障害物に接触してピンが押されると接点が接触して
電気が流れ「ON 状態にある」ことを示す信号をマイコン部に送信する。
また，光センサーにはフォトトランジスタ（Photo Transistor：PTR）を
採用し，これが可視光線や赤外線を感知すると電気が流れ「ON 状態にあ
る」ことを示す信号をマイコン部に送信する。なお，**3·1·3**で説明する

ように,「ON 状態にある」信号はセンサーが障害物に接触あるいは光を感知した時だけ送信されるので,プログラム開発ではそのタイミングを逃さないように注意する必要がある。

そして,同種のセンサーを2個使用する場合はプログラム上で識別番号（1と2）により使い分ける。マイコン部にはタッチセンサー用の端子（TOUCH 1 と TOUCH 2）と光センサー用の端子（PTR 1 と PTR 2）があるので,センサーから伸びるコードをどちらかの端子に差し込むかによって識別番号が決まる。

また,コンパスセンサー[2]には,地磁気センサーとして利用する高感度 MI 素子（Magneto Impedance device：磁気インピーダンス素子）を採用し,南北方向の磁力線を検出できるので,プログラム実行前に KOROBO 正面を目標地点へ向けた状態でセットすれば,常に「目標地点

図表11－6　㈱イーケイジャパン製マイコンロボット「KOROBO」(右) と赤外線発光ボール(左)

の方向」を指し示す信号をマイコン部に送信する。

3・1・2　制御用ソフトウェア

　ここでは，KOROBO の制御プログラムを開発するために利用する専用ソフトウェア「IconWorksUSB[3]」について説明する。本ソフトウェアは，㈱イーケイジャパンの WEB サイトからダウンロードする。IconWorksUSB では，KOROBO の一つひとつの動作や機能に対応したアイコン（タイル）群を，パソコン画面上のプログラム作成領域にある［Begin］アイコンと［End］アイコンとの間に配置することでプログラムを作成する。

　図表11－7に示すように，アイコンには，プログラムを記載する上で必要なアイコン，走行・動作に関するアイコン，繰り返し処理に関するアイコン，条件で処理を分岐させるアイコン，変数処理に関するアイコン，等がある。各アイコンは，マウス操作でプログラム作成領域上に配置し，その後，アイコンをクリックして表示するダイアログボックス上でそのアイコンに関する**パラメータ**（parameter）を設定する。例えば，［前進］アイコンでは，パラメータ（走行速度）として（高）（中）（低）から選択し，［タッチセンサー分岐］アイコンでは，パラメータ（センサー識別番号）として（1）（2）から選択する。

　次に，代表的なアイコンについて説明する。紙面の都合上，走行・動作（前進，ブレーキ，ビープ音，等）に関するアイコンは省略する。はじめに，［ウェイト］アイコンは直前のアイコンの処理をパラメータで指定する秒数だけ継続する。そのため，［前進（高）］アイコンの直後に［ウェイト（3）］を配置すると，KOROBO は高速で3秒間前進する。次に，［ループ］アイコンと［ループエンド］アイコンは，この2つで挟んだアイコン群による一連の処理を繰り返す。そして，［タッチセンサー分岐（コンパスセンサーと兼用）］アイコン，［光センサー分岐］アイコン，［変数分岐］アイコンは，指定した「条件」を満たすか否かでその後の処理を分岐

第2部　情報リテラシー応用

図表11－7　Icon WorksUSB で使用するアイコンの機能一覧

アイコン	名　称	機　能
	開始（左） 終了（右）	プログラムの開始と終了を示し，[BEGIN]アイコンと[END]アイコンの間にプログラム（アイコン群）を配置する。
	前進（左）　後退（中） 右旋回（右）	指定方向へ走行する。高速・中速・低速を選択可能で，走行時間を指定する場合は[ウェイト]アイコンを併用する。
	ブレーキ	ブレーキをかけて指定時間（0.1〜10秒）だけ強制停止する。走行後に[ブレーキ]アイコンを使わないと，惰性で少し走る。
	ウェイト	指定時間（0.1〜10秒）の間，直前の動作を継続する。
	ループ（左） ループエンド（右）	[ループ]アイコンと[ループエンド]アイコンの間に挟んだプログラム（アイコン群）を無限に繰り返す。
	光センサー分岐（左） タッチセンサー分岐（右）	センサーから「ON状態にある」信号が来ているか否かで，[○(YES)]アイコンと[×(NO)]アイコンのいずれかへ分岐する。
	変数分岐	変数同士や変数と数値の大小関係を不等式で指定し，これを満すか否かで[○(YES)]アイコンと[×(NO)]アイコンへ分岐。
	イエス（左） ノー（右）	上記の3種の分岐アイコンの分岐先を示すアイコンであり一対で使う。各アイコンの後ろに分岐後のプログラムを配置。
	合流（左） ノップ（右）	[合流]アイコンは分岐した2つの流れを合流させ，[ノップ(no operation の意味)]アイコンは離れたアイコン同士をつなぐ。
	変数設定（左） 変数計算（右）	[変数設定]アイコンは変数に数値や他変数の数値を記憶し，[変数計算]アイコンは変数間や数値との四則演算を行う。
	BEEP	[BEEP]アイコンはブザー音を発する。音色は4種類（1〜4）。分岐アイコンの状態（○か×か）を知る為に使う場合もある。

出所：㈱イーケイジャパン「ロボットプログラム Icon WorksUSB ＋操作説明書（基本操作編）」pp.17-19より作成

する。

　具体的には，［タッチセンサー分岐］と［光センサー分岐］アイコンの場合は，各センサーからの「ON状態にある」信号をマイコン部が受信していれば［○（YES)］アイコンへ，受信していなければ［×（NO)］アイコンへ進む。また，［変数分岐］アイコンの場合は，2つの変数間や，変数と数値との間に，予め指定した条件（大小関係）が成立していれば［○（YES)］アイコンへ，そうでなければ［×（NO)］アイコンへ進む。そして，［○（YES)］と［×（NO)］アイコンの後ろには，それぞれ，それ以降の処理を行うアイコン群（プログラム）を配置する。なお，プログラムの構造を明確にするため，これらの分岐アイコンによって2つに分岐した流れは［合流］アイコンを使って1本にまとめる必要がある。

　一方，［変数設定］アイコンと［変数計算］アイコンは変数を利用する

第11章 計測と制御の基礎

ためのアイコンである。前者は，指定の変数に任意の数値を格納し，後者
は，変数間や変数と数値を使った四則演算を行う。ここで，**変数**とは，マ
イコン部のメモリ内に用意したデータ格納領域を指すもので，これをプロ
グラム上で取り扱える形にしたものである。変数は全部で8つ（A～H）
利用でき，それぞれ0から255までの整数を1つだけ格納できる。なお，
［変数計算］アイコンで除算をする際は生じた小数部分は切り捨て処理さ
れるので注意する。

　以上のアイコン群を使ってプログラムを作成する。その後，完成したプ
ログラムは，IconWorksUSB が，文法上の誤りや構造上の矛盾点をチェッ
クした後 USB ケーブル経由で KOROBO のマイコン部へ送信する。

3・1・3　センサーの利用方法

　ここでは，センサーが検出した信号のプログラムへの利用方法と，3種
類のセンサーを利用する際の注意点について解説する。

　図表11-8は，タッチセンサーを前面に搭載した KOROBO が障害物へ
向けて前進走行する様子を示している。ここで2つのプログラムを考え
る。プログラム1は「センサーの状態を見てから8秒間前進する」という
動作を繰り返すもので，プログラム2は「センサーの状態を見てから1秒
間前進する」という動作を繰り返すものである。この図表に示すように，
プログラム1では障害物よりも手前でセンサーの状態を見ているため障害
物を検出できていない。その後8秒間の前進動作が終わり，再度センサー
の状態を見た時にようやく障害物を検出できる。これに対するプログラム
2では，障害物に接触した時点で障害物を検出できている。

　このように，障害物を正確に検出するには，1回の走行時間を8秒では
なく1秒にして，センサーが障害物を検出する間隔を短くし検出の頻度を
増やすことが有効である。そして，センサーが障害物を検出すると，セン
サーはマイコン部に「ON 状態にある」信号を送信するので，［タッチセ
ンサー分岐］アイコンを用いて分岐操作を行い，［○（YES）］アイコンと

265

図表11-8　障害物に対するセンサーの利用方法

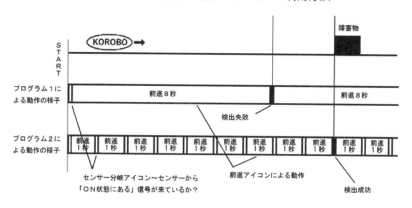

［×（NO）］アイコンのそれぞれの場合についてその後のプログラムを設計する。

　ここでは、タッチセンサーを前提に説明したが、光センサーやコンパスセンサーの場合も同様である。ただし、光センサーやコンパスセンサーがタッチセンサーと異なる点について理解しておく必要がある。

　まず、光センサーでは、障害物自体に光源を搭載する必要がある。これにより、KOROBOは障害物からの光が届く距離に近づいた時点で障害物を検出することができる。光センサーが障害物（光源）を検出し始める距離はフォトトランジスタの感度調整スイッチで設定する。別の例になるが、床面に描いた線に沿ってKOROBOを走らせるライントレース（line trace）走行の場合は光センサーを床面に向けて利用する。この場合、光センサーに付属の赤色LED（Light Emitting Diode）で床面に向けて光を照射しその反射光を光センサーで検出する方法が利用できる。なお、床面に細かな凹凸がある場合や床面が暗い色の場合には、床面からの反射光が弱まる点を考慮しながらフォトトランジスタの感度を調整する必要がある。

　次に、コンパスセンサーでは、KOROBOの進行方向に対して目標地点がどの方向（正面、左側、右側、後方）にあるかを検出する。ここで、コンパスセンサー用のアイコンは用意されていないため、代わりに［タッチ

センサー］アイコンを利用する。1個の［タッチセンサー］アイコンでは
ON と OFF の2つの状態しか判別できないので，これを2個組み合わせ
て正面（ON&ON），左側（ON&OFF），右側（OFF&ON），後方（OFF&OFF）
に対応させてプログラムを作成する。したがって，コンパスセンサーと
タッチセンサーを両方使う場合は，プログラム中で切り替えながら利用す
る必要がある。

　このように，走行場面に応じてセンサーを適切に選択するとともに，セ
ンサーに応じて障害物側に光源の準備をしたり，センサーの感度を調節し
たり目標地点の方向を設定した上でプログラムを開発する。

3・1・4　2つの制御方式を組み込んだプログラムの開発

　ここでは，フィードバック制御とフィードフォワード制御をプログラム
として KOROBO に組み込む方法について，図表11－9を用いて説明する
（1）モデル動作と2つの制御方式

　　はじめに，KOROBO に行わせる動作（モデル動作）を決めておく。
そこで，「『KOROBO が前進走行していると進行方向からボール（赤外
線発光ボール[4]を指し，光センサーを利用する際には赤外線発光モード
に設定し利用する。以下では単にボールと記載する）が転がってくる。
KOROBO は前面のセンサーを使ってボールを検出するとボールを避け
るために別の方向へ向きを変える。また，ボールに遭遇する度に遭遇回
数を数え，遭遇回数が5回になった時点でブザー音（BEEP 音）を鳴ら
して10秒間停止する』という基本動作を繰り返す」動作をモデル動作と
する。

　　そして，モデル動作の「ボールを検出する」部分について2つの解釈
を行う。すなわち，これを，タッチセンサーを利用して「ボールに接触
する」と解釈すればフィードバック制御を再現でき，また，光センサー
を利用して「ボールに接近する」と解釈すればフィードフォワード制御
を再現でき，それぞれの制御方式をプログラム化できる。後者のフィー

ドフォワード制御では，その鍵となる「外乱に関する情報」として，赤外線発光ボールが放つ赤外線を利用する。

(2) プログラムの考え方

2つの制御方式は，ブロック線図（図表11－1と図表11－2）に示したように，制御対象，操作部，調節部，検出部，外乱，外乱に関する情報，制御量，目標値，といった要素で説明できるので，これらが，モデル動作や KOROBO のどの部分に対応するかを確認する。まず，両制御方式に共通する部分として，制御対象は「KOROBO」であり，操作部が「左右のタイヤに直結した2つのモーター」である。そして，検出部から情報を受け取り，操作部を制御する調節部が「マイコン（プログラム）」である。その他の要素は後ほど説明する。

次に，調節部であるマイコン（プログラム）が行う処理，すなわち，「検出部からの信号をどのように処理して操作部に対してどのように指示・命令するのか」を設計する。この処理内容を手順化したものが**アルゴリズム**（algorithm）であり，この手順をわかりやすく図にしたものが**フローチャート**（flow chart：**流れ図**）である。フローチャートは，先頭に「start」を置き，ロボットやコンピュータに行わせる動作や処理を順番に並べ，それらを矢印でつなぎ，最後に「end」を置いたものである。フローチャートが完成後これに沿ってプログラムを開発する。IconWorksUSB でも，「start」と「end」に相当する［begin］アイコンと［end］アイコンの間にアイコン群を配置し，マウスのクリック操作でアイコン同士を短線でつなぐとフローチャートが完成するが，実は，IconWorksUSB ではこのフローチャートがプログラムそのもの，すなわち，「フローチャートの作成」と「プログラムの開発」を同時に行えるのである。

さて，KOROBO はプログラム（フローチャート）に沿って動作するため，プログラム開発者は，KOROBO に起こる様々な状況を想定し，それら一つひとつに対する KOROBO の動作や処理を決定し，図表11－

7に掲載したアイコン群からアイコンを選び，それらを順番に並べ，あるいは，センサーや変数による分岐で動作を切り替える仕組みを入れて，全体として整合性のあるプログラムを作らなければならない。

それでは，それぞれの制御方式について，調節部であるプログラムが行う作業について説明する。なお，文中に登場するⓃは図表11－9中に登場するアイコンの番号である。

(3) フィードバック制御のプログラム

まず，タッチセンサーを利用したフィードバック制御のプログラムについて考える。そこで，ブロック線図（図表11－1）の検出部，外乱，制御量，目標値について，調節部であるプログラムとの関係から説明する。

検出部は「タッチセンサー」であり，外乱が「ボール（赤外線は発光させない）」である。今回，使用するタッチセンサーは，KOROBOにボールが接触した状態（ON）と接触していない状態（OFF）の2つの状態しか検出できないため，この時の制御量は「KOROBOとボールの接触（衝撃）の強さ」ではなく「接触の有（ON）無（OFF）」とする。よって，制御量に対応させて，その目標値は「KOROBOとボールが接触していない状態（OFF）」とする。

したがって，調節部であるプログラムは，目標値と制御量を比較して，両者が一致していれば（目標値も制御量もともにOFFの場合）KOROBOは前進走行し，両者が一致していなければ（目標値がOFFで制御量がONの場合）KOROBOはボールと接触しているので，接触状態にあるボールを回避するため，一旦，操作部（左右のモーター）を操作してKOROBOを後退させる。なお，目標値は常にOFFなので，調整部であるプログラムでは「制御量がONかOFFか」だけで判断して操作部に対して操作を指示すればよい。以上の動作をプログラムにする。

(4) 主要部分のプログラム化

プログラムの主要部分を組み立てるには，前進走行中のKOROBOの

図表11-9　2つの制御方式のフローチャート（プログラム）

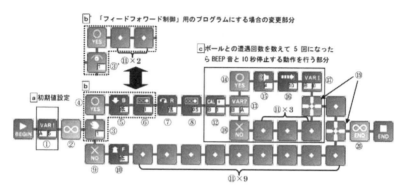

（図中の⓷は本文中に登場するアイコンの番号）

　前方からボールが転がってくる様子をイメージする。その上で，［タッチセンサー分岐］アイコン③を配置する。そして，制御量（センサーの状態）がONならば［○（YES）］アイコン④へ進む。この場合は，KOROBOがボールに接触しているため，進行方向を妨害しているボールを迂回する動作「後退して方向変換」を行う。まず，1秒間低速で後退するために［後退（低）］アイコン⑤と［ウェイト（1）］アイコン⑥を配置する。その後，0.5秒間低速で右旋回するために［右旋回（低）］アイコン⑦と［ウェイト（0.5）］アイコン⑧を配置して進行方向を変える。一方，制御量（センサーの状態）がOFFならば［×（NO）］アイコン⑨へ進む。この場合，KOROBOはボールに接触していないのでそのまま低速で前進すればよい。そこで，［前進（低速）］アイコン⑩を配置する。

　なお，［タッチセンサー分岐］アイコン③により［○（YES）］と［×（NO）］に分岐した2つの流れは，［合流］アイコン⑲で1本にまとめる。ここでは，説明上の見やすさを重視して分岐後の2つの流れを揃えるために，［×（NO）］側の流れには，何もしない［ノップ］アイコン⑪を9つ配置している。そして，モデル動作に従って以上の動作を繰り

返す必要から，上記のプログラム全体を［ループ］アイコン②と［ループエンド］アイコン⑳で挟む。ここまでのプログラムは，図表11－9中の3つの部分（ⓐ，ⓑ'，ⓒ）を除いた状態として完成する。

(5) ボールとの遭遇回数を数える部分のプログラム

　次は，KOROBO がボールに遭遇した回数を数える部分を考える。この部分は，(4)の主要部分の［タッチセンサー分岐］アイコン③で［○（YES）］の場合（ボールに遭遇した場合）の「後退して方向変換」の後に行う処理として，［ウェイト（0.5）］アイコン⑧の後ろに部分ⓒとして付け加えればよい。なお，部分ⓒを［○（YES）］アイコンの直後に配置してもよいが，部分ⓒの所要時間だけ KOROBO が「後退して方向変換」するのが遅れるため，ボールと衝突する危険が大きくなる。

　さて，モデル動作の説明文にある「遭遇する度に遭遇回数を数える」という表現を「遭遇直前までの遭遇回数を変数に記憶させておき，ボールとの遭遇時には，その変数に1を加える」という表現に読み替えると，以下のプログラムが理解しやすくなる。この解釈は，プログラミングの基本なので覚えておいてほしい。

　すなわち，遭遇回数を記憶する変数B（変数はA～Hの8つから自由に選んでよい）を用意し，遭遇するたびに変数Bが「1」だけ増える仕組みを作る。この処理は一般的には「B＝B＋1」で表現されるもので**インクリメント**（increment）と呼ばれる処理である。一見すると，この式は矛盾しているように思えるが，プログラミングでは一般的に使われる表現であり，「等号の右側（右辺）にある変数Bがこれまで記憶していた値に1を加えた結果を，等号の左側（左辺）の変数Bにあらためて記憶し直す」という意味である。これにより，変数Bが記憶している値が1だけ増える。IconWorksUSB ではこの処理を［変数計算（B）（＋）（1）］アイコン⑫で行う。

　次に，ボールとの遭遇回数が5回になると特別の処理（BEEP 音と10秒停止）をしなければならないので，プログラムの開始時，つまり，部

分⒜に，この「5」という値を変数A（B以外の変数ならどれでもよい）に記憶させておく。コンピュータでは，計算中に使用するデータ群は予め変数に記憶させておかなければならない。この処理は一般に「A＝5」で表現され「右辺の5を左辺の変数Aに記憶する」という意味である。IconWorksUSB ではこの処理を［変数設定（A）（5）］アイコン①で行う。

　その上で，部分⒞の［変数計算（B）（＋）（1）］アイコン⑫で変数Bの値を1だけ増加させた後に，変数Bの値が変数Aの値と比較して条件「B≧A」を満たすか否かをチェックするための［変数分岐（B）（A）］アイコン⑬を設定する。この時，両変数が記憶している値の大小関係が「B≧A」ならば，［○（YES）］アイコン⑭へ進む。その場合は，BEEP音を1回鳴らして10秒間ブレーキをかけて停止するため，［BEEP（4）］アイコン（ここでは音色番号4を選択）⑮と［ブレーキ（10）］アイコン⑯を配置する。一方，両変数の値の大小関係が「B＜A」ならば［×（NO）］アイコン⑱へ進むが，この場合は特段の処理は行わない。

　この部分の処理は，一般に「IF（条件式）THEN（処理1）ELSE（処理2）」で表現され，「条件（B≧A）を満たす場合は処理1（BEEP音とブレーキ操作）を行い，条件を満たさない場合は処理2（何もしない）を行う」という条件分岐である。

　なお，ここで忘れてはならないのは，［変数分岐（B）（A）］アイコン⑬で条件「B≧A」を満たした時点で「B＝A（＝5）」であり，変数Bの値は「5」になっているので，再度5回ボールに遭遇した場合に同様の動作を行うには変数Bの値を「0」に戻す，すなわち「B＝0」の処理が必要である。そこで，［ブレーキ（10）］アイコン⑯の後に［変数設定（B）（0）］アイコン⑰を配置する。

　そして，［変数分岐（B）（A）］アイコン⑬により，［○（YES）］と［×（NO）］に分岐した2つの流れは，［合流］アイコン⑲で1本にまとめる。なお，プログラムを見やすくするために，［×（NO）］側に［ノッ

プ］アイコン⑪を３つ利用して［○（YES）］側と長さを揃えている。

(6) プログラムについての補足

　ここまでに説明したプログラムについて３点ほど補足する。１つ目は，(4)で説明した⑥と⑧の［ウェイト］アイコンの「１秒」と「0.5秒」は，著者が実際にKOROBOとボールとの遭遇現象を何度も実験した結果に基づいて設定している点である。

　２つ目は，**3・1・3**で説明したように，非常に短い間隔でセンサーによる検出を繰り返すことにより，KOROBOがボールの接近に俊敏に対応できるようにしている点である。具体的には，KOROBOが前進走行（［前進（低）］アイコン⑩）する際は［低速］走行に設定し，KOROBOが急速にボールに接近し過ぎないようにしている。さらに，プログラム中には，0.5秒の［ウェイト（0.5）］アイコン⑧を配置している所もあるが，実は，人間には0.5秒は非常に短い時間だがマイコンには相当に長い時間であるため，短い時間間隔で繰り返してセンサーの信号を検出できるように，［前進（低）］アイコン⑩の直後には，［ウェイト］アイコンさえも配置していない。

　３つ目は，プログラムの部分ⓐでは変数Aに「５」を記憶させるための［変数設定（A）（５）］アイコン①を配置しているが，ボールとの遭遇回数を記憶する変数Bにはその初期値「０」を記憶させるためのアイコンを配置していない点である。これは，プログラムを実行すると最初に全ての変数が「０」になるので，わざわざ「０」を記憶するためのアイコンを配置する必要がないからである。

(7) フィードフォワード制御プログラムの考え方

　次に，光センサーを利用したフィードフォワード制御のプログラムについて考える。そこで，フィードバック制御の場合と同様に，ブロック線図（図表11－2）の各要素について調節部を担当するプログラムとの関係から説明する。ここで，制御対象，制御量，目標値，外乱，操作部については(3)のフィードバック制御のところで説明しているので，こ

こでは検出部と外乱に関する情報と調節部について説明する。

まず，検出部は「光センサー」であり，外乱に関する情報が「ボールから発射される赤外線」である。使用する光センサーは，KOROBOとボールとの実際距離が，予め決めた距離（指定距離）まで近づいた状態（ON）と，近づいていない状態（OFF）の2つの状態しか検出できないため，この時の，外乱に関する情報は「KOROBOとボールとの距離（例えば，センチメートル）」ではなく，「両者の実際距離が指定距離に近づいた（ON）か否か（OFF）」である。

したがって，調節部を担当するプログラムは，外乱に関する情報がOFFならばKOROBOは前進走行し，ONならばボールがKOROBOに指定距離まで近づいているので操作部（左右のモーター）を操作してボールを回避する。このように，フィードフォワード制御のプログラムでは，目標値や制御量は利用せず「外乱に関する情報がONかOFFか」だけで判断し操作部に対して指示する。以上の動作をプログラムにする。なお，光センサーがボールの赤外線に反応するように，ボール側ではRoboCupJuniorの旧規格の定常発光（DC光）モード[3]に設定する。

(8) 2つの制御方式の違いを考えたフィードフォワード制御のプログラム

(3)と(7)の2つの制御方式の相違点から，フィードバック制御のプログラムを改良する形で，フィードフォワード制御のプログラムを考える。

まず，相違点の1つ目は，検出部に使うセンサーである。フィードバック制御ではタッチセンサーだが，フィードフォワード制御では光センサーなので，［タッチセンサー分岐（1）］アイコン③を，［光センサー分岐（1）］アイコン③'に置き換える。今回は識別番号（1）のセンサーを使用したが，識別番号（2）のセンサーでもよい。

2つ目は，ボールに遭遇した後の操作部（左右のモーター）への指示の違いである。フィードバック制御では，KOROBOはボールとの接触により「ボールとの遭遇」を検出するため，KOROBOはボールと接触した状態にある。そこで，KOROBOの前進を阻んでいるボールを迂回

第11章　計測と制御の基礎

するために，低速１秒間の後退動作（部分ⓑの［後退（低）］アイコン
⑤と［ウェイト（1）］アイコン⑥）が必要である。これに対してフィー
ドフォワード制御では，KOROBOはボールが指定距離へ近づいた時点
で「ボールとの遭遇」を検出するため，KOROBOはボールと接触して
いない。そのため，KOROBOはボールを迂回することなく方向変換で
きるのでフィードバック制御での後退動作（アイコン⑤と⑥）が不要で
ある。なお，図表11－9では両者の違いがわかるように，不要な２つの
アイコンを２個の［ノップ］アイコン⑪に置き換えている。

　３つ目は，フィードバック制御ではボールと接触する度に遭遇回数が
「1」増えるのに対して，フィードフォワード制御ではボールの接近を検
出する度に遭遇回数が「1」増える点である。これは，(5)で説明した
部分ⓒに関連するが，部分ⓒは「ボールと遭遇する度に変数Ｂ（現在ま
での遭遇回数）が１だけ増える」仕組みであり，これは「ボールと接
触」でも「ボールの接近」でも同じ処理でよいので，部分ⓒはフィード
フォワード制御でもそのまま利用できる。

　以上より，フィードフォワード制御のプログラムは，基本構造はフィー
ドバック制御のプログラムと同じであり，図表11－9の部分ⓑを部分ⓑ'
に置き換えるだけでよいことがわかる。そして，ここで取り上げた「モデ
ル動作」の場合は，ボールに接触しない点と後退動作を省略できてプログ
ラムを簡素化できる点で，フィードバック制御に比べてフィードフォワー
ド制御が優れていることがわかる。

　なお，この事例では，実験を積み重ねた上で光センサーがボールの接近
に反応する指定距離を設定したが，この指定距離が十分でない場合やボー
ルの速度が速い場合は，ボールの接近を検出して方向変換中のKOROBO
にボールが衝突する可能性がある。この場合は，**2・2・2**で述べたように，
フィードフォワード制御の特徴である「外乱に関する情報」だけでは対
応が難しいことを示唆している。そのため，万が一のボールとの衝突を
考慮すると，タッチセンサーを利用したフィードバック制御の併用も考

275

第2部　情報リテラシー応用

えられる。

3・1・5　機械装置を伴ったコンピュータのプログラミング

　ここまでに取り上げた KOROBO では，本体前面にタッチセンサーと光センサーを取り付けているが，これらは，前方からやってくるボールを正しく検出するための高さ，角度，感度に設定しなければならないし，赤外線発光ボール以外の赤外線が周囲で利用されていると光センサーがそちらに反応する可能性も考えなければならない。コンパスセンサーを利用する場合は周囲に強い磁力線を出す磁石があると誤作動するので注意が必要である。また，KOROBO 本体についても，直進走行するアイコンを使用しているにもかかわらず，走行面の凹凸や傾斜そしてタイヤの滑り具合などの路面の状況により直進できないこともある。

　このように，ロボットなどの機械装置を伴ったコンピュータのプログラミングでは，機械装置各部の形状や強度などの構造上の特徴や機械装置各部の動作範囲や動作速度などの動作上の特徴，あるいは，センサーの性能や使用環境について，注意する必要がある。その上で，機械装置がプログラム通りに動作していることを実際に目で確認して，プログラムと実際の動作との調整作業を行う必要がある。この点で，数値計算を中心としたプログラミングとは異なった工夫や確認が必要になる。これらには多くの手間と時間がかかるため，それを解決する便利な方法がいろいろと開発されている。

　例えば，比較的単純なアーム型ロボットでは，プログラマが手動操作ハンドルを用いてロボットのアーム部分を直接動かすことで，ロボットに対して一連の動作や位置座標を教示（**ティーチング**：teaching）すると，記憶した動作からプログラムを自動的に生成し，このプログラムに沿って動作する**プレイバック制御システム**（playback control system）がある。

　一方，多数のモーターやセンサーを搭載した二足歩行ロボットでは，複雑な制御を必要とするため，非常に高度で精確なプログラム開発が要求さ

れる。しかし，プログラムが高度であるほどプログラム中に多くのミスを含む可能性があり，その結果，開発中のプログラムでロボットを動作させると誤動作によりロボットを損傷する危険性がある。そこで，これを回避するために，コンピュータ画面上に3次元CG（Computer Graphics）で描画した同型ロボットのシミュレーターを用いて，開発中のプログラムの動作検証をしてからロボット本体に適用する方法を採用している。

　KOROBOとIconWorksUSBでは，前述のようなプログラミング支援機能は用意されていないが，「画面上にアイコンを配置してフローチャートを組み立てれば，それがそのままプログラムとして動作する」という仕様は，アルゴリズムを体系的に組立てていく**構造化プログラミング**（structured programming）に有効である。**構造化**とは，アルゴリズムを組立てる際に，その全体を，処理や動作の単位で複数のブロックに分けた上で，ブロック単位でプログラムを考える方法である。3・1・4では，初めに主要部分のプログラムを説明し，その後，ボールとの遭遇回数の処理部分を説明した。このような順番で説明したのはこの構造化を意識したためである。その結果，図表11－9の部分©のアイコン群を「ボールとの遭遇回数の処理」を行う1個のアイコンと見なせば，プログラムの全体構造が見やすくなりプログラムの改良や見直しが容易になる。また，IconWorksUSBでは，完成したプログラムの全体あるいは一部を保存してライブラリー化できるため，ライブラリーにある過去のプログラム群から必要なプログラムを取り出して貼り付ければ，効率よくプログラム開発が行える仕様となっている。

3・2　ロボットを支える周辺技術

　ここまでの内容からは，ロボットはパソコンに接続した複雑な周辺装置と捉えられてしまう可能性がある。そこで，ロボットがメカニズム／メカニクスとエレクトロニクスの合成語である**メカトロニクス**（mechatronics）を中心とした様々な周辺技術で支えられている点について触れておく。

第2部　情報リテラシー応用

　ロボットは，これまでに述べてきた制御技術やセンサー技術を随所に組み込みながら，パワーユニット（例えば，モーターやエンジン）などのロボットの動力を生み出すエネルギー・動力技術と，後述するピニオンギアやウォームギア等のギア（歯車）や四節リンク機構，油圧・空圧，ワイヤ・ベルト等によりロボット各部へエネルギーを伝達するための動力伝達技術，LSIやVLSIなどのIC技術やAD／DA変換などの電気・電子技術，遠隔操作を実現するためのネットワーク技術，また，人工知能をはじめとした自律型ロボットのためのコンピュータ技術や情報工学，そして，ロボットを二足歩行させるための**ヒューマノイド**（humanoid）技術，さらに，人間・機械システムのインターフェース技術としての**サイバネティクス**（cybernetics）技術や，3次元コンピュータグラフィックスによる仮想現実感を実現するための**バーチャル・リアリティ**（Virtual Reality：VR）技術，遠隔地のロボットを操作するための通信技術，ロボット自体を軽量で強固に作り上げるための材料技術等の様々な技術の集大成であると認識することが重要である。

　これら技術の中から，初心者にも理解しやすい動力伝達技術について少し紹介する。動力の伝達には機構と呼ぶ仕組みを利用する。図表11-10左は，左側のピニオンギア（pinion gear）の歯数が12で右側の平ギア（spur gear）の歯数が24の組み合わせ機構である。ピニオンギアを1回転させると平ギアは1/2回転し，この時，ピニオンギアを1回転させる際に加えた力（回転力）は2倍になる。反対に，平ギアを1回転させればピニオンギアは2回転する。この機構により回転速度や回転力を調節できる。

　図表11-10中は，右側のワームギア（worm gear）が1回転すると左側の24歯の平ギアが1/24だけ回転する機構で，回転力を24倍にできる。この機構では，反対に，平ギアを回転させてもワームギアを回転できないことと，ワームギアと平ギアの回転軸が垂直になることが特徴である。

　そして，図表11-10右は，4本のリンクで構成した四節リンク機構の動きを示している。リンクの1つを固定するとその他のリンクは計算された

図表11-10 ロボットを支える機構（ピニオンギアと平ギア(左)，ピニオンギアとワームギア(中)，四節リンク機構(右)）

図提供：㈱イーケイジャパン（一部加筆修正）

動きをする。リンクは3本では動かないし，6本以上では動きが複雑になり制御が難しい。これらの機構を組み合わせることで，モーター等からロボットの各部位に対して動力を伝達する。

4　最後に

　計測と制御の集大成であるロボットは進化を続けている。進化の様子を表すキーワードには次のようなものがある。**人工知能**（Artificial Intelligence：**AI**）を搭載したロボット，遠隔地のロボットを操作して現地を疑似体験する**テレイグジスタンス**（telexistence），クラウドサービスとロボットが連携してサービスを提供する**クラウド・ロボティクス**（cloud robotics），人とのコミュニケーションのための顔認証技術とヒューマンインターフェース，人と一緒に作業ができる安全なロボット，無人運転の鉄道・バス・ロボットカー，燃料電池で長時間稼動するロボット，倒れても壊れないロボット，軽くて安価な普及型ロボット，人が装着して利用するロボットスーツ，様々な分野・職種へのロボットの実践的導入，など多岐にわたる。また，ロボット自体の進化だけでなく，ロボットを普及させて，21世紀の産業の柱とするための準備として，ロボットベンチャー企業の育成やロボット製品まわりの流通システムの構築と整備，消費者へのロ

ボットの啓蒙など，ロボット市場の拡大へ向けた産官学協同による取り組みが行われている。

そして，近年，**量子コンピュータ**（quantum computer）で使う計算ロジックを半導体上で実現したプロトタイプが完成し，また，光パルスを利用した光量子コンピュータまで考案され，量子コンピュータの実現に向けて大きく前進した。量子コンピュータでは，現在のコンピュータでは解読不可能な暗号も超並列処理による高速計算で簡単に解けてしまうことが指摘されている。また，人工知能の分野では，**ディープラーニング**（deep learning：深層学習）と呼ぶ機械学習機能を搭載し，既に囲碁・将棋・チェスなどで人間の能力を超え，銀行業務や企業経営あるいは医療診断等への実用化段階を迎えている。一方で，全能と思われていた人工知能だが，近年，東京大学合格を目指した人工知能ロボットの研究過程でその弱点も明らかになってきた。これらのコンピュータ技術が小型化して普及型ロボットに搭載されれば，人間とロボットがそれぞれの得意分野で役割分担しながら共生する社会が実現するのも，遠い話ではなさそうである。

最後に，ロシア生まれの米国人 SF 作家・アイザック・アシモフ（1920-92）が，短編集『われはロボット』（1950年）の中の，**ロボット工学三原則**と題して述べている一節に，「ロボットは，便利である前に，まず，人に対して安全でなければならない」という一文がある。ロボットの便利さだけに注目が集まる今日，人とロボットとの安定的な共生社会を実現するには，この一文を忘れてはならない。

---

1 ㈱イーケイジャパン製「自律型ロボット KOROBO MR-9172」
2 ㈱イーケイジャパン製「コンパスセンサーモジュール MR-9142R」
3 ㈱イーケイジャパン「ロボットプログラム IconWorksUSB 操作説明書 I・II」
4 ㈱イーケイジャパン製「RoboCupJunior 公式赤外線発光ボール RCJ-05」

索　引

【数字・欧文】

100BASE-TX　212
2進数　8, 160
4Kテレビ　127
8Kテレビ　127
ABC管理　236
AD変換　255
AES　214
AGV　93
AI　204
APS　117
APT　108
ASP　219
ATM　36
BCP　33
Bluetooth　176, 214
BS　235
BtoB　51
BtoC　51
C言語　196
CAD　103, 105
CAE　106
CALS　61
CAM　103, 107
CAP　103, 110
CATV　212
CIM　102
CNC工作機械　93
COBOL　196
CRM　50
CSMA/CD　213
CSS　218
CtoC　75
DaaS　219
DA変換　257

decision making　14
DHCP　212
DisplayPort　176
DNC　103
DRAM　171
DTPR　201
DVI　176
DWH　117
Dynamic Random Access Memory　171
EC　124
EC化率　53
EDI　54, 124
ENIAC　7
EOS　89
ERP　116
Ethernet　175, 212
EUC　34
EUCの短所　38
EUCの長所　36, 37
eマーケットプレイス　64
FMC　93
FMS　93
FORTRAN　196
FTTH　212
GIS　123
GPS　123
GUI　36, 114, 188
HDMI　176
HTML　197, 217
IaaS　219
IC　165
ICANN　216
ICT　5
ICカード型電子マネー　78
ICタグ（無線タグ）　83

ID-POS データ　50
IEEE　216
IEEE1394　176
IEEE802.11 シリーズ　213
IMAP4　127, 217
IoT　123, 253
IP　216
IP-IP 接続　211
IPv4　216
IPv6　216
IP 電話　126
IP プロトコル　126
ISM バンド　214
ISS　245
IT　4
ITS　245
ITU　219
JAN コード　46
JAN シンボル　46
JAN バーコードシンボル　46
Java　196
JavaScript　197
Java アプレット　197
Java サーブレット　197
JIT　104
Kaizen　95
KJ 法　235
LAN　103
LMS　128
LTE-Advanced　220
MAC　216
MC　93
MIME　217
MOS 試験　243
MRP　116
NC 工作機械　92
NGN　211
OC　30, 31, 37
OCR　168
OC の短所　33
OC の長所　31

OMR　168
OS　181, 183
PaaS　219
PCI Express　177
PCI バス　177
PDCA サイクル　241
PDF　202
PLU　48
POP3　127
POS　89
POS システム　45
PSTN　211
RAID　173
RFID　83
RFID タグ　98
RISC　261
RJ45　212
SaaS　219
SCM　116
SCM ソフトウェア　116
SCP　116
SLIM　108
S/MIME　217
SMTP　217
SMTP メールサーバ　126
SNS　126
SOHO　12, 128
SRAM　171
SSD　172
SSID　220
SSL　218
Static Random Access Memory　171
TLS　218
TPM　118
UNIVAC-I　7
Universal Serial Bus　175
URI　216
URL　216
USB　175
USB メモリー　39
VAN　55, 103

283

Visual Basic　197
WEP　214
What-if 分析　239
WiMAX2　220
WPA　214
WPA2　214
WWW　217
WYSIWYG　199
XBRL　125
ZOZOTOWN　72

【あ　行】

アーム型ロボット　94
アイ OS　190
アイコン　188
アウトソーシング　119
アウトプット　23, 232
アクセス速度　170
アスクル　63
アセンブラ　192
アセンブリ言語　192, 195
アップストア　190
アップリンク　215
圧力センサー　254
アドホックモード　220
アナログ制御　249
アプリ　122
アプリケーション　180
アプリケーションサービスプロバイダ　119
アマゾン・ドット・コム　70
アルゴリズム　268
暗号化　129
暗号化通信プロトコル　129
安全性　31
アンチウイルスソフト　203
アンドロイド　190
イーメール　201
意思決定　13, 14, 15, 16, 19, 24, 27, 36
意思決定者　28, 37
意思決定の垂直的分業　26
意思決定のプロセス　36

因果関係　241
インクリメント　271
インストアマーキング　47
インストール　185
インターネット　6
インターネット技術　51
インターネット広告　80
インターネット社会　121
インターネットボット　123
インターフェイス　175
インタプリタ　193
インタプリタ言語　192
インプット　23, 232
インフラストラクチャ　32
インフラストラクチャモード　220
ウィンドウズ　189
ウィンドウズフォン　190
ウィンドウズマシン　189
ウェブアプリケーション　182
ウェブサーバ　122
ウェブページ　122
衛星測位システム　123
エキスパートシステム　111
エレクトロニック・コマース　50
演繹法　240
遠隔学習　128
遠隔存在感　127
遠隔臨場感　127
エンドユーザ　31, 33, 34
エンドユーザコンピューティング　34
オイシックスドット大地　71
応用ソフトウェア　180, 182
オープン・ソース　119
オブジェクトプログラム　192
オペレーティングシステム　181
温度センサー　254
オンラインリアルタイム処理　187

【か　行】

改善活動　95
回線交換方式　126

階層構造　24
外注先管理システム　99
外乱　249
鍵配送問題　130
学習管理システム　128
加工経路　90
仮説　229, 230
仮説検証　229
仮説検定　231
画素　259
仮想化　218
仮想記憶　185
仮想記憶方式　184
仮想通貨　124
カットアンドペースト　203
からくり　117
環境　23
感度分析　239
キー　166
キーボード　166
記憶　158
記憶階層　170
記憶装置　170
記憶容量　170
機械学習　206
機械語　8, 191, 192, 195
機械向き言語　193
基幹業務処理　30
基幹業務処理システム　31
企業　23
企業論理　134
技術基準適合証明　213
技術情報管理システム　97
基地局　219
帰納法　240
揮発性メモリ　172
基本4情報　125
基本POSデータ　48
基本ソフトウェア　180, 181
逆問題　113
業界VAN　56

業界共同VAN　56
教科情報　6
共通鍵暗号方式　129
業務　26
業務上の意思決定　26
業務の水平的分業　27
教養　4
虚偽の意思表示　144
グーグルクローム OS　190
グーグルプレイ　190
クライアントサーバシステム　116, 218
クラウドコンピューティング　116, 218
クラウドサーバ　218
クラウド・ロボティクス　279
グラフィカルユーザインタフェース　188
グラフ化　227
グループウェア　39
グループ・テクノロジー　91
クレジットカード　124
グローバルIPアドレス　212
クローラ　123
群制御システム　103
経営　24
経営情報システム　28, 31, 32
計測　252
携帯電話　219
ケーブルテレビ　212
原価管理システム　100
言語プロセッサ　192
検索エンジン　123
原始プログラム　192
検出部　249
検証　229
公開鍵　130
公開鍵暗号　125
公開鍵暗号方式　130
公衆電話回線網　211
工場計画システム　101
高水準言語　193
構造化　277
構造化された問題　233

285

構造化プログラミング　277
工程　90
行動　19
高度情報社会　11, 121
コーザルデータ　48
ゴールシーク　113
国際電気通信連合　219
個人情報　32, 140
個人情報保護法　32
コピーアンドペースト　203
コミュニケーションギャップ　33, 37
コンパイラ　192
コンパイラ言語　192
コンピュータウイルス　39
コンピュータ統合生産システム　102
コンピュータの適用業務　29
コンピュータリテラシー　3, 4, 5, 11, 20, 38
コンプライアンス　134

【さ　行】

サーボ制御　249
在庫　27
在庫管理システム　98
在宅勤務　128
在宅勤務（テレワーク）　12
最適化　238
最適化問題　238
サイバー攻撃　129
サイバーセキュリティセンター　131
サイバー犯罪　129
サイバーポリス　131
サイバネティクス　278
詐欺　144
錯誤　144
サテライト・オフィス　128
サブシステム　232
サプライチェーン　43, 115
サプライチェーンマネジメント　116
産業の発達　147
散布図　227

サンプリング周波数　256
サンプル　226
サンプル値　256
シーケンス制御　251
仕掛品　90
事業継続計画　33
資材所要量計画　116
指示　27
指示情報　26
システム　232
システム環境　232
システム構造　232
システム思考　233
システムズアプローチ　233
システムソフトウェア　180
実記憶　185
湿度センサー　254
自動 NC プログラミングシステム　108
自動検査装置　94
自動制御　248
自動調整　249
自動保全システム　94
自動マテリアルハンドリング装置　93
シミュレーション　238
社会的評価　138
社会保障・税番号制度　125
ジャスト・イン・タイム　104
集積回路　165
主記憶装置　171
出願制度　148
出力　156, 232
手動制御　248
需要の 3 要素　89
順問題　113
商標権　146
情報　13, 16, 17, 19, 27, 28, 37, 40
情報家電　243
情報技術　4
情報公開制度　136
情報システム　28
情報システム部門　30, 31, 33, 36

情報収集活動　17
情報処理　157
情報処理技術者試験　242
情報セキュリティ　129, 154
情報リテラシー　3, 13, 20, 38, 40, 41
情報リテラシーの下位能力　20
情報倫理　134, 154
処理　158
人格的利益　137
信号衝突　213
人工知能　123, 204, 279
深層学習　124, 206
振幅　255
スイッチ　212
推論　240
数理計画法　238
数量化　224
スキャナ　167
スクリプト　195
スクリプト言語　195
スクロールバー　188
スケーラビリティ　219
スコアコントローラ　47
スター型　212
スタートゥデイ　72
ストリーミング　127, 202
スパイダー　123
スマートフォン　121
スマホ　34
スループット　186
正規分布　227
制御　158, 248
制御装置　249
制御対象　249
制御量　249
生産管理システム　97
生産管理情報　97
生産技術情報　97
生産計画システム　98
生産計画システムパッケージ　111
生産形態　95

生産指示方式　96
生産システム　88
生産システムシミュレータ　113
生産情報システム　90, 96
生産統制システム　99
生産の3要素　90
生産方式　96
脆弱性　38
製造システム　90, 91
製造実行システム　117
性表現　150
製品仕様　95
政府共通プラットフォーム　125
赤外線通信　213
セキュリティ　31, 38
セキュリティ対策　32
絶縁体　161
設備管理システム　100
セル生産方式　118
先願主義　148
センサー　252
全社的生産保全　118
戦術的意思決定　26
先進的スケジューリング　117
全体システム　232
全地球測位システム　123
戦略的意思決定　26
相関関係　228
相関係数　228
総合行政ネットワーク（LGWAN）　125
操作部　249
層別　227
ソースプログラム　192
ソースマーキング　47
組織　24
組織中心のコンピュータ利用　30
ソフトウェア　4, 9, 36, 179
ソルバー　113
存続期間　148

287

【た 行】

ターンアラウンドタイム　186
第1種の誤り　231
第2種の誤り　232
ダイアログボックス　188
代替案　15, 37, 234
大量　29
ダウンリンク　215
タスク　184
タッチパネル　167
多能工　95
多品種少量生産　88
タブレット　122
多変量解析法　229
多変量データ　229
知的財産　146
チャネル　209
調節部　249
著作権　149
著作者人格権　149
地理情報システム　123
陳腐化　34
ツイストペアケーブル　212
追値制御　248
通信衛星　215
通信ネットワーク　4, 209
ティーチング　276
ディープラーニング　206, 207, 280
定型的　29
低水準言語　193
ディスプレイ　168
定性データ　224
定値制御　248
定量データ　224
データ　13, 18, 19, 28, 223
データ項目　225
データ処理　157, 158
データ処理システム　158
データベース　4, 18, 32, 200
データベースサーバ　122
データベースソフト　200

デジタルカメラ　167
デジタル計算機　160
デジタル制御　249
デジタル・デバイド　11
デジタルビデオカメラ　168
手続き型言語　195
デバイス　188
デバイスドライバ　188
テレイグジスタンス　279
テレワーク　128
電子会議システム　40, 128
電子キャビネット　40
電子計算機　7
電子掲示板　40
電子決済　124
電子商店街　74
電子商取引　124
電子署名　125
電子スケジュール管理　40
電子データ交換　124
電子マネー　77, 78, 124
電子メール　40, 126, 201
電子モール　74
伝送信号の変質　259
電波法　213
統計学　41
統計的アプローチ　225
統計パッケージ　41
統計量　226
統合業務パッケージソフトウェア　116
同軸ケーブル　212
導体　163
特許権　147
特許要件　147
取引の安全　143

【な 行】

流れ図　268
名前解決　216
ニューラルネットワーク　207
入力　158, 232

索 引

ネットオークション　76
ネット家電　245
ネット入札　119
ネット販売　69
ネットワーク　32
ネットワーク型電子マネー　79
ノード　209

【は 行】

バーコードリーダ　168
パーソナルファイヤーウォール　203
バーチャル・リアリティ　278
ハードウェア　4
ハードディスク　172
バイオス　183
配送計画システム　101
パケット　126
パスワード　39, 129
パソコン　6, 9, 34
波長　255
バックログ　34, 38
バッチ処理　186
発明者主義　147
ハブ　212
バラツキ　227
パラメータ　263
パルス波信号　259
パレート分析　236
犯罪の煽動　150
半導体素子　163
反復的　29
汎用工作機械　92
光センサー　254
光ファイバーケーブル　211
ヒストグラム　227
ビッグデータ　205
ビットコイン　124
非手続き型言語　194
ヒューマノイド　278
評価　239
表計算ソフト　199

表現の自由　135
標準偏差　227
標本化　255
標本化周波数　256
平文　129
品質管理システム　99
ファームウェア　183
ファイル　185
ファイル圧縮解凍ソフト　201
ファイルサーバ　122
ファイル転送　127
フィードバック制御　249
フィードバック量　249
フィードフォワード制御　250
フォトレタッチソフト　202
フォルダ　186
不揮発性メモリ　172
復号化　129
符号化　256
不公正な取引方法　145
不正競争　145
不当表示　145
部門比　27
プライバシー　139
プライバシーの保護と個人情報の国際流通に
　ついてのガイドライン　141
プライベート IP アドレス　212
ブラウザ　122, 201
プラグアンドプレイ　188
フラッシュ　203
プラットフォーム　182
ブリッジ　212
プリペイド（前払い）方式　79
プリペイドカード　124
フリマアプリ　76
プリンタ　169
プレイバック制御システム　276
ブレインストーミング　235
フレキシブル加工セル　93
フレキシブル自動組立システム　94
フレキシブル製造システム　93

289

プレゼンテーションソフト　200
フレックスタイム　128
フレックスプレイス　128
フローチャート　268
プログラミング　8
プログラミング言語　192
プログラム　8, 179
プログラム言語　9, 191
プロジェクタ　168
プロセス制御　249
ブロック線図　249
文化の発展　149
分散　227
平均　227
変換　23
変種変量生産　89
変数　225, 265
ポインティングデバイス　167
報告　27
報告・連絡・相談　27
ポート（port）番号　212
ホームページ作成ソフト　202
母数　226
ポストペイ（後払い）方式　79
ボット　123

【ま　行】

マークアップ言語　195
マイクロソフトオフィススペシャリスト試験　242
マイナンバー　125
マウス　167
マシニングセンタ　93
マックOS　189
マックマシン　189
マルチタスク　184
マルチプログラミング　184
マルチメディア　10
マルチユーザ　189
無人運転　123
無人搬送車　93

無線ICタグ　98
無線LAN　213
無理・無駄・斑　90
名誉　138
メーカ直販　89
メカトロニクス　277
メタルIP電話　211
メニュー　188
メニュー方式　35
目的プログラム　192
目標値　249
目標追求分析　239
モデル　236
モデル化　236
ものづくり　87
モノのインターネット　123
物の流れ　90
モバイル・オフィス　128
問題　233
問題解決　41
問題対象　223
問題向き言語　194

【や　行】

有害図書　152
ユーザフレンドリなインタフェース　35
ユニックス　191
ユビキタス　245
ユビキタス・コンピューティング　121
読み・書き・算盤　3
より対線　212

【ら　行】

ラクーン　66
ランダムサンプリング　226
リアルタイム処理　186
リエンジニアリング　117
立体自動倉庫　94
リテラシー　3
リナックス　191
リピータ　212

リモートバッチ処理　186
流通 BMS　61
流通 EDI　54
流通 VAN　55, 56
量子化　256
量子化ビット　256
量子コンピュータ　280
リレーショナル型データベース　200
リンク　209
類推　241
レイド　173
レスポンスタイム　186

連絡　27
労務管理システム　101
ロボット　123
ロボット工学三原則　280
論理演算　161

【わ　行】
ワークフロー　28
ワープロソフト　198
猥褻　151
ワクチンソフト　203

【執筆分担・略歴】

一瀬益夫（いちのせ　ますお）………**第1章，第2章**

1948年　長野県生れ
1977年　一橋大学大学院商学研究科博士課程単位取得満期退学
　　　　東京経済大学助手，その後専任講師，助教授を経て
現　在　東京経済大学経営学部教授
　　　　専攻分野　経営情報システム論

中　光政（なか　みつまさ）…………**第3章**

堀　泰裕（ほり　やすひろ）…………**第4章，第11章**

1962年　東京都生れ
1986年　早稲田大学大学院理工学研究科修士課程修了
1986年　神奈川大学工学部助手，その後，
　　　　東京経済大学専任講師，助教授、准教授を経て
現　在　東京経済大学経営学部教授
　　　　専攻分野　生産管理，生産情報システム論

佐藤　修（さとう　おさむ）…………**第5章，第9章**

1955年　東京都生れ
1984年　一橋大学大学院商学研究科博士課程単位取得満期退学
1984年　一橋大学商学部助手,
　　　　東京経済大学助教授を経て
現　在　東京経済大学経営学部教授
　　　　専攻分野　情報システム論

小島喜一郎（こじま　きいちろう）…**第6章，第7章**

1974年　東京都生れ
2001年　東京都立大学大学院社会科学研究科修士課程修了
2004年　東京都立大学大学院社会科学研究科博士課程単位取得満期退学
2010年　東京経済大学経営学部専任講師
2013年　東京経済大学経営学部准教授
現　在　東京経済大学経営学部准教授
　　　　専攻分野　知的財産法

若尾良男（わかお　よしお）…………**第8章，第10章**

1951年　東京都生れ
1977年　電気通信大学大学院電気通信学研究科修士課程修了
1977年　電気通信大学電気通信学部助手,
　　　　東京経済大学助教授を経て
現　在　東京経済大学経営学部教授
　　　　専攻分野　管理工学，システム分析論

【編著者】

中　光政（なか　みつまさ）

1952年　埼玉県生れ
1987年　早稲田大学大学院商学研究科博士課程単位取得満期退学
　　　　朝日大学経営学部助教授,
　　　　東京経済大学経営学部助教授を経て
現　在　東京経済大学経営学部教授
　　　　専攻分野　流通情報システム論, 物流論

2018年3月31日　第1刷発行
2021年3月22日　第3刷発行

新・現代情報リテラシー

　　　　　　　　Ⓒ　編著者　中　　光　　政

　　　　　　　　　　発行者　脇　坂　康　弘

発行所　株式会社 同友館

〒113-0033 東京都文京区本郷3-38-1
本郷信徳ビル3F
TEL.03(3813)3966
FAX.03(3818)2774
URL　https://www.doyukan.co.jp/

乱丁・落丁はお取り替え致します。

三美印刷／松村製本所

ISBN 978-4-496-05338-2

Printed in Japan

本書の内容を無断で複写・複製（コピー），引用することは，
特定の場合を除き，著作者・出版者の権利侵害となります。
また，代行業者等の第三者に依頼してスキャンやデジタル化
することは，いかなる場合も認められていません。